한국의 여자 교육서와 여성 교육 담론 변천

: 조선시대 지식사회에서 여성의 역할과 근대 여자 교육에 대한 인문학적 고찰

이 연구는 2019년 대한민국 교육부와 한국연구재단의 지원을 받아 수행되었음 (NRF-2019S1A5A2A01041679).

근대여자교육담론 1

한국의 여자 교육서와 여성 교육 담론 변천

: 조선시대 지식사회에서 여성의 역할과 근대 여자 교육에 대한 인문학적 고찰

김경남 지음

이 책은 조선시대 지식사회에서 여성의 역할과 근대 여자 교육 담론의 특징을 연구하는 데 목표를 두고 있다. 우리나라에서 여성 지식인과 여자 교육의 역사에 관한 연구가 시작된 것은 1927년 이능화의 『조선여속고』, 『조선해어화사』로 볼 수 있다. 이 두 연구서는 근대 이후 형성된 남녀동등권이나 여자 교육 담론을 반영한 것이지만, 제목 자체가 시사하는 바와 같이 여성학의 관점이 아니라 자료 중심의 풍속사를 중심으로 한 것이라고 볼 수 있다. 그럼에도 『조선여속고』에서 언급한 혼구(婚媾), 산육(産育), 복식(服飾), 여자 교육 등은 초기 연구로서 중요한 의미를 갖는다. 이처럼 일제강점기까지의 여성사 관련 연구는 대부분 '여속(女俗)'과 관련이 있거나, 그 당시의 '여성 해방 운동', '신여성' 등의 용어와 밀접한 관련을 맺고 있다. 따라서 본격적인 여성 담론과 여자 교육사 연구는 광복 이후에 이루어진 것으로 보아야 할 것이다.

광복 이후로부터 다수의 여성학 연구서와 여자 교육사 연구가 축적되고, 1970년대 후반 이후 여성학 교과 개설, 대학원 학위 과정 개설 등이 이어지면서 여성 운동사에 관한 연구 성과도 매우 풍성해졌다. 전통적인 여성학의 주제였던 성역할 문제, 여성과 가정, 태교와 산육, 여성 예절뿐만 아니라, 여성의 법적·사회적 지위, 의식의 문제, 자아 실현의 문제 등 다양한 주제가 다루어졌다. 그럼에도 통시적 관점에서 여성 지식인 문제나 근대의 여자 교육 담론에 관한 다양한 분석은 미흡한 측면이 있다. 특히 여성 지식인 문제는 『조선해어화사』 등에서 거론된 기녀(妓女) 또는 사대부 부인과 같은 제한적 인물 중심의 연구가 대부분이었다. 그렇지만 어느 시대, 어떤 사회든지 성역할은 구분될 수밖에 없고, 그 속에서 남녀를 분별하는 특수한 형태의 교육이 존재하는 것은 보편적 현상이다.

이 책은 저자가 지금까지 수행해 온 여자 교육 연구와 한국연구재단의 중견 연구자 지원 사업 '조선시대 지식사회에서 여성의 역할과 근대의 여자 교육에 대한 인문학적 연구'(NRF-2019S1A5A01041679)의 성과물을 담고 있다. 따라서 제2장 '조선시대 여자 교육과 여성 지식인'에서는 조선시대 여자 교육의 특징을 정리하는 데 중점을 두었다. '조선시대 여자 교훈서의 유형과 의미'를 다룬 3장에서는 전통적인 여자 교육의 특징을 교재 중심으로 분석하고자 했으며, 제4장 '여훈서 편찬·전승 양상과 여성의 문자 생활'은 여훈서의 전승 및 수용 과정을 분석하는 데 초점을 맞추었다. 제5장 '근대적 여성관으로의 변화'에서는 근대의 여성관 형성 과정과 특징을 분석하되, 담론의 내용과 현실의 괴리가 갖는 의미가 무엇인지를 규명하는 데 중점을 두었다. 제6장은 근대식 학제 도입 이후 여성관의 변화와 여성운동, 여자 교육과 관련된 담론 분석에 천착하고자 했다. 제7장 '근대의 가정학과 여자 교육'은 역술 문화가 일반화된 근대 시기에 가장 강조되었던 가정교육 담론 및 교재 분석을 목표로 한 글이다. 이와 함께 제8장에서는 '근대 지식 형성에 따른 여성 인물 발굴의 의의와 한계'를 다루고자 하였다. 연구를 진행하면서 작성한 '여자 교육사 관련 기초 데이터'를 부록으로 덧붙였다.

목차

제7장 근대의 가정학과 여자 교육

제8장 근대 지식 형성에 따른 여성 인물 발굴의 의의와 한계

[부록] 여자 교육사 관련 기초 데이터

제1장 서론

1. 연구 목적

이 연구는 한국의 지성사에서 여성의 역할과 문화를 교육사적 관점에서 통시적으로 고찰하고자 하는 데 목적을 둔다. 지금까지 한국의 지성사 연구의 주된 흐름에서 여성 지식인에 대한 논의는 상대적으로 소홀한 편이었음은 누구나 공감할 수 있을 것이다. 더욱이 조선시대 여성문화와 관련한 연구는 이른바 '여속(女俗)'이라는 비학술적 용어로부터 출발했음을 확인할 수 있는데, 예를 들어 이능화(1927)의 『조선여속고(朝鮮女俗考)』(한남서림)에서 사용한 '조선 여속(朝鮮女俗)'이라는 개념은 한국사에서 여성 문제가 본격화되기 전 조선시대 여성 관련 풍속, 즉 여성 문화를 포괄적으로 지칭하는 개념이었다. 이능화는 이 책에서 "조선 유사 이래 몇 천 년 사이에 해마다 곳곳에서 시대와 가정에 몇 백만의 여자 사회가 소유한 풍속을 지금 어찌 다 고찰하겠는가. 모두 백지일 따름이다. 혹 몇 개 여자의 절의(節義), 효열(孝烈)이 문인의 기록에 산재하여 보일 뿐이다."라고 진술한다. 이 기록에서 알 수 있듯이, 조선시대 여속을 고찰했던 이유는 '절의, 효열' 등 가부 장적 가치관에서의 여성사를 이해하는 데 있었다. 그러나 이능화는 "일반 여속을 말하면 절의나 효열을 개괄하는 것이 아니며, 생활상 업무 동작과 혼가(婚嫁)의 예법, 습례(習禮)와 가정의 의범(儀範)과 사회 계급, 남녀의 권리, 적첩 차별(嫡妾差別), 장속제도(裝束制度), 유폐상태 (幽閉狀態), 태아산육(胎兒産育), 여자교양(女子教養), 연중행사(年中行事), 항간 미신(巷間迷信)" 등 제반 사항을 '여속'의 범위에 포함하고 있다. 이에 따라 그는『조선해어화사(朝鮮解語花史)』,『조선무속고(朝鮮巫俗 考)』등을 저술하기도 하였다.

사실 조선시대 여속을 고찰하는 일은 그 시대의 풍속을 기록하고 해석하는 일에 그치지 않는다. 본질적으로 풍속은 문화 현상을 대신 한 용어이며, 그 풍속이 형성되기까지는 그 사회의 가치관과 철학이 작용한다. 이러한 풍속은 문화적 산물이다. 그러나 문화적 산물은 처음부터 고정되어 있는 것은 아니다. 인류학자 마가렛 미드가 아라페 쉬, 문두구모르, 참불리의 세 원시 부족이 갖고 있는 성 기질 표준화의 특성을 분석했듯이, 성 역할과 기질, 풍속 등은 그 자체로서 시원적, 원형적인 것이 아니라 환경과 삶의 방식에서 자연스럽게 형성된 것들이다.

이 연구는 문화적 산물로서 1) 조선시대의 여자 교육과 풍속을 객관적으로 기술하고, 이로부터 2) 조선시대 지식사회에서 여성의 역할을 규명하며, 그로부터 3) 근대 여자 교육사 재구, 4) 여성의식과 근대정신이 발전하는 과정을 지식 인문학적 관점에서 재조명하는 데 목표를 둔다. 이 연구에서 사용하는 지식 인문학은 사회사적 관점에서 지식 현상을 규명하고자 하는 '지식 사회학'(계급, 이데올로기)에 기반을 둔 '사회 인문학적 접근 태도'를 일컫는다. 이 방법은 김성보 외(2011)의 『사회 인문학이란 무엇인가』에서 '인문학의 사회성 회복'을 목표로 "학문 분과 간의 경계, 대학 제도의 경계를 허물고 새로운 융합 학문을 창출"하고자 하는 의도로 제시한 '사회 인문학'과 유사한 개념으로 지식 사회에 대한 인문학적 가치를 탐구하고자 하는 통합 연구 방법의 하나이다.

지금까지 조선시대 여속과 근대 여자 교육에 대한 선행 연구를 종합해 볼 때, 여속은 주로 민속학이나 문학 분야에서 연구가 진행되어 왔고, 여자 교육은 여성학과 교육사 전공자들에 의해 주도되어 왔다. 물론 『내훈(內訓)』, 『계녀서(戒女書)』를 비롯한 여계서, 규중 문헌과 '임윤지당, 강정일당' 등의 소수 여성 지식인, 조선시대 기녀(妓女) 등의 특수 계급과 여류 문학, 근대의 『여자독본』, 『가정학』, 여성 잡지류 등에 대한 문학 연구가, 역사학자, 국어사학자들의 관심이 없었던 것은 아니다.

그럼에도 지식 인문학적 관점에서 조선시대 여성 문화와 관련한 전반적 고찰은 '지식인과 여성', '여자 교육 및 여성관' 정립이라는 차원에서 꼭 필요한 연구라고 할 수 있다. 특히 기존의 산발적인 문헌 연구나 페미니즘적 여성학의 이데올로기에 치우치지 않고, 사회학적 방법론을 도입한 객관적, 실증적 자료 구축을 기반으로, 인문학적 가치 실현을 목표로 한 체계적, 종합적인 연구가 필요한 시점이다.

2. 연구 대상과 방법

이 연구는 기존의 문헌학, 여자 교육사, 여성 문학, 민속학, 여성학 등을 포괄한 연구에 해당한다. 특히 이 연구는 '지식 사회학'에 기반을 둔 '인문학적 접근법'을 개발하는 데 중점을 둔다.

첫째, 이 연구에서 주제로 삼는 '조선시대 여자 교육과 풍속', '조선 시대 지식사회에서 여성의 역할'에 대한 기존의 태도는 가부장적 유교 사회에서 억압 받는 여성, 여자 교육의 부재 등으로 해석되어 왔다. 그러나 조선시대에도 여성 지식인이 존재했으며, 봉보부인(奉保夫人), 여사(女師)가 존재했다. 그뿐만 아니라 비록 견외견학(肩外見學)과 가풍(家風)에 따른 교육일지라도 여자 교육이 부재했던 것이 아니므로, 이에 대한 체계적 고찰이 필요하다. 더욱이 모교(姆敎)의 전통은 각 시대별 지식인 양성에 중요한 의미를 갖고 있으며, 다수의 분재기(分財記), 필사본 『어학별록(女學別錄)』, 『규중습자(閨中習字)』, 『여소학(女小學)』 등은 이를 뒷받침하는 자료가 된다. 이와 같은 맥락에서 근대 여자 교육이 외래 요소에 의해 갑작스럽게 출현한 것만은 아니며, 이로부터 '근대 여자 교육사', '여성의식과 근대정신'을 새롭게 쓸 필요가 있다.

둘째, 이 연구는 방법론에서 문헌 중심의 토대 연구와 지식 사회학의 양적 연구, 지식 인문학의 질적 연구를 종합한 다차원적 방법론 모색을 특징으로 한다. 문헌 중심의 토대 연구는 조선시대부터 일제 강점기까지 여자 교육 및 풍속 관련 데이터를 망라하는 방식으로 구축된다. 이와 관련하여 이화여자대학교 한국여성연구소에서 1977년 이후 1990년까지 『한국여성관계자료집』 '고대편', '중세편', '근대편', '한말 여성지', '종교편' 등을 펴낸 바 있고, 경희대학교 비교문화연구소 한국근현대 여성연구팀이 『한국 근대 여성의 일상문화』 1~9(연애, 미용, 복식, 여가, 결혼, 자녀교육, 가정생활, 가정위생, 여성지 총 목차) 등을 정리한 바 있으나, 상당수가 특정 연구를 뒷받침하기 위해 실록이나 역사서, 잡지 등을 대상으로 선별한 것이어서, 종합 DB로서의 가치가 떨어진다. 이 연구의 네 가지 주제를 체계화하기 위해서는 기존의 데이터를 포함하여 조선시대의 발굴 문헌, 근대 독본, 수신서, 신문·잡지의 여성 담론 등을 종합한 DB 구축이 필요하다. 연구자는 한국학중앙연구원, 한국연구재단 주관 다수의 공동 연구를 진행하면서 이와 관련한 상당수의 자료를 발굴하고 구축해 왔다. 더욱이 조선시대 지식사회에서 여성의 역할 문제는 대부분의 연구자들이 소홀히 다룬 면이 있다. 따라서 기초 연구 차원에서 데이터 구축은 중요한 의미를 갖는다.

DB를 바탕으로 한 토대 연구는 지식의 이데올로기성을 극복하기 위한 '지식 사회학'의 연구 방법과 밀접한 관련을 맺는다. 콩트와 셀러, 카를 만하임 등에 의해 제기된 지식 사회학은 지식의 진보와 인식의 성장에 관한 편견을 배제하고, 객관적으로 지식 현상을 규명하는 데 기여하였다. 이 점에서 이 연구는 '지식의 사회사'를 주제로 한 Peter Burke(2000)의 *A Social History of Knowledge*(국내에서는 2017년 박광식에 의해 『지식의 사회사』라는 이름으로 민음사에서 번역 출판됨)의 방법론을 중점적으로 적용할 예정이다. 다만 지식 사회학은 철학과 문화사적 차원의 전반 지식을 연구 대상으로 한다는 점에서 양적 연구를 벗어난 질적 연구나 통합 연구의 완전한 방법이 되지 못한다. 이 점에서 이 연구는 '사회 인문학' 또는 '지식 인문학'으로 불리는 새로운 질적 연구 방법, 즉 객관적 자료에 대한 가치 해석을 부여한 연구 방법을 사용한다.

셋째, 이 연구는 '조선시대 여자 교육과 풍속', '여성의 지위와 역할', '근대 여자 교육', '여성학적 담론' 등에 대한 분절적 연구를 지양하고, 조선시대부터 근대에 이르기까지의 여자 교육과 여성 지식인, 여성관의 변천을 통시적·발전 지향적 차원에서 기술하는 것을 목표로 하고자 하였다. 이 점에서 문헌학과 문학사의 관점에서 자료를 정리하고 발굴하며, 여성사적 관점에서 여자 교육 문제와 여성의 역할, 여성관의 변화 등을 체계화하는 데 중점을 두었다. 이는 궁극적으로 교육사와 지식사 전반에 걸친 종합적인 연구로 이어질 수 있다. 연구 주제 및 대상 문헌의 유형은 다음과 같다.

[연구 주제 및 대상]

분류	내용	비고
연구 주제	1) 조선시대 여자 교육과 풍속 2) 조선시대 지식 사회와 여성의 역할 3) 근대 여자 교육의 발전 4) 여성 의식과 근대정신	여속 일반, 여성 교양과 교육, 지성사의 차원에서 본 여성 지식인을 중점적으로 다룸
연구 대상 자료	1) 여속 일반에 대한 선행 연구 자료: 이능화, 이대 자료 종합 기술 2) 여교·규중 문헌: 조선시대 여교(女教) 문헌, 근대의 가정학과 여성 독본 3) 지식 사회에서 여성 관련 문집, 여성 문학류 (여성 인물 자료 정리) 4) 언간: 내간 5) 근대식 학제 도입 이후 등장한 여자 교육 교재 6) 근대 잡지 출현 이후 여성 독자를 대상으로 한 잡지	지식 사회에서 여성의 역할을 규명하기 위한 방편으로, 여성 작가 또는 여성 주인공을 대상으로 한 문학 작품을 별도로 다룰 예정임

이 주제는 여자 교육사를 연구의 중점 과제로 설정하되, 지식 사회에서 여성의 역할과 가치 인식의 변화를 중심으로 여성 교양과 여성 지식인 연구에 초점을 맞추기 위한 방편으로 설정하였다. 또한 대상 문헌은 현재까지 연구자가 진행해 온 연구 성과를 유형별로 정리하기

위해 설정한 기준이다.

이 연구는 조선시대 이후 일제강점기까지 연속성의 관점에서 여자 교육과 여성 의식의 발전 과정을 기술하는 데 목표를 두고 있다. 이 점에서 시대적 범위를 다음과 같이 설정한다.

[연구의 시대적 범위]

시대 구분	주요 내용	특징
조선시대 (15세기~1870년대)	• 기존의 실록, 역사서, 문집에서 발췌한 자료 종합 정리 • 여교(女敎)·여훈(女訓) 문헌 정리 및 복원 • 지리지 중심의 여성 인물 자료 정리 • 조선시대 여자 교육과 여속에 대한 재조명	• 문헌이 많지 않으나 여교·여훈 필사본 문헌을 다수 발굴함
근대 계몽기 (1880년대~1909년)	• 『한성순보』, 『한성주보』 등의 근대식 매체 출현 • 중국과 일본의 '여자 교육 담론' 관련 매체(『격치휘편』, 『만국공보』 등) 유입 • 근대식 학제 도입과 다수의 여자 수신, 독본, 가정학 관련 교재 출현(여학교 설립) • 학회를 중심으로 한 잡지의 출현	• 여성의 지위와 역할에 대한 인식 변화 • 전통적 여성관과 근대적 여성관의 혼재
일제강점기 (1910~1945)	• 여성 독자를 대상으로 한 잡지의 다변화 • 여성 운동 단체의 다변화 • 식민 시대 여성 정책과 여성 문제의 굴절 • 여자 교육 및 여속 관련 서적 출현	• 문헌의 양적 증대 • 식민 시내의 특징을 고려한 연구 필요

표와 같이 연구의 시대적 범위를 설정한 것은, 여자 교육 및 여성관의 변화 양상을 고려한 장치이다. 이 가운데 '근대'라는 시기 설정에 대해서는 여러 가지 논란이 있을 수 있다. 특히 역사학의 '시대 구분' 논쟁에서 '근대'의 특징과 한국사에서의 근대 설정에 대한 논란은 통일된 의견을 찾기 어려울 정도로 복잡하다. 그러나 이 연구에서는 연구자가 참여하여 진행한 '근현대 학문 형성과 계몽운동의 가치'에서 설정한 1880년대부터 1910년 사이를 '근대 계몽기'로 수용한다. 표에 제시한 세 시기는 '조선시대 여자 교육과 풍속', '조선시대 지식

사회에서 여성의 역할', '근대 여자 교육사', '여성의식과 근대정신'의 차원에서 비교적 뚜렷한 차이를 보이며, 이를 반영하여 여성 교양과 여성 지식인의 양태를 기술하는 데도 준거가 될 수 있다.

3. 선행 연구

이 연구의 기반이 되는 선행 연구는 여속(규중 문화)과 여교 문헌에 대한 기초 연구, 여자 교육사 관련 연구, 여성 지식인과 문학 연구, 여성학적 연구 등으로 나누어 살펴볼 수 있다.

첫째, 규중 문화 또는 여속과 관련한 연구는 이능화(1927)의 『조선여속고』에서 출발한 것으로 볼 수 있다. 이 책은 '조선 신화적 혼구(婚媾)', '역대 여속 및 통혼족류', '이조 왕가 혼인제도', '이조민서혼제(李朝民庶婚制)'를 비롯 '투부기담(妬婦奇談)', '산육잡속(産育雜俗)', ' 권리·칭호·계급', '여자 복장 제도', '조선 부녀 지식계급', '효녀 효부', '열녀', '조선 여자 교육' 등 총 26장으로 구성되었다. 일제강점기 이러한 연구서가 등장하기까지는 여러 가지 시대적 배경이 있었을 것으로 추정되는데, 근대 중국에서도 선교사 알렌(중국명 林樂知)이 1903년 『전지오대주 여속통고(全地五大洲女俗通考)』(上海 廣學會, 美華書局)를 발행하기도 하였다. 또한 이능화(1927)의 『조선해어화사(朝鮮解語花史)』(한남서림)는 기녀(妓女)를 대상으로 한 풍속사에 해당한다. 그 후 제도적 차원에서 조선시대 여성의 혼인제와 관련한 이태영(1957)의 『한국이혼제도 연구』(여성 문제연구원), 장덕순(1973)의 『한국의 여속』(배영사), 박치원(1973)의 『한국녀: 한국 여인상의 재발견』(삼신서적), 전완길(1980)의 『한국인 여속 멋 5000년』(교문사), 이규태(1985)의 『개화 백

경: 전쟁 계급 여권 여속』(한국출판공사), 김용숙(1989)의『한국 여속사』(민음사), 임동권(2002)의『여성과 민요: 한국의 여속·여정』(한국학술정보) 등과 같은 단행본이 지속적으로 나타났으며, 김용옥(1974)의 '가사문학에 나타난 여성의 규범 및 계율', 김용숙(1983)의 '신라의 여속', 이태호(2009)의 '조선 후기 풍속화에 그려진 여속과 여성의 미의식' 등과 같은 논문도 발표되었다. 그러나 조선시대 여속에 대한 선행 연구 성과는 많지 않고, 여성상이나 민속학적 접근을 제외하면 큰 성과를 거둔 것으로 보기는 어렵다.

둘째, 문헌 중심의 여교(女敎), 계녀서(戒女書), 여성 문학(女性文學), 간찰(簡札) 등과 관련된 연구는 비교적 다양한 성과가 축적되었다. 여교(女敎)와 관련하여 소혜왕후 한씨의『내훈(內訓)』,『여사서(女四書)』,『사소절(士小節)』등 조선시대 여자 교육 관련 문헌에 대한 국어학적, 교육사적 연구 성과가 많고,『규합총서』,『계녀서』등 지금까지 발굴된 개별 문헌을 소개한 연구 성과가 다수 축적되어 있다. 특히 최근에는 조선시대 여성관과 여성의 생활사와 직접 관련을 맺는 규합(閨閤), 규훈(閨訓) 자료 발굴 및 소개가 활발했는데, 대표적인 것으로 빙허각 이씨의『규합총서』, 안동 장씨의『규곤시의방』(일명 음식디미방) 등이 대표적이다. 이와 관련한 논문으로는 김춘련(1983)의 '규합총서의 가정학총서적 성격', 박옥주(2000)의 '빙허각 이씨의 규합총서에 대한 문헌학적 연구', 문미희(2013)의 '빙허각 이씨의 여성 교육관' 등 다수가 있으며,『규곤시의방』의 경우 음식 조리서라는 점에서 황혜성 편저(1980)의『규곤시의방』(한국인서출판사), 백두현(2006)의『음식디미방주해』(글누림)와 같은 주해서가 나오기도 하였다.

'계녀서' 또는 '계녀가', '규방가사' 등과 관련한 논문은 비교적 많은 편인데, 규방가사의 경우 대략 100여 편의 논문이 있고, 이보다 좀 더 넓은 범위의 조선시대 여성문학과 관련한 논문도 200여 편 정도 발견된다. 특히 계녀서의 경우 문헌 소개뿐만 아니라 이를 대상으로 한 효사상, 여성상, 여교(女敎) 등을 주제로 한 논문이 다수 출현하였다. 예를 들어 윤태후(2017)의 '계녀서에 나타난 우암 송시열의 효사상', 조자현(2009)의 '계녀가에 나타난 조선후기 양반 여성들의 감정구조: 복선화음가를 중심으로', 김수경(2013)의 '여성교훈서『규곤의칙』과『홍씨부인계녀(사)』와의 관계 탐색', 윤경아(2007)의 '일상을 담은 계녀서『김실의게』', 이정옥(1990)의 '계녀가에 나타난 조선시대 여성교육관', 최규수(2009)의 '계녀가류 규방가사에서 귀녀가의 특징적 면모와 귀녀의 의미' 등은 이 주제와 관련한 흥미로운 성과들이다.

문헌 중심의 여성 문학 연구는 그 성과를 다 기록하기 어려울 정도로 많은 편이다. 김용숙(1975)의『이조의 여류문학』(한국일보사), 최범훈(1987)의『한국 여류문학사』(한샘), 황재군 외(1997)의『한국문학과 여성』(박이정) 등의 통사적 단행본뿐만 아니라 최근에는 김양선(2012)의『한국 근현대 여성문학 장의 형성: 문학제도와 양식』(소명출판), 김경연(2017)의『근대 여성문학의 탄생과 미디어의 교통: 1920~30년대 여성문학의 형성과 여성 잡지의 젠더정치』(소명출판)와 같은 근현대 여성문학에 이르기까지 폭넓은 성과가 축적되고 있다. 그 가운데 조선시대 또는 근대의 여성 문학과 관련한 다수의 문헌적 접근 성과도 발견할 수 있는데, 전재강(2014)의 '새로 발견한 규방가사에 나타난 이념과 풍류의 상관 맥락', 박애경(2003)의 '신출 가사 즌별가 효열가와 규방가사의 전통' 등은 규방가사류가 지속적으로 발굴될 가능성이 높음을 보여주는 대표적인 사례이다.

이른바 '내간(內簡)'으로 불리는 한글 간찰의 경우, 김일근(1959)의 『이조어필언간집』(신총사), 김일근(1974)의 『친필언간총람』(경인문화사)이 나온 뒤 1990년대 이후 활발한 연구가 이루어졌다. 특히 순천김씨묘 출토 언간과 이응태 묘 출토 언간 발굴 이후 본격적인 연구가 진행되어 왔는데, 그 가운데 여성의 언간과 관련된 최근의 성과로는 이남희(2018)의 '인현왕후 언간을 통해 본 왕실 여성의 생활세계', 홍인숙(2014)의 '조선시대 한글 간찰(언간)의 여성주의적 가치에 대한 재고찰 시론', 김영희(2017)의 '조선시대 한글 글쓰기 체계의 발전과 여성', 김정경(2011)의 『선세언적』과 『자손보전』에 실린 17~19세기 여성 한글 간찰의 특질 고찰' 등이 주목된다.

문헌 연구 차원에서 2000년대 이후 근대 교과서 및 독본에 대한 관심이 높아진 것도 주목할 만하다. 특히 여자 독본과 수신서에 대한 연구 성과가 축적되어 왔는데, 이에 대한 것으로는 정상이(2011)의 '여자고등조선어독본을 통해 본 여성상', 박용옥(1993)의 '1905~6 서구 근대여성상의 이해와 인식: 장지연의 『여자독본』을 중심으로', 정영진(2015)의 '국권상실기 여성의 국민화와 남녀동권 인식: 여자용 교과서 『여자독본』과 여성가사를 중심으로', 김경남(2014)의 '근대 계몽기 여자 교육 담론과 수신 독본 텍스트의 내용 변화', 이숙인(2017)의 '가정독본과 이만규의 여성 교육관', 문혜윤(2013)의 '근대 계몽기 여성교과서의 열녀전 그리고 애국부인들: 장지연의 『여자독본』을 중심으로', 김혜련(2008)의 '식민지기 국어교육과 지식의 창출: 『여자고등조선어독본』을 중심으로', 김민재(2013)의 '근대 계몽기 여학생용 초등 수신서의 특징과 한계 연구', 홍인숙(2008)의 '근대계몽기 개신유학자들의 성 담론과 그 의의: 개가론 열녀담을 중심으로' 등을 들 수 있다. 이와 함께 문혜윤 편역(2013)의 『남숭산인 장지연의 여자독본』 등이 '한국 개화기 국어교과서 총서' 형태로 번역 편술되었음도 주목할 만하다.

셋째, 교육사적 관점에서 여자 교육과 관련한 연구는 한국 교육사 전반에 관한 연구 성과에 비해 매우 취약한 분야로 판단된다. 이능화의 『조선여속고』에 '조선시대 여자 교육'과 관련된 항목이 없는 것은 아니지만, 학리적 차원에서 이 주제에 천착한 것은 1950년대 이후의 일이다. 예를 들어 1958년 이화여자대학교에서 『한국문화논총』을 발행하면서, 그 속에 박은혜의 '한국 여성 교육 40년'을 포함한 것이나 1956년 『숙명 50년사』, 1958년 『배화 60년사』와 같은 여학교의 역사를 회고한 것으로부터, 1972년 이화여자대학교의 『한국여성사: 개화기~1945』 속에 정세화의 '한국 근대 여성 교육'을 포함한 것 등이 여자 교육사 연구의 초기 모습이라고 할 수 있다. 그러나 이들 연구 가운데 상당수는 근대 이후 여자 교육에 대한 회고적 성격이 강하여, 학리적 차원에서 여자 교육의 변천을 규명하는 데는 한계가 있다. 그 후 손규복(1971)의 『근세 한불 여자 교육사상의 비교 연구』(효성여자대학교 출판부), 김혜경(1975)의 『새로운 여성의 길: 한국여성 교육사상연구』(실학사), 손인수(1971)의 『한국여성 교육사』(연세대학교 출판부), 정효섭(1978)의 『한국여성고등교육의 역사적 배경』(숙명여자대학교 출판부), 성심여자대학교 관동문화연구소(1972)의 『우리나라 여성 고등교육의 문제점과 그 대책』(성심여자대학), 송준석(1994)의 『남궁억의 여성 교육사상에 관한 연구: 배화학당 시절을 중심으로』(한남대학교 교육문제연구소), 김혜경(2002)의 『한국여성 교육사상 연구』(한국학술정보), 남인숙(2009)의 『여성과 교육』(신정), 유현옥(2004)의 『페미니즘 교육사상』(학지사), 김부자(2009)의 『학교 밖의 조선 여성들: 젠더사로 고쳐 쓴 식민지 교육』(일조각) 등과 같은 다양한 성격의 여자 교육사 또는 교육사상가 관련 저술이 나오기는 하였지만, 조선시대부터 근대에 이르기까지 여자 교육의 변천에 대한 체계적인 연구가 진행되었다고 보기는 어렵다. 이 점에서 학술지 논문도 주목할 필요가 있는데, 1970년대 이후 손규복(1971, 1973)의 '근세 한불 여자 교육사상의 비교 고찰: 페넬론의 여자 교육론과 이조시대 내훈을 중심으로', '근세 동서 여자 교육사상의 비교 연구: 이덕무의 사소절과 루소의 에밀을 중심으로'를 비롯하여, 김경희(1993)의 '한국 여성고등교육기관의 변천과정 연구', 김형목(2000)의 '한말·1910년대 여자 야학의 성격', 박철희(2006)의 '일제강점기 여자고등보통학교 교육기회 분배와 졸업생 진로에 관한 연구', 이희경(2006)의 '1920~30년대 식민지 조선 여성 교육의 성격: 2차 교육령과 여자고등보통학교 규정을 중심으로', 이윤미·김명희(2017)의 '해방 이전 여학생 교육에서 남녀 별학과 그 성격', 김광규(2016)의 '일제강점기 초등 여교원의 양성과 인사' 등과 같은 논문이 나온 것은 주목할 만하다. 그럼에도 조선시대 여자 교육과 관련된 제도 및 교육 내용 등에 대한 체계적 분석이나, 이를 기반으로 근대의 여자 교육이 변화하는 방향 등에 대한 종합적 고찰 성과는 미진한 것으로 볼 수 있다.

넷째, 여성학적 관점에서 여성사 또는 여성 운동사에 관한 연구는 비교적 다양한 성과를 거둔 것으로 평가된다. 한국학술정보서비스에서 '여성운동'을 키워드로 검색할 경우, 이와 관련한 학위 논문이 6천 건 이상 검색되며, 학술지 논문도 8천 건에 이른다. 더욱이 단행본의 경우 1만 4천 건 이상의 저서가 검색된다. 범위를 좁혀 '여성학'을 키워드로 할 경우도 학위 논문 500여 건, 학술지 논문 5천 건, 단행본 1,400여 건 등이 검색되며, '한국여성학회', '이화여자대학교 아시아여성학센터', '디자인 여성학회', '부산대학교 여성연구소', '이화여자대학교 한국여성연구원', '계명대학교 여성학연구소' 등 여성학을 전문적으로 연구하는 단체도 상당수 출현하였다. 그럼에도 현재까지 여성학과 여성운동의 방향성에 대해서는 많은 논란이 지속되고 있는데, 그 주된 이유는 '대립'과 '억압', '갈등'과 '변혁' 등을 키워드로 하는 '페미니즘'의 방향성에서 기인한 것으로 간주되는 경향이 강하다. 이는 한국뿐만 아니라 세계사적 관점에서도 비슷한 경향을 보이는데 이에 대해 캐롤린 라마자노글루 지음·김정선 옮김(1997)의 『페미니즘, 무엇이 문제인가』(문예출판사)에서는 '자유주의 페미니즘', '급진적 페미니즘', '마르크스주의 페미니즘' 등 다양한 페미니즘의 개념을 종합한 뒤, "모든 페미니즘 학파들은 남성이 아주 일반적으로 여성을 지배한다는 점에 동의하면서도, 여성들 사이에 존재하는 차이의 문제에서는 보다 논쟁적"이라고 규정한다. 즉 여성의 다양한 삶의 형태, 계급, 사회적 위치 등을 (그것이 사회 구조와 관계되어 있을지라도) 남성과의 갈등과 억압의 형태로만 파악하는 일은, 여성학의 연구 범위와 발전 방향을 스스로 좁혀 버리는 셈이다. 이 점에서 최근의 여성학 연구는 여성을 대상으로 '여성의 사회화', '가족', '일', '문화', '정책' 등 종합적·체계적 연구 경향을 보이는데, '여성운동에 대한 역사적 고찰' 또는 '지식 사회에서 여성의 역할' 등에 대한 관심이 높아진 것도 주목할 경향이다.

역사적 맥락에서 지식 사회에서 여성의 역할에 관한 문제는 그동안 주목받지 못한 주제 중의 하나로 볼 수 있는데, 그 이유는 조선시대 '지식인'이라고 불릴 만한 여성의 존재를 설정하기 어려웠고, 근대 이후에도 소수의 여성을 제외한다면 '여성 지식인'을 설정하는 것이 쉽지 않았기 때문이다. 그러나 최근에는 '여성 지식인'을 키워드로 한 연구가 증가하면서 김순천(2010)의 「조선후기 여성 지식인의 주체 인식 양상: 여성성의 시각을 중심으로」(단국대학교 박사논문), 김성은 (2012)의 「1920~30년대 미국 유학 여성지식인의 현실 인식과 사회활동」(서강대학교 박사논문), 장영은(2017)의 「근대 여성 지식인의 자기 서사 연구」(성균관대학교 박사논문) 등과 같은 박사학위 논문이 출현하였고, 홍인숙(2009)의 『근대계몽기 여성 담론』(혜안), 전경옥(2006)의 『한국여성문화사』(숙명여자대학교 아시아여성연구소) 등과 같은 단행본이 출간되기도 하였다. 이러한 경향은 학술지 논문도 비슷한데, 김경애(2010)의 '근대 남성 지식인 소춘 김기전의 여성 해방론', 김성은(2014)의 '한말 한국 지식인과 양계초의 여성 교육론 비교', 김경미(2017)의 '조선 후기 남성 지식인의 여성 지식인에 대한 평가', 탁원정(2017)의 '국문 장편소설과 여성 지식, 여성 지식인' 등과 같은 여성 지식인을 대상으로 한 논문이 발표되었다. 그러나 현재까지의 연구 경향은 근대 이후의 여성 담론 분석이나 여성 지식인을 대상으로 한 것이 대부분으로, 조선시대를 대상으로 한 연구는 이영춘(2002)의 『강정일당: 한 조선 여성 지식인의 삶과 학문』(가람기획), 이남희(2012, 2016)의 '조선 후기 지식인 여성의 생활세계와 사회의식: 임윤지당과 강정일당을 중심으로', '조선 후기 지식인 여성의 자의식과 사유 세계' 등과 같이, 극소수 여성 지식인만을 논의 대상으로 삼고 있음을 확인할 수 있다.

이와 같은 연구 경향을 살펴볼 때, 조선시대 여성문화와 지식 사회에서의 여성의 역할, 조선시대와 근대를 이어주는 교량으로서의 지식 지형 변화 등에 대한 체계적인 연구 성과는 아직까지 충분하지 않은 편이다. 이 점에서 이 연구는 기존 연구를 종합하여, 여성 지식 지형의 변화 차원에서 새로운 접근을 시도하고자 하는 셈이다.

제2장 조선시대 여자 교육과 여성 지식인※

1. 서론

피터 버크는『지식: 그 탄생과 유통에 관한 모든 지식』(박광식 옮김, 현실문화연구, 2006)에서 '지식을 발견, 생산, 전파하는 일을 맡았던 사람'이라고 정의한다. 그는 카를 만하임의 "지식인은 어느 사회에나 있는 사회적 집단으로, 사회를 대신해 세계에 대한 해석을 제공하는 특별한 임무를 갖고 있다."는 문구를 인용하면서, 지식인은 시대와 사회의 구속으로부터 자유로운 사람들이라는 견해를 피력하고 있다. 그러나 한국의 지식인상은 카를 만하임이나 피터 버크의 생각과는 달리 시대와 사회의 구속으로부터 자유로운 사람들이 많지 않았다는

※ 이 글은『인문사회과학연구』제21권 제1호(부경대 인문사회과학연구소, 2020)에 '지식 생산과 전수 방법의 보편성과 특수성의 관점에서 본 조선시대 여성 지식인 형성 배경'이라는 제목으로 발표한 논문을 수정한 것임.

것이 일반적인 견해로 보인다. 근대 한국의 지식인상을 주제로 한 최영(1997)의 『근대 한국의 지식인과 그 사상』(문학과지성사)에서는 "누가 지식인이냐?"라는 물음을 던지고, 카를 만하임이 "한 시대의 방향을 점지하고 국민과 인민들을 인도하는 향도(嚮導)로서의 지식인에게 커다란 희망을 걸고 있다."라고 평가하면서, 1968년 도쿄대 야스다 강당에서 행해진 야스퍼스의 '지식인이란 무엇인가'라는 강연 제목을 떠올리고 있다.

최영(1997)의 설명대로라면 한국 근대 지식인은 소부르주아지의 존재 구속성에서 탈피하지 못한 기회주의적 '지적 기술자'만 횡행하고, 사회 격변기마다 "종래의 이데올로기적 표현으로 한다면, 좌에서 우로, 역으로 우에서 좌로, 친일에서 친미·친소로 급변하는 모습을 보여 권력 엘리트나 일반 국민 대중 양쪽에서 백안시당하는 경우가 많았다."는 것이다. 지식인의 역할이 '세계에 대한 해석을 제공'하는 데 있다는 말은 인간의 사고와 의식의 산물인 지식이 세계관의 변화를 유도할 수 있다는 말과 같은 뜻으로 볼 수 있다.

세계관의 변화 차원에서 성별에 따른 지식인의 역할 문제는 비단 페미니즘의 관점에서만 유용한 것은 아니다. 지식인의 성별 유형은 지식의 생산과 변천, 지식의 유형과 사회적 영향력 등을 연구하는 입장에서 살펴보아야 할 또 하나의 준거가 된다. 그러나 최영(1997)을 비롯한 다수의 선행 논의에서는 '여성 지식인'을 대상으로 삼지 않았다. 그 이유는 무엇일까? 지식인에 대한 다수의 선행 연구에서 확인할 수 있듯이, 한국 사회에서 여성 지식인에 대한 논의가 그다지 심화되지 않았기 때문이며, 더욱이 그나마 언급되는 여성 지식인사도 근대 이후의 논의가 대부분을 차지하고 있기 때문일 것이다. 예를 들어 '여성 지식인'과 관련된 기존의 박사학위 논문 가운데 김순천(2010)의

「조선 후기 여성 지식인의 주체 인식 양상: 여성성의 시각을 중심으로」(단국대학교 박사논문), 김성은(2012)의 「1920~1930년대 미국 유학 여성 지식인의 현실 인식과 사회활동」(서강대학교 박사논문), 장명은(2017)의 「근대 여성 지식인의 자기 서사 연구」(성균관대학교 박사논문) 등이 있지만, 근대 이후의 여성 지식인을 대상으로 하거나 문학적인 차원에서 여성상을 논의하는 경우가 많았다. 이러한 경향은 여성 운동사나 여성 교육사에 대한 선행 연구도 비슷하다. 한국 여성운동사의 초기 연구에 해당하는 이태영(1957)의 『한국 이혼제도 연구』(여성문제연구원)를 비롯하여, 박용옥(1984)의 「한국 근대 여성운동사 연구」(고려대학교 박사논문), 이승희(1991)의 「한국여성운동사 연구: 미군정기 여성운동을 중심으로」(이화여자대학교 박사논문) 등에서 조선시대 여성 지식인과 관련된 논의를 찾아보는 것은 쉽지 않다. 이는 학술지 논문도 비슷한데, 여성 운동사와 관련한 장병인(2007)의 「조선시대 여성사 연구의 현황과 과제」, 정해은(2013)의 「조선시대 여성사 연구 동향과 전문: 2007~2013」 등을 종합하더라도, 여성 지식인에 대한 논의는 상대적으로 적은 편임을 알 수 있다. 이는 김현옥(1988), 이송희(1990), 이효재(1998) 등의 학술지 소재 논문이나 정정숙(1984), 조혜란(2005) 등의 여성 교육 관련 논문 등도 비슷하다. 이는 지식인 논의에서 상대적으로 여성이 소외되었고, 더욱이 조선시대의 경우 사회 구조 및 사상에 대한 편견으로 인해 여성 지식인의 존재 자체에 대한 관심 부족에서 기인한 것으로 보인다. 이 맥락에서 서지적 관점에서 여성사를 고찰하고자 한 유소영(2004), 여성 언행록에 주목한 이지영(2014) 등은 여성 지식인 논의와 관련한 주목할 성과로 평가할 수 있다. 피터 버크가 주장했듯이, 전근대 사회에서도 지식인으로서 여성이 존재할 수 있음을 보여주는 실증적인 자료에 주목했기 때문이다. 이와 동일한 차원에서 『규곤의칙(閨壼儀則)』에 주목한 김수경(2015), 『여범(女範)』을 분석한 최혜진(2004) 등이나 '박효량전'과 '김부인 열행록'을 살피고자 한 서인석(2003) 등도 유의미한 성과로 볼 수 있다.

그럼에도 공식적인 사회활동에 제약이 따르고 공교육을 받을 수 없었던 조선시대 지식인으로서의 여성을 설정하거나 이를 유형화하는 작업은 쉽지 않다. 그 주된 이유는 지식의 생산자와 전파자로서 세계를 해석하는 여성 지식인 관련 자료가 충분하지 않은 데서 기인한다. 그러나 조선시대에도 시대와 사회를 해석하는 지식인으로서의 역할을 수행한 여성이 없었던 것은 아니다. 이와 관련하여 이숙인(2005), 박미해(2014), 최재목(2014), 김경남(2014) 등은 여성 지식인 담론과 관련하여 조선시대 여성 지식인의 유형 설정 가능성을 보여준다.

이 연구에서는 지식 생산과 전수 과정에서 나타나는 보편성과 특수성의 관점에서 조선시대 여자 교육 방법을 개괄하고, 이로부터 조선시대 여성 지식인이 탄생하는 요인을 살피는 데 목표를 둔다. 이는 궁극적으로 조선시대 여성 지식인의 활동과 지식인의 유형, 지식 지형도의 변화 등을 연구하는 토대가 될 수 있다.

2. 조선시대 여성 지식인과 교육

피터 버크가 말한 지식의 발견과 생산, 전파는 근본적으로 특정 시대나 사회와 밀접한 관련을 맺을 수밖에 없다. 카를 만하임이 말한 '존재 제약성(구속성)'이라는 용어는 지식의 이데올로기적 속성을 지칭한 개념[1]이지만, 지식의 탄생이나 존재 양태가 사회와 밀접한 관련을 맺고 있음을 전제한 것이다. 지식이 사회 속에 존재한다는 사실은

과학에 대한 스트롱 프로그램을 제시한 데이비드 불루어도 강하게 주장한 바 있다. 그는 『지식과 사회의 상』에서 "지식과 사회에는 수많은 직관적인 관계들이 있다. 지식은 모아지고 조직되고 유지되고 전달되고 분배되어야 한다. 이들은 모두 실험실, 작업장, 대학, 교회, 학교 등과 같은 확립된 제도들과 가시적으로 연결된 과정이다."라고 설명한다.[2] 이 언술에 나타난 '모아지고, 조직되고, 유지되고, 전달되고, 분배되는' 과정은 그 자체가 지식 활동과 관련이 있으며, 그러한 활동은 시대와 사회에 따라 다양한 모습을 띤다.

지식인은 지식 활동을 수행하는 사람들을 일컫는다. 김필동(2003)에서는 대표적인 지식 활동을 '지식의 생산, 분배, 소비 활동'으로 정리하면서, 이 활동에는 '지식의 내용과 존재 형태', '지식의 담지자(agent, 지식 활동을 담당하는 사람)', '지식의 제도화'라는 세 가지 요소가 존재한다고 보았다.[3] 그가 말한 지식의 내용과 존재 형태는 세계를 해석할 수 있는 철학이나 이론·법칙 등을 의미하는 것으로, 이를 수행하는 중심인물들이 '담지자'이다. 여기서 주목할 것은 지식 활동을 주도하는 담지자들, 즉 지식인 집단이 어떤 성격을 띠고 있는가이다. 그는 시대에 따라 지식인 집단이 '학인(學人), 현자(賢者), 지식 애호가, 지식인, 지식 계급, 과학자' 등 다양한 이름으로 불려왔음을 주목한다. 이는 지식이 이데올로기적 속성을 띠고 있고, 그 자체가 권력적인 속성을 지니고 있음을 의미하는 것으로, 지식인의 역할이 시대와 사회적 분위기에 따라 결정될 가능성이 높음을 의미한다. 또 하나 주목

---

1) 카를 만하임 지음, 임석진 옮김(2012), 『이데올로기와 유토피아』, 김영사, 523~524쪽.
2) 데이비드 불루어 지음, 김경만 옮김(2000), 『지식과 사회의 상』, 한길사, 127쪽.
3) 김필동(2003), 「지식 변동의 사회사: 과제와 방법」, 한국사회사학회 엮음, 『지식 변동의 사회사』, 문학과지성사, 20~24쪽.

할 대상의 하나는 '지식의 제도화 및 조직화'에 관한 문제이다. 김필동 (2003)에서 주장한 바와 같이, 지식 집단의 형성은 제도와 밀접한 관련을 맺는다. 현대 사회의 경우 지식 집단과 관련을 맺는 제도는 여러 가지가 있다. 학회, 학파, 연구소 등과 같은 학문연구 제도뿐만 아니라 한 개인이 지식인으로 성장하기까지 작용하는 교육제도 등도 중요한 의미를 갖는다.

시대와 사회적 속성이 동일하지는 않지만, 조선시대 지식인 집단 형성에도 여러 가지 제도가 관여했음은 틀림없다. 국가 차원의 교육기관이자 연구기관인 성균관이나 각종 문교 조직(文敎組織), 왕실의 경연(經筵)과 서연(書筵), 각종 시취(試取) 등은 조선시대 지식인의 존재를 규정하는 중요한 제도들이다.[4] 이 점에서 조선시대 여성의 경우 지식 활동을 행하는 사람(담지자)이 되기 위한 공식적인 제도가 없다. 그러나 제도의 부재가 조선시대 여성의 지식 활동의 부재를 의미하는 것은 아니다. 예를 들어 성리학적 질서가 확립된 조선 성종 6년(1475), 소혜왕후(昭惠王后) 한씨(韓氏)는 중국의 『소학』, 『열녀』, 『여계(女誡)』, 『명감(明鑑)』을 대본으로 『내훈(內訓)』을 지었다. 비록 이 책이 조선시대 '부덕(婦德)'을 강조하는 내용으로 이루어져 있을지라도, 여성으로서 저술 활동을 했다는 것은 그 자체가 지식인으로서의 역할을 수행했다는 뜻이다. 이능화(1927)의 『조선여속고』에는 여자로서 경사(經史)를 해독하고, 서화(書畫)를 하며, 시례(詩禮)를 행한 다수의 지식인들이 소개되어 있다.

---

4) 이원호(2001), 「경국대전에서 본 조선조 교육」, 『조선시대 교육의 연구』, 문음사, 133쪽.

「朝鮮 女子敎育5)」

能和按 我朝鮮은 自古以來로 絶無敎養女子之事ᄒ니 非不能也라. 不爲也
ㅣ니라. 蓋在上者ㅣ 以女子者는 其職任이 惟在割烹 裁縫 灑掃(쇄소) 井臼而
已니 但 使順從於男夫舅姑오 而更無他事要望於女子矣라 ᄒ야, 高麗 以上에
史無能文之女性ᄒ니 以國用之文이 旣是漢字則雖男子나 猶難通曉은 況在女
性乎아. 況不之敎學乎아. 李朝 以來로 女子解讀經史ᄒ야 能作詩文者 往往
有之ᄒ야 如許琮之姊는 有文行識鑑ᄒ고 柳眉巖 希春 夫人은 能文善詩ᄒ고
李栗谷 珥 母 師任堂 申氏는 善書畫ᄒ고 許草堂 曄女 蘭雪軒은 善詩ᄒ고
鶴谷 洪瑞鳳 母 洪象漢 夫人 魚氏와 其他 如 鄭林塘 惟吉 女(蓬原府 夫人)
柳氏와 金潛谷 女(徐文履 夫人)와 洪淵泉 奭周 母 徐氏와 靜一堂 姜氏(坦園
尹光演 妻)와 廣州 柳義 母. 等諸人은 皆以天才로 亦有地閥ᄒ고 家庭之學과
詩禮之風이라. 雖然이나 如太倉之有稊米焉(태창지유제미언)ᄒ니 不可謂之
女敎之常道者也로다.

〈번역〉능화(能和, 본인)가 살피니 우리나라 조선은 자고이래로 여자를
교육하고 기르는 일이 전혀 없었으니, 하지 못한 것이 아니라 하지 않은
것이다. 대개 윗사람은 여자는 그 직임이 오직 고기 썰고 봉재하고 청소
하고 절구질하는 것뿐이니 다만 남편에게 순종하고 시부모를 모시도록
할 일이요, 다시 다른 일을 더 바랄 것이 없다 하여, 고려 이전 능히 글을
하는 여성이 없으니 나라에서 쓰는 문자가 한자(漢字)인즉, 오직 남자도
능히 통효하기 어렵거늘 하물며 여성이겠는가. 하물며 가르치겠는가. 조
선 이래 여자가 경사(經史)를 읽고 이해하여 능히 시문을 짓는 자가 간혹
있어, 허종의 누이는 글을 짓고 감상하며, 미암 유희춘의 부인은 글에 능
하여 시를 짓고, 율곡 이이의 어머니 사임당 신씨는 서화를 잘하고, 초당

5) 이능화(1927), 「제23장 조선 여자 교육」, 『조선여속고』, 한림서원, 274~275쪽.

허엽의 딸 난설헌은 시를 잘하고, 학곡 홍서봉의 어머니 홍상한의 부인 어씨와 기타 임당 정유길의 딸(봉원부 부인) 유씨와 김잠곡의 딸(서문리의 부인)과 연천 홍석주의 어머니 서씨와 정일당 강씨(탄원 윤광연의 처), 광주 유의 모(유희의 어머니) 등 여러 사람은 모두 하늘이 준 재주로 문벌이 있고 가정의 학문과 시례의 풍속이 있었기 때문이다. 그러나 이는 푸른 바다에 쌀알처럼 적으니 여자의 교육이 일상의 도리라고 하기 어렵다.

이능화(1927)에서는 이규경의 「여교 변증설(女教辨證說)」을 인용하여, 옛날 여자를 가르치는 것이 남자와 같았으나, 그것은 오직 어린아이를 옆에 끼고 있을 때뿐이며, 여자를 위한 다수의 교훈서를 참고하더라도 오직 정일(貞一)한 덕을 바르게 하고 동정(動靜)의 위의(威儀)를 강조하는 것뿐이라고 주장한다. 그럼에도 인용문에 나타난 바와 같이 '하늘이 준 재주'와 '지벌(地閥)', '가정지학', '시례지풍'에 따라 '해독경사(解讀經史)'와 '능자시문(能作詩文)'을 할 수 있었다고 하였다. 여기서 말한 경사를 해독하는 일과 시문을 짓는 일은 제한적이나마 조선시대 여성이 지식 활동을 하고 있음을 의미한다. 달리 말해 지식 활동의 전제가 되는 여성의 지식 습득은 개인의 재주와 집안, 가풍 등에 의존한다는 뜻이다.

3. 봉보부인(奉保夫人)과 여사(女師)

조선시대 여성은 신분(계급)에 따라 지식 습득의 방법과 내용이 다르다. 이능화(1927)에서는 훈민정음 반포 이후 왕실 여성의 경우 경연과 서연에 참여할 수 없으므로, 『후비명감(后妃明鑑)』을 찬집하고, '보부(嫫夫)'에게 '풍송(諷誦)'하게 하였다고 설명한다. 이능화(1927)에 등장하는 '보부(嫫夫)'라는 용어의 출처는 '김종직 서문(金宗直 序文)'이라고 하는데, 구체적으로 이 문헌이 어떤 것인지는 확인되지 않는다. 그러나 '보부풍송'의 '풍송'은 암송하는 일을 의미하며, 여성의 경우 왕실의 일원이 되었을 때(왕실에 태어나거나 후비가 되는 일), '봉보부인(奉保夫人)'이라는 유모가 있어, 이들에게 왕실 여성으로서의 역할을 암송하는 교육을 받았음은 다수의 기록을 통해 알 수 있다. 한희숙(2007)[6]에 따르면 봉보부인은 외명부에 소속된 왕의 유모나 원자의 유모를 일컫는다고 하였다. 이들은 대부분 천민 출신으로 왕의 유모 역할을 하면서 왕실 여성과 친밀한 관계를 유지하고 있음을 알 수 있는데, 왕실 여성을 대상으로 한 공식적인 교육 담당자라기보다 왕실 여성을 대리하여 보모(保姆)로서의 역할을 담당하던 사람들이었다. 세종 17년 6월 15일자 세자빈 순빈 봉씨를 폐출시킨 이유에 대한 기사[7]나 단종 2년 6월 6일자 중궁(中宮)이 청연루에서 잔치를 베푼 기사[8]에 나타나는 봉보부인은 국왕을 비롯한 왕실 구성원의 보모 역할

---

6) 한희숙(2007), 「조선 전기 봉보부인(奉保夫人)의 역할과 지위」, 『조선시대사학보』 43, 조선시대사학회, 51~93쪽.

7) 『세종실록』 권68 세종 17년 6월 15일. 封乳母李氏爲奉保夫人. 上重阿保之功, 令考古制立法, 禮曹啓: "謹按古制, 帝王乳母封爵, 始於漢, 歷晉迄唐皆然, 降及宋朝, 眞宗乳母劉氏, 封秦國延壽保聖夫人. 宜依古制, 自今乳母封爵, 用美名稱奉保夫人, 秩比從二品." 從之, 遂有是命. 〈국역〉 유모 이씨(李氏)를 봉하여 봉보부인(奉保夫人)을 삼았는데, 임금이 아보(阿保)의 공을 중하게 여겨 옛 제도를 상고하여 법을 세우게 하였더니, 예조에서 아뢰기를, "삼가 예전 제도를 상고하오니 제왕이 유모를 봉작(封爵)하는 것이 한(漢)나라에서 시작하여 진(晉)나라를 거쳐 당(唐)나라까지 모두 그러하였고, 내려와 송(宋)나라 조정에 미치어 진종(眞宗)의 유모 유씨(劉氏)를 진국 연수보성부인(秦國延壽保聖夫人)을 봉하였으니, 마땅히 예전 제도에 의하여 이제부터 유모의 봉작을 아름다운 이름을 써서 봉보부인이라 칭하고, 품질(品秩)은 종2품에 비등하게 하소서." 하므로, 그대로 따라서 이 명령이 있게 된 것이었다. (국사편찬위원회 조선왕조실록에서 옮김)

8) 『단종실록』 11권. 단종 2년 6월 6일. 中宮宴于淸燕樓下, 慈聖王大妃及兩淑儀, 臨瀛·錦城·永膺大君夫人, 延昌尉·寧陽尉公主, 桂陽·義昌·漢南·壽春·翼峴·寧海君夫人, 鈴川尉·班城尉

을 한 사람들로 관직을 받은 사람들을 의미한다. 그렇기 때문에 왕실 여성만을 위한 교육 담당자가 존재한다고 보기는 어렵다. 다만 이능화(1927)에서 언급한 '보부풍송'과 같이 왕실 자녀에게 유모가 있고, 이들은 육아(育兒)를 책임지며 그 과정에서 '풍송(諷誦, 읽고 읊으며 암송하는 일)'의 교육 방법이 존재했다고 볼 수 있다.

왕실 여성 교육과 관련하여 살펴보아야 할 또 하나의 존재는 '여사(女師)'의 존재이다. 세종 17년 순빈 봉씨 폐출 기사에서도 '여사'를 두어 『열녀전』을 가르치게 했다는 내용이 등장한다.9) 윤경희(2014)10)

翁主, 江陵郡夫人, 惠嬪母氏, 奉保夫人侍宴. 《국역》 중궁(中宮)이 청연루(淸燕樓) 아래에서 잔치를 베푸니, 자성 왕대비(慈聖王大妃) 및 두[兩] 숙의(淑儀)·임영 대군·금성 대군·영응 대군의 부인, 연창위(延昌尉)·영양위의 공주(公主), 계양군·의창군·한남군·수춘군·익현군·영해군의 부인, 영천위(鈴川尉)·반성위의 옹주(翁主), 강릉 군부인(江陵郡夫人), 혜빈(惠嬪)의 어머니, 봉보 부인(奉保夫人)이 시연(侍宴)하였다. (국사편찬위원회 조선왕조실록에서 옮김)

9) 『세종실록』 권68 세종 17년 6월 15일. 初廢金氏而立奉氏也, 欲其知古訓而戒飭, 自今以後, 庶無此等之事, 使女師授《列女傳》。奉氏學之數日, 乃投冊於庭曰: '我豈學此而後生活乎?' 遂不肯受業. 授《烈女傳》, 予之敎也, 而敢如此無禮, 豈合子婦之道乎? 又意婦人不必學文字, 開干政之門, 故不復使敎之. 又世子乳媼死, 使老宮婢名古未者代幹宮事, 奉氏每夜呼古未曰: '媼何不識吾之意乎?' 蓋欲此媼呼世子而來也. 夫婦相愛, 雖其常情, 然婦人喪夫, 不夜哭, 無他, 避其嫌也, 而況每夜欲見, 豈合婦人之道乎? 《번역》 처음에 김씨를 폐하고 봉씨를 세울 적에는, 그에게 옛 훈계를 알아서 경계하고 조심하여 금후로는 거의 이런 따위의 일을 없게 하고자 하여, 여사(女師)로 하여금 《열녀전(烈女傳)》을 가르치게 했는데, 봉씨가 이를 배운 지 며칠 만에 책을 뜰에 던지면서 말하기를, '내가 어찌 이것을 배운 후에 생활하겠는가.' 하면서, 학업을 받기를 즐겨하지 아니하였다. 《열녀전》을 가르치게 한 것은 나의 명령인데도 감히 이같이 무례한 짓을 하니, 어찌 며느리의 도리에 합당하겠는가. 또 생각하기를, 부인이 반드시 글을 배워서 정사에 간여하는 길을 열게 해서는 안 될 것이라 하여, 다시 그에게 가르치지 못하게 하였다. 또 세자의 유모가 죽었으므로 이름이 고미(古未)라고 한 늙은 궁궐 여종으로 하여금 궁중의 일을 대신 맡게 했는데, 봉씨가 밤마다 고미를 불러 말하기를, '할미는 어찌 내 뜻을 알지 못하오.' 하니, 대개 이 노파로 하여금 세자를 불러 오도록 하고자 함이었다. 부부가 서로 사랑하는 것은 비록 그것이 떳떳한 정리이지마는, 그러나 부인이 남편을 잃어도 밤에 울지 않는 것은 다름이 아니라 그 혐의를 피하는 때문이다. 그런데도 더군다나 매일 밤마다 세자를 보고자 하니, 어찌 부인의 도리에 적합하겠는가. (국사편찬위원회 조선왕조실록에서 옮김)

10) 윤경희(2014), 「조선시대 여사(女師)의 호칭과 그 교육적 의미」, 『어문논집』 72, 민족어문학회, 165~185쪽.

에 따르면 조선시대 '여사(女師)'라는 용어는 '여사(女士)', '여중군자(女中君子)'와 같이 여성을 칭송하는 용어일 뿐 아니라 왕실 자녀를 교육하거나 사대부가의 자식을 교육하던 여자를 일컫는다고 하였다. 특히 궁중에서는 '여사'라는 직책이 있었다고 했는데, 이와 관련한 내용은 『성종실록』에서 찾아볼 수 있다.

「女師」

　　琚等以: "朝廷寵終, 恩禮若此稠疊, 不可無文", 記諸墓上之石, 用傳大德於永久, 乃具狀, 屬筆於安。按狀, 夫人性柔淑, 言不妄發, 動有常規, 於內儀, 一一能識記之, 諸執事咸尊信爲姆師。(…中略…) 墓誌銘曰: 其生永樂庚寅四月九日, 得壽七十有四。琚以狀授珝爲誌銘, 納諸幽, 乃誌曰: "夫人諱桂蘭, 代爲朝鮮國 淸州相族。考諱永矴, 姓金氏。宣德丁未國王諱, 選進內庭, 曁今五十七載。歷奉四朝, 始終敬愼如一, 言不妄發, 動止有恒, 且性淑善能睦衆, 肆嬪御之屬, 雅信不疑。或遇陰禮之行, 必默取質, 夫人曰: '某可行, 某不可行。' 或有剪紐之制, 必默求敎, 夫人曰: '某可制, 某不可制。' 又或舊內令之失記者, 必默請明, 夫人曰: '我猶記, 宣聖之令如此, 英聖之令如此。' 嬪御以下, 咸擬曰: '女師。' 今皇上恩同天地, 凡普天率土, 一夫一婦, 皆被其澤, 況夫人供事宮闈之舊者? 是以不時錫賚愈厚於前, 夫人愈加小心, 若不敢當。自少至老, 與享天家之祿, 迄沒後, 恩典罔替。噫! 夫人舊國, 有大家巨族也, 有億姓兆民也。內獲一到中原, 覿樓臺、殿閣、衣冠、文物之盛, 必歸而慶曰: '吾獲覩上國之光。' 今夫人不但身到中原, 而又歷事四朝, 居處禁內, 見中原所未見者, 一生榮貴, 名書簡策, 豈如是而尚有憾乎? 乃銘曰: '生乎東國, 進乎中原。

　　〈번역〉 왕거 등이 조정의 사랑과 은혜가 끝까지 이처럼 거듭함으로써 글이 없을 수 없다고 하여 묘 위에 돌을 기록하여 큰 덕을 영구히 전하게 하여 이에 행장(行狀)을 갖추어 안(安)에게 글을 쓰기를 부탁하기에 행장을 상고해 보니, 부인(夫人)은 성품이 유순(柔順)하고 착하여 말을 망령되게 발하지 아니하고 행동에 떳떳한 법이 있으며 내의(內儀)에 하나하나 능히 알고 기억하니, 모든 집사(執事)가 함께 무사(姆師)11)로 높이 받들었다. (…中略…) 그 생일은 영락(永樂) 경인년 4월 9일인데, 수(壽)가 74세이다. 왕거가 장(狀)을 가지고 우(珝)에게 주며 묘지명(墓誌銘)을 지어 유택(幽宅)에 넣게 하므로 지(誌)한다. 부인의 휘(諱)는 계란(桂蘭)이니 대대로 조선국 청주(淸州)의 재상 집안이다. 아버지의 휘는 영정(永矴)이고 어머니는 김씨(金氏)이다. 선덕(宣德) 정미년에 국왕 성휘(姓諱)가 내정(內庭)에 선발해 올려서 이제 57년이 되었는데, 네 조정을 거쳐 섬기면서 처음부터 끝까지 한결같게 조심하여 말을 망령되게 발하지 아니하고 행동이 떳떳함이 있으며, 또 성품이 착하여 능히 여러 사람과 화목하므로 빈어(嬪御)의 무리가 신임하고 의심하지 아니하였다. 혹시 음례(陰禮)의 행사를 당하면 반드시 몰래 질문을 구하는데, 부인은 말하기를, '무엇이 행할 만하고 무엇이 행할 수 없다'고 하며, 혹시 전뉴(翦紐)의 제도에 있어서도 반드시 몰래 가르치기를 구하면 부인이 말하기를, '무엇은 만들 만하고 무엇은 만들 수 없다.'고 하였다. 또 혹시 옛 내령(內令)을 기억하지 못하는 것이 있어 반드시 몰래 밝히기를 청하면 부인은 말하기를, '내 기억으로는, 선성(宣聖)의 영(令)은 이와 같고, 영성(英聖)의 영은 이와 같다.'라고 하였으니, 빈어(嬪御) 이하가 모두 비겨 말하기를, '여사(女師)'라고 하였다.

—『성종실록』162권(성종 15년 1월 4일)

---

11) 한국사데이터베이스 조선왕조실록 『성종실록』 권162 성종 15년 1월 4일자 기사의 국역에서는 '姆師'를 '무사'로 음역했으나 『고종실록』 권45 고종 42년 1월 4일자 기사에서는 '모사'로 음역하였다. 이 논문에서는 '모사'로 통일한다.

이 기사는 성절사 한찬이 북경에서 소혜왕후 한씨에 대한 제문·고명·묘지명을 받들어 온 내용을 적은 기사이다. 이 기사에는 '모사(姆師)'와 '여사(女師)'라는 용어가 등장하는데, 앞의 세종조 순빈 봉씨 기사와는 달리 직책으로 해석되지는 않는다. 윤경희(2014)에서는 『승정원일기』 정조 8년 9월 10일자[12]와 고종 원년 4월 1일자 기사[13]를 참고하여 '여사'를 직책으로 규정했다. 이 이외에도 '모사'나 '여사'는 『고종실록』 45권(42년 1월 4일자),[14] 『순종실록부록』 17권(순종 부록 19년 6월 11일자),[15] 『승정원일기』 철종 즉위년(1849) 9월 11일자 기

---

12) 『승정원일기』 정조 8년(1784) 9월 10일 임술. "擇諸母, 必求其性兼寬惠, 德備溫恭者, 使爲之師, 則其擇女師, 示立道之法, 已在寢 床弄璋之初, 而不待十歲就傳之後也. 及其立師傅, 修禮樂, 審之以父子君臣之道, 成之以恭敬溫文之工, 或敎導其事而喩諸德, 或輔翼其身而歸諸道, 德成而敎尊, 敎尊而官正, 出入居處, 莫非正言, 前後左右, 莫非正人."〈번역〉 여러 어미를 가려 그 성품 더불어 너그러움을 갖추고 덕성과 온공한 자를 구하여 스승을 삼으니 곧 여사(女師)를 가려 입도의 법을 보이며 어려서 장난감을 갖고 놀 때부터 10세에 전지(傳之) 후를 기다리지 않고, 사부를 두는 데 미치어 예악을 닦고, 부자 군신의 도리를 살펴 공경하고 온화한 공을 이루거나 혹 그 일을 가르치고 모든 덕을 밝히거나 혹 그 몸을 보좌하거나 여러 도로 돌아가 덕을 이루고 가르침을 존중하며, 교(敎)를 존중하고 관(官)을 바르게 하니 출입 거처에 바른 말이 아닌 것이 없고 전후좌우에 바르지 않은 사람이 없다.

13) 『승정원일기』 고종 1년(1864) 4월 1일 신사[신미]. "且敎人之方, 務在寬裕, 故生子而擇女師之時, 亦以寬裕慈惠者爲先, 寬之一字, 爲敎之本也. 伏願殿下, 以前篇中求其寬裕之句推, 而乙覽於此章在寬之敎, 則自然有溫古[故]知新之工也."〈번역〉 또한 사람을 가르치는 법에는 관대하고 너그러움에 힘쓰니, 그러므로 자식을 낳고 여사(女師)를 간택할 때, 또한 관대하고 너그럽고 자애로운 자를 먼저 하니, 관(寬)이라는 한 자는 가르침을 펴는 근본입니다. 전하께 엎드려 바라옵건대 전편(前篇) 중 관유(寬裕)한 구절을 추려 이 장에 관대한 가르침이 있음을 두루 보게 하시면 곧 자연히 온고지신의 공이 될 것입니다.

14) 『고종실록』 45권 42년 1월 4일. "妃性聰敏明慧, 甫髫齓, 讀≪小學≫, ≪女則≫, 諸書 姆師纔說其大旨, 而輒了其深義, 又沈靜寡辭."〈번역〉 비는 천성이 유순하고 화기로웠으며 덕스러운 용모를 타고났다. 어릴 때부터 행동이 법도에 맞았으므로 집에 드나드는 일반 부녀들도 한 번 보기만 하면 누구나 다 범상하지 않다는 것을 알았다. 비는 총명하고 슬기로워 어린시절부터 ≪소학(小學)≫이나 ≪여칙(女則)≫과 같은 여러 가지 책들을 읽었는데 모사(姆師)가 그 대의를 해설하자마자 어느새 깊은 뜻을 파악하곤 하였다. 번역문은 한국사데이터베이스 조선왕조실록에서 옮김.

15) 『순종실록부록』 17권 순종 부록 19년 6월 11일. "德惠翁主以父皇晚生, 偏加撫育. 始幼也,

사16) 등에서도 확인할 수 있는데, 시대에 따라 다소 차이가 있겠지만 공식적인 직책이라기보다 '관유(寬裕)하고 덕성을 겸비'하여 스승이 될 만한 여자를 일컫는 말로 해석된다. 이를 종합할 때, 조선시대 왕실 여성 교육은 공인된 교육제도나 방법에 따르기보다 덕망 있는 유모에 의지하거나 스승이 될 만한 여자를 여사로 삼아 본받게 하는 방식을 취한 것으로 볼 수 있다.

4. 견외견학(肩外見學)의 가풍(家風)

이러한 맥락에서 '가승(家承)'에 따른 '견외견학(肩外見學)'과 '모교(姆敎)'는 조선시대 여성 지식인 형성의 주된 요인이 될 수 있다.

견외견학(肩外見學)이란 말 그대로 '어깨너머 배우기'에 해당한다. 이 용어는 이능화(1927)에서 '조선 부녀 지식계급'을 설정하면서, '속소위견외견학(俗所謂肩外見學)'이라고 표현했듯이 규중부녀가 어깨너머로 지식을 배우게 됨을 의미한다. 이능화(1927)에서는 다음과 같이 표현하고 있다.

招聘姆師, 授敎宮中, 稍長遊學, 自近而遠." 덕혜옹주(德惠翁主)는 부황(父皇)의 만년에 태어나니 특별히 귀여워하여 길렀다. 처음 어렸을 때 모사(姆師)를 초빙하여 궁 안에서 교육하고 조금 자라자 유학을 보냈는데, 가까이로부터 멀리까지 늘 염려하였다. 번역문은 한국사데이터베이스 조선왕조실록에서 옮김.

16) 『승정원일기』 철종 즉위년 9월 11일. 1849.9.11. "生子之初, 務盡其敎養之方, 故必擇其婦德兼備者而爲之, 姆師使之聞正言見正事行正道, 而隨其年紀, 先以易知易行之事, 次第敎導, 至於成就其德性, 豈非愼且難哉?" 〈번역〉 자식을 처음 낳을매 가르치는 방법에 힘을 다한다. 그러므로 부덕을 겸비한 자를 간택하여 이를 행하고, 모사(姆師)가 바른 말을 듣고 보는 것을 바르게 하며 행실을 바르게 하고 도를 바르게 하도록 하는데, 나이에 따라 먼저 쉽게 알고 쉽게 행할 수 있는 일로써 하고, 다음으로 교도(敎導)하여 그 덕성을 갖추게 하는 데 이르니 어찌 삼가고 어렵지 않겠는가.

「견외견학(肩外見學)」

　　是乃 朝鮮兩班之對女子教育思想之代表語也라. 見其一則曰 世族이오 二則曰大家오 而至於一般女子之教育ᄒ야는 乃其夢想所不及處也라. 然而士族學者家庭에 或有閨女識字者ᄒ야 如師任堂 申氏, 蘭雪軒 許氏, 柳夢寅之妹氏, 尹光演之夫人 等ᄒ니 而俗所謂肩外見學이 是也오「在家塾之內 姉妹在兄弟讀書之傍. 從肩外, 聞而知之故」而非直接受教而然者也라.

　　〈번역〉 이것이 조선 양반이 여자 교육을 대하는 대표적인 말들이다. 그 하나를 보면 세족이요, 둘은 대가요, 일반 여자 교육에 이르러서는 꿈에도 미칠 수 없다. 그러나 사족 학자의 가정에 간혹 규중의 여자로 문자를 아는 자가 있어, 사임당 신씨, 난설헌 허씨, 유몽인의 매씨, 윤광연의 부인 등이 있으니 세속에서 이른바 '어깨너머 배운 것'이 그것이요, '가숙(家塾) 안에 자매가 형제들이 독서하는 곁에서 어깨 너머로 듣고 아는 까닭'으로, 직접 교육을 받은 것이 아닌 연고이다.

　　견외견학의 대표자인 사임당 신씨, 허난설헌, 유몽인의 누이, 윤광연의 부인 등은 가정환경에 따라 어깨너머로 지식을 습득할 수 있었다는 뜻인데, 하현강(1972)의 조선시대 '여성의 학구 편모'에 소개된 다수의 여성 지식인들이 이 유형에 해당한다. 예를 들어 사헌부 감찰을 지낸 신영석(申永錫)의 부인 허씨(許氏)는 허종(許琮)의 손위 누이로서 유학 경전과 고금 역사에 박통(博通)했는데, 친정의 남자 형제들이 수십 년 동안 관직 생활을 하면서 큰 일이 생기면 반드시 허씨에게 먼저 와 자문을 구했다는 예화를 통해 알 수 있듯이, 여성에게 교육이 허락되지 않았지만 집안 분위기가 견외견학을 할 수 있었음을 추측하게 한다. 중종 당시 이준경(李浚慶)의 어머니 신씨(申氏)나 율곡의 어머니 사임당 신씨(師任堂 申氏)도 아들에게 『소학(小學)』이나 『효경(孝經)』

을 가르칠 정도로 식견이 높았는데, 이들의 지식 습득 배경에도 부모나 형제로부터 어깨너머 배울 수 있는 가정 분위기가 작용했다. 조선시대 대표적인 여성 철학자로 추앙 받는 임윤지당[17]도 견외견학이 가능했음을 확인할 수 있는데, 『윤지당유고(允摯堂遺稿)』(1796년, 정조 20년) 부록의 '유사(遺事)' 16조를 참고할 수 있다.

「유사(遺事)[18]」

ㄱ. 每諸兄弟會坐親側 或論經史義理 或論古今人物治亂得失 徐以一言 決其是非鑿鑿中窾 諸兄歎曰 恨不使汝爲丈夫身. 〈번역〉형제들이 어머니 곁에 모여 앉아 때로는 경전(經典)과 역사책의 뜻을 논하기도 하고, 때로는 고금의 인물과 정치를 시비할 때, 천천히 한 마디 말로 그 시비를 결단하였는데, 모든 것이 착착 들어맞았다. 여러 오빠들이 탄식하며 "네가 대장부로 태어나지 못한 것이 한스럽다."라고 하셨다.

ㄴ. 孺人學有 我高祖平安監司今是堂公諱義伯 受業沙溪金先生之門 得聞師心之訓 先考咸興判官老隱公諱適 與伯氏參奉公諱選 出入黃江先生之門 得聞直字之敎 仲氏成川府使鹿門公諱聖周 蚤遊陶菴李先生之門 得聞道不可離之義 而孺人又受業於仲氏 蓋其家庭之間 淵源之遠擩染之深如彼 故其畢竟所成就 又若是盛且易 雖求之古賢婦女 鮮見其比 此豈職天姿之高 自然近道而然也. 〈번역〉누님의 학문은 유래가 있다. 우리 고조부이신 평안감사 금시당(今是堂: 임의백, 윤지당의 친정 고조부)께서는 사계(沙溪, 김장생, 조선 중기의 유학자) 선생 문하에서 수학하여 '마음

17) 임윤지당(任允摯堂, 1721~1793). 본관은 풍천 임씨, 아버지는 함흥판관을 지낸 임적(任適)이며, 어머니는 파평 윤씨로 이조판서에 증직된 윤부의 딸임. 조선 후기 성리학자 녹문(鹿門) 임성주(任聖周)와 운호(雲湖) 임정주(任靖周)의 누이. '윤지당'은 오빠가 지어 준 호.
18) 조선시대사학회 역주(2001), 『국역 윤지당유고』, 원주시, 245~246쪽. 번역문도 이 책에 따름.

(心)'을 스승으로 삼으라는 가르침을 들으셨다. 선친이신 함흥 판관 노은공(老隱公, 임적)께서는 백부이신 참봉공(參奉公)과 함께 황강(黃江, 권상하, 조선 중기의 성리학자) 선생의 문하에 출입하여, '정직(正直)에 대한 가르침을 받으셨다. 둘째 형님 성천부사 녹문공(鹿門公)은 도암(陶菴, 이재, 1680~1746, 조선 후기 문신) 선생의 문하에서 "도는 잠시도 떠날 수 없다."는 철학을 전수 받으셨고, 누님은 형님에게서 수학(受學)하였다. 가문에서 전승된 학문 연원이 유구하고 그 영향이 이와 같이 심원하였다. 그러므로 필경(畢竟) 성취하신 것도 비견할 사람이 드물 것이다. 이것이 어찌 다만 천품(天稟)이 높아서 저절로 도에 가까워져 그렇게 되었겠는가.

이 글은 윤지당의 친정 동생 임정주(任靖周)와 시동생 신광우(申光雨)가 『윤지당유고』를 간행하면서 윤지당의 언행과 인품, 행적을 정리한 글에서 발췌한 것이다. 윤지당은 규중(閨中)의 도학자(道學者)로 문학과 경학에 뛰어났다. 여성으로서 '이기심성설(理氣心性說)'이나 '인심도심사단칠정설(人心道心四端七情說)'과 같은 성리학적 논문을 남긴 것은 조선시대 여성으로서는 드문 일이다. 이처럼 여성으로서 경학을 이해할 수 있었던 데는 가문에서 전승된 학문 연원이 작용했는데, '유사'에서는 윤지당의 오빠가 동생에게 경학을 가르쳤다고 기록하기도 했지만, 형제들이 어머니 곁에 모여 경전과 역사책을 공부하는 과정에서 여성이었던 윤지당도 참관 견학하면서 경학에 대한 지식을 쌓을 수 있었던 것이다.

5. 모교(姆敎) 전통

조선시대 여성의 대표적인 지식 전승(傳承) 방식은 어머니로부터 배우는 것이었다. 이른바 '모교(姆敎)'는 스승으로서의 어머니를 일컫는 말이다. 『소학(小學)』 '입교(立敎)'에서는 『열녀전』의 '태교(胎敎)'와 『내칙(內則)』의 자녀 교육 방법을 소개하면서, 여자의 경우 10세에 '모교(姆敎)'의 가르침을 받아야 한다고 기록하고 있다. 선조 20년(1587) 교정청에서 언해한 『소학언해』에서는 '모교(姆敎)'를 '스승어미'로 번역하고 있다.[19]

「입교 제일(立敎第一)[20]」

○ 女子이 十年이어든 不出하며 姆敎(모교)를 婉娩聽從(완만청종)하며 執麻枲(집마시)하며 治絲繭(치사견)하며 織紝組紃(직임조순)하여 學女事(학여사)하여 以共衣服(이공의복)하며, 觀於祭祀(관어제사)하여 納酒漿籩豆菹醢(납주장변두저해)하여 禮相助奠(례상조전)이니라. 「언해문」 겨집이 열히어든 나든니디 아니ᄒᆞ며 스승어믜 ᄀᆞᄅ치믈 유슌히 드러 조ᄎᆞ며 삼과 뚝삼을 잡들며 실과 고티를 다ᄉᆞ리며 명디깁 ᄧᆞ며 다회 ᄧᆞ 겨집의 이를 빅화뻐 의복(衣服)을 졍만ᄒᆞ며 졔ᄉᆞ(祭祀)에 보ᄉᆞᆯ펴 술와 촌믈과 대그릇과 나모그릇과 팀ᄎᆡ와 저ᄉᆞᆯ 드려 례(禮)로 도와 버리기를 도올디니라. 「현대어 해석」 여자가 열 살이 되면 나다니지 않으며, 스승

---

19) 『소학(小學)』은 남송 광종 14년(1187) 유자징(劉子澄)이 편찬한 아동용 교훈서로, 입교, 명륜(明倫), 계고(稽古), 가언(嘉言), 선행(善行)의 6권으로 구성되었다. 이 책은 중종 13년(1518) 김전, 최숙생에 의해 『번역소학(飜譯小學)』으로 언해되었고, 선조 20년(1587) 교정청에서 『소학언해(小學諺解)』로 언해되었다.

20) 한국학연구원(1985), 『원본 노걸대·박통사·소학언해(小學諺解)·사성통해』(원본 국어국문학총림 12), 대제각, 310~311쪽.

어미(姆敎)의 가르침을 유순하게 들어 따르며, 삼과 모시(枲, 뚝삼)를 잡으며, 실과 고치를 다스리며 명주와 깁을 짜며, 여자의 일을 배워 의복을 장만하며, 제사를 보살펴 술과 촛물과 대그릇과 나무그릇과 김치와 젓갈을 드려 예로 도와 전(奠, 제사를 지내는 일)을 도울 것이다.

○ 十有五年而笄하고 二十而嫁이니 有故이어든 二十三年而嫁이니라. 聘則爲妻이오 奔則爲妾이니라. 「언해문」 열히오 또 다섯히어든 빈혀 곳고 스믈히어든 남진 브틀디니 연고 잇거든 스믈 세힌 히예 남진 브틀디니라. 빙(聘)례로 ᄒ면 안해 되고 그저 가면 첩(妾)이 되ᄂ니라. 「현대어 해석」 열다섯이 되면 비녀를 꽂고 스물이 되면 남편을 얻을 것이니 연고가 있으면 스물셋에 시집을 갈 것이다. 빙례로 하면 아내가 되고 그저 가면 첩이 된다.

이 구절에 나타난 '모교(姆敎)'는 교육의 주체로서 어머니의 역할을 지칭하는 개념이다. 즉 스승으로서의 어머니를 일컬으므로 '스승어미'라고 번역하였다. 조선시대 여자 교육에서 스승어미의 역할을 증명하는 자료는 빈번히 등장한다. 왕실이나 사대부 집안에서도 어머니가 스승으로서의 역할을 한 것은 당연한 일이었고, 가풍(家風)에 따라 다소 차이가 있겠지만, 딸을 교육하는 일은 아버지의 일이 아니라 어머니의 일로 간주되었다. 우암 송시열의 『계녀서(戒女書)』에도 다음과 같은 구절이 나타난다.

「계녀서21)」
밍ᄌ 가라스듸 장뷔 갓쓰미 아비게 절ᄒ고 녀ᄌ 싀집가미 어미게 절ᄒ

---

21) 한국학연구원(1985), 『원본 여범·계녀서·내훈·여사서』, 대제각, 279쪽.

다 ᄒ시니 녀ᄌ의 힝실은 아비 가라칠 일 아니로ᄃᆡ 네 나히 비녀 곳기의 이르러 힝실 놉흔 집으로 출가ᄒ니 마지 못ᄒ여 ᄃᆡ강 젹어 주ᄂᆞ니 늙은 아비 말이 션후 업고 쇼략ᄒ다 말고 힘써 힝ᄒ라.

〈번역〉 맹자께서 말씀하시되 장부가 갓을 쓰면 아비에게 절하고, 여자가 시집하면 어머니에게 절한다 하셨으니, 여자의 행실은 아버지가 가르칠 일이 아니지만, 네 나이 비녀꽂기에 이르러 행실 높은 집으로 출가하니 마지못해 대강 적어 주니, 늙은 아버지의 말이 선후가 없고 소략하다 하지 말고, 힘써서 행하라.

계녀서에서 '여자의 행실은 아비가 가르칠 일'이 아니라고 한 것은 우암의 집안뿐만 아니라『소학』의 전통을 이어온 조선시대 사대부가의 일반적 현상으로 보인다. 즉 딸을 가르치는 주체는 어머니였고, 출가하면 시어머니가 모교(姆敎)의 역할을 대신했다. 율곡의『소학집주(小學集註)』'입교' 제2장의 안씨 가훈(顔氏家訓)에서 "며느리를 가르침은 처음 시집올 때 해야 하고, 아이를 가르침은 어렸을 때 해야 한다."[22]는 구절도 출가 후 며느리 교육을 시어머니가 담당함을 나타내는 구절이다. '교부(敎婦)' 관념은 조선조 종가(宗家) 의식이 굳어지면서 더 강화되었던 것으로 보이는데, 가승 비법(家承秘法)의 전문 지식은 딸보다 며느리를 중심으로 계승되는 경향이 강하다. 예를 들어 1670년(현종 11년) 경 정부인 안동 장씨(貞夫人 安東 張氏)가 쓴『규곤시의방(閨壼是議方)』(일명 음식디미방, 飮食知味方)의 필사기(筆寫記)가 이를 증명한다.

---

22) 성백효 옮김(1993),『소학집주』, 전통문화연구회, 顔氏家訓曰 敎婦招來 敎兒嬰孩.

「권말 필사기[23)]」

이 칙을 이리 눈 어두운디 간신히 써시니 이 쓰즐 아라 이 새로 시힝ㅎ고 쓸ᄌ식들은 각각 벗겨가디 이 칙 가뎌갈 싱각을안 싱심 말며 부디 샹치 말게 간쇼ㅎ야 수이 써러ᄇ리지 말라. **〈번역〉** 이 책을 이리 눈 어두운데 간신히 썼으니, 이 뜻을 알아 이대로 시행하고 딸자식들은 각각 베껴가되, 이 책 가져갈 생각은 마음먹지도 말 것이며, 부디 상하지 않게 간수하여 쉽게 떨어지게 하지 말라.

이 필사기는 가승 전통을 보여주는 대표적인 사례이다. 딸자식들은 베껴가고 가져갈 생각은 마음먹지도 말라고 하는 표현에서, 가승의 의미를 짐작할 수 있다. 가승 비법의 경우 시집가는 딸에게도 가르쳐야 하지만, 집안 대대로 전승해야 할 특수 지식에 해당한다.

6. 특수 계급의 지식 교육

조선시대 특수 계급으로서 의녀(醫女)와 기녀(妓女)가 존재했다는 사실은 다수의 선행 연구를 통해 확인할 수 있다. 이능화(1927)의 특수 계급으로서 '의녀'를 설정한 이후, 의녀(醫女) 교육과 관련된 연구로는 김두종(1962), 김성균(1967), 한남혁(1968), 서유미(1987), 박선미(2000), 최순예(2010) 등의 학술지 논문이 발표되었고, 손홍렬(1986)의 고대에서 조선 전기까지의 한국 의료 제도, 안상경(2000)의 조선시대 의녀 제도에 관한 박사학위 논문이 나오기도 하였다.

---

23) 황혜성 편(1980), 『규곤시의방: 음식디미방』, 한국도서출판사.

안상경(2000)에서 정리한 바와 같이 조선시대 의녀 교육은 의녀의 활동 기관에 따라 내의원(內醫院), 전의감(典醫監), 혜민서(惠民署), 제생원(濟生院) 등의 기관에서 실시되었다. 시대에 따라 차이가 있으나, 조선 초기부터 제생원에서 의녀를 선발하여 글자를 가르치고, 의방(醫方)을 읽도록 했음을 확인할 수 있다.

「『세종실록』의 의녀 교육 관련 기사」[24]

○ 禮曹啓: "濟生院醫女, 必先讀書識字後, 習讀醫方。請外方選上醫女, 亦令所居各官, 先敎≪千字≫、≪孝經≫、≪正俗篇≫等書, 粗解文字後上送。

〈번역〉 예조에서 계하기를, "제생원(濟生院)의 의녀(醫女)들은 반드시 먼저 글을 읽게 하여, 글자를 안 연후에 의방(醫方)을 읽어 익히도록 하고 있으니, 지방에서 선발하여 올려 보내려고 하는 의녀도 또한 지금 거주하고 있는 그 고을의 관원으로 하여금 먼저 ≪천자(千字)≫·≪효경(孝經)≫·≪정속편(正俗篇)≫ 등의 서책을 가르쳐서 문자를 대강 해득하게 한 뒤에 올려 보내도록 하게 하소서."

이 기사는 의녀에게 서책을 가르쳐 문자를 해득한 후 선발하라는 예조의 장계와 관련된 것으로, 의녀를 양성하기 위해 기본적인 문자 교육과 심성 교육이 이루어졌음을 의미한다. 물론 조선시대 의녀의 신분은 관비(官婢)에서 선발할 정도로 천한 대접을 받았음은 틀림없다.[25] 그럼에도 의녀를 통한 특수 분야의 지식 전수가 이루어지고

---

24) 『세종실록』 22권 세종 5년(1423) 12월 27일. 번역문은 한국사데이터베이스 조선왕조실록에서 옮김.

25) 『세종실록』 22권 세종 5년(1423) 12월 4일. ○禮曹啓: "參贊致仕許衙所啓外方醫女, 先將忠淸、慶尙、全羅道界首官官婢內, 擇年十五歲以下十歲以上穎悟童女各二名, 依選上女妓例, 給

있음은 성종 9년 2월 16일자 기사에 등장하는 의녀교육서 등을 통해 추론할 수 있다.26) 『경국대전(經國大典)』 권3 '예전(禮典)'의 '장권(獎勸)'에 따르면 의학 생도와 여의(女醫)는 매월 배운 것을 시험을 보았으며, 불통(不通)이 많은 사람은 생도의 경우 그 관청 서리(書吏), 여의(女醫)의 경우 그 관청의 다모(茶母)를 벌하도록 하였고, 제읍의 의생은 관찰사가 순행하며 고강(考講)하도록 하였음27)을 확인할 수 있는데, 이는

奉足, 送于濟生院, 與本院醫女一處敎訓, 待其成材還送." 從之. 〈번역〉 예조에서 계하기를, "참찬 벼슬로 치사한 허도(許衜)가 계청한 외방의 의녀(醫女)는, 먼저 충청·경상·전라도의 계수관(界首官)의 관비 중에서 나이 15세 이하 10세 이상의 영리한 동녀(童女) 각각 2명씩을 선택하여 선상 여기(選上女妓)의 예에 의하여 봉족(奉足)을 주어서, 제생원(濟生院)으로 보내어 본원의 의녀와 더불어 한곳에서 교훈하게 하고, 그 의술의 학습이 성취하기를 기다려서 도로 보내도록 하소서." 하니, 그대로 따랐다. 번역문은 한국사데이터베이스 조선왕조실록에서 옮김.

26) 『성종실록』 89권 성종 9년(1478) 2월 16일. ○禮曹啓醫女勸課條: "一。藝文館員及有名文臣二員兼差敎授, 輪次敎誨。一。醫女所讀書, ≪直指脈≫、≪銅人經≫、≪加減十三方≫、≪和劑≫、≪婦人門産書≫。一。醫女分三等, 一曰內醫二人, 每朔給料, 二曰看病醫二十人, 以前月講畫多者, 四人給料, 三曰初學醫。一。提調每月上旬講書, 中旬(胗)〔診〕脈·命藥, 下旬點穴, 歲抄醫司提調令講方書·胗脈·命藥·點穴, 通考一年講畫升降。其中不通多者奪奉足, 初年奪一名, 次年奪二名, 三年還本役。一。初學醫勿定看病, 俾專學業。一。年滿四十而不通一方, 無他技者, 還本役。一。每年各司婢子一名揀差充數。從之. 〈번역〉 예조(禮曹)에서 의녀권과조(醫女勸課條)를 아뢰기를, "1. 예문관원(藝文館員) 및 명망있는 문신(文臣) 2인이 교수(敎授)를 겸해서 번갈아 교회(敎誨)한다. 1. 의녀가 읽을 서책은 ≪인재직지맥(仁齋直指脈)≫·≪동인침혈침구경(銅人鍼穴鍼灸經)≫·≪가감십삼방(加減十三方)≫·≪태평혜민화제국방(太平惠民和劑局方)≫·≪부인문산서(婦人門産書)≫로 한다. 1. 의녀를 3등으로 나누되, 첫째 내의(內醫)라 하여 2인을 두고 달마다 급료(給料)하며, 둘째 간병의(看病醫)라 하여 20인을 두고 전달에 강(講)한 점수[畫]가 많은 자 4인에게 급료하며, 셋째 초학의(初學醫)라 한다. 제조(提調)가 매월 상순에 강서(講書)하고 중순에 진맥(胗脈)·명약(命藥)하고 하순에 점혈(點穴)하게 하며, 연말에 의사(醫司)의 제조(提調)가 방서(方書)·진맥·명약·점혈을 강하여 1년 동안 강에서 받은 점수[畫]를 통산하여 올리고 내린다. 그 중에서 불통(不通)096) 이 많은 자는 봉족(奉足)097)을 빼앗되, 첫해는 1명을 빼앗고 다음해는 2명을 빼앗고 3년째는 본역(本役)으로 돌려보낸다. 1. 초학의는 간병(看病)에 배정하지 말고, 학업에 전념하게 한다. 1. 나이가 만 40세가 되면서 한 방면도 통하지 못하고 다른 기술도 없는 자는 본역으로 돌려보낸다. 1. 매년 각사(各司)의 계집종[婢] 1명을 간택해서 수를 채운다." 하였는데, 임금이 그대로 따랐다. 번역문은 한국사데이터베이스 조선왕조실록에서 옮김.

27) 한국학문헌연구소(1983), 『경국대전』, 아세아문화사. 권3 예전(禮典), 장권(獎勸), 291쪽.

의학교육이 관의 주도하에 체계화되었음을 의미한다.

또 하나의 특수 계급으로서 '기녀(妓女)'가 존재한다. 고려시대 이후 기녀 교육을 담당했던 관청은 '교방(敎坊)'이었다. 교방은 일종의 음악 학교로 조선시대에는 궁중 음악의 경우 장악원(掌樂院)이 기녀의 음악 교육을 담당했고, 각 지방에도 교방(敎坊)을 두었다. 남종진(2017)에 따르면 교방은 당(唐)의 제도로 우리나라에 도입된 것은 고려시대이다.

「교방의 기녀 교육 관련 기사」

ㄱ. 『태종실록』 29권 태종 15년(1415) 6월 12일.

○丁丑/停敎坊習樂。上曰: "旱災太甚, 敎坊女樂, 姑停肄習。" 柳思訥與判書黃喜啓曰: "非是樂爲, 唯以肄習耳, 不須停之。" 上曰: "此識理者之言乎? 雖非樂爲, 當此旱災, 固非習樂之時。" 喜與思訥慙服。〈번역〉교방(敎坊)에서 음악을 익히는 것을 정지시켰다. 임금이, "한재(旱災)가 매우 심하니 교방의 여악(女樂)은 잠시 연습을 중지하라." 하니, 유사눌(柳思訥)과 판서 황희(黃喜)가 아뢰기를, "그것은 음악을 하는 것이 아니라 다만 연습을 하는 것뿐이니 모름지기 정지할 것은 없습니다." 하였다. 임금이, "그것이 이치를 안다는 사람의 말인가? 비록 음악을 하지 않는다 하더라도 이같이 심한 한재를 만났으니 진실로 음악을 연습할 때가 아니다." 하니, 황희와 유사눌이 부끄러워 굴복하였다.

ㄴ. 『세종실록』 82권 세종 20년(1438) 8월 6일.

○議政府據禮曹呈啓: "會禮軒架工人一百二十, 登歌六十四, 敎坊工人六

○ 醫學生徒女醫提調每月考講 女醫分數多者三人給料三朔不通多者 生徒則定其司書吏 女醫則其司茶母以罰之 能通然後許還本業 諸邑醫生 觀察使巡行考講勸懲。〈번역〉의학생도 여의는 매월 제조하며 고강(考講)한다. 여의를 나누어 많은 자는 3인으로 하고, 3개월에 불통이 많은 자는 생도는 그 관청의 서리를, 여의는 그 관청의 다모를 벌한다. 능통한 뒤에 본업으로 돌아갈 것을 허락하며 제읍의 의생은 관찰사가 순행하며 고강하고 권징한다.

十, 共計二百四十四人。今都監所屬樂工二百十七名, 旣爲不足, 又因雜故, 太半不足。乞加額一百二十七名, 令選補充軍及公私婢嫁良夫所生充定。"從之。〈번역〉의정부에서 예조의 정문에 의하여 아뢰기를, "회례(會禮)에는 헌가 공인(軒架工人)이 1백 20명, 등가(登歌)가 64명, 교방 공인(敎坊工人)이 60명으로 총계 2백 44명이온데, 현재 도감(都監)에 소속한 악공(樂工) 2백 17명으로는 이미 부족한데다가, 또 갖가지 사고로 인하여 태반이 부족한 형편이오니, 비옵건대, 1백 27명을 증원하되, 보충군(補充軍)과 공·사의 비자(婢子)로서 양부(良夫)에게 출가하여 낳은 사람들을 선택하여 이에 충당하게 하옵소서." 하니, 그대로 따랐다.

ㄷ. 『단종실록』 7권, 단종 1년(1453) 7월 9일.

○傳于承政院曰："判中樞院事鄭麟趾, 於經筵啓請習樂事及樂工除職事。更聽麟趾言, 議于議政府。"承政院遣注書吳伯昌問之, 麟趾曰："昔世宗大王敎臣曰：'治國莫重於禮, 而樂之爲用亦大矣。世人率以禮爲重, 而緩於樂, 多不習焉, 是可恨也。'卽令撰定《五禮》, 又欲象太祖、太宗治功, 制爲《定大業》之樂。謂臣雖不解音律, 以其粗識古今, 故命臣爲提調, 俾掌其事。至於經筵進講《律呂新書》, 親算考證, 以定其樂。姑令宮人與二妓習之宮中, 蓋將用之於宗廟、朝廷也。撰定樂譜, 使舞童習焉, 以爲：'舞童年長易老, 不可復用。'更謀救弊之策。事垂成而世宗晏駕。文宗嗣位, 欲成世宗之志, 以首陽大君解音律爲都提調, 仍命臣參定, 敎曰：'以舞童易老不可繼續, 則將用何人乎?'臣啓曰：'今雅樂署改定法制, 故人皆樂趨, 衆至五六百。願擇良人年長者百人, 號稱舞郞, 俾習之可也。然若仍除雅樂署之職, 則必不樂焉。請別授軍職何如?'文宗允之。凡諸節目, 已令撰定〈번역〉승정원에 전교하기를, "판중추원사(判中樞院事) 정인지(鄭麟趾)가 경연(經筵)에서 음악을 익히는 일과 악공(樂工)에게 직을 제수(除授)하는

일을 계청(啓請)하였으니, 다시 정인지의 말을 듣고 의정부에서 의논하게 하라." 하여, 승정원에서 주서(注書) 오백창(吳伯昌)을 보내어 물으니, 정인지가 말하기를, "예전에 세종 대왕께서 신에게 하교하시기를, '나라를 다스림에 예보다 중한 것이 없으나, 악(樂)의 소용(所用)도 또한 큰 것이다. 세상 사람들은 모두 예는 중히 여기나 악(樂)에는 소홀하여 이를 익히지 않는 일이 많으니 이는 가히 한탄할 일이다.' 하시고, 곧 명령하여 ≪오례(五禮)≫를 찬정(撰定)하셨고 또 태조와 태종의 치공(治功)을 나타내고자 하여 정대업(定大業)의 악을 제정하게 하셨습니다. 생각건대 신이 비록 음률(音律)은 알지 못하나, 고금(古今)의 일을 약간 알고 있는 까닭에 신을 명하여 제조(提調)로 삼으시고 그 일을 맡게 하셨으며, 경연(經筵)에서까지도 ≪율려신서(律呂新書)≫를 진강(進講)하게 하시어 친히 헤아리고 고증(考證)하여 그 악을 제정하시고 우선 궁인과 두 기생(妓生)으로 하여금 궁중에서 익히게 하셨으니, 장차 종묘(宗廟)와 조정에서 쓰려고 하신 것입니다. 악보(樂譜)를 찬정(撰定)하여 무동으로 하여금 익히게 하였는데, 무동(舞童)이 나이 많아져서 늙으면 다시 쓸 수 없다 하여 구폐(救弊)할 계책을 다시 꾀하셨습니다. 일이 거의 다 이루어졌는데 세종께서 안가(晏駕) 하셨습니다. 문종께서 사위(嗣位)하여 세종의 뜻을 이루고자 하여 수양 대군(首陽大君)이 음률(音律)을 알기 때문에 도제조(都提調)로 삼으시고, 인하여 신을 명하여 참정(參定)케 하시고 하교하시기를, '무동이 쉬 늙기 때문에 계속할 수 없으면 장차 어떤 사람을 쓸 것인가?' 하시므로, 신이 아뢰기를, '지금 아악서(雅樂署)에서 법제(法制)를 개정하였기 때문에 모두가 즐겨 달려와서 무리가 5, 6백에 이르고 있습니다. 원컨대, 양인(良人)으로서 나이 많은 자 1백 사람을 뽑아서 무랑(舞郎)이라 호칭(號稱)하고 그들로 하여금 악을 익히게 하는 것이 옳습니다. 그러나, 그대로 아악서의 직을 제수하면 반드시 즐겨하지 않을 것이니, 청컨대 따로 군직 (軍職)을 제수함이 어떻겠습니까?' 하였더니, 문종께서 윤허(允許)하시고, 무릇 여러 절목(節目)들을 이미 찬정(撰定)하게 하였습니다.

태종 15년의 기사는 교방이 여악을 가르치는 기관이었음을 보여주는 기사이다. 또한 세종 20년의 기사는 교방의 악공이 부족하니 공사비자(婢子)로 양가에 출가한 사람을 뽑아 충당해야 한다는 주장을 기록한 것이며, 단종 7년의 기사는 경연에서 음악을 익히는 일과 악공에게 직을 제수하는 일을 기록한 것이다. 이 두 기사에서 조선조 기녀(妓女)의 신분과 교육 방법을 추론할 수 있는데, 아악서의 궁인과 함께 교육을 받았음을 알 수 있다. 『경국대전』 '아속악(雅俗樂)'에서는 아악은 좌방(左坊) 악사(樂師) 2인, 악생(樂生)은 297인으로 양인(良人)에서 충당했고, 속악은 우방(右坊) 악사 2인, 악공 518인, 가동(歌童) 10인으로 공천(公賤)에서 충당하게 했다고 하였다. 특히 선사(選士, 인원 선발)에서 기녀 150인, 연화대(蓮花臺, 무용 관련) 10인, 의녀 70인을 선발하고, 제읍(諸邑)의 어린 여비를 선발하도록 했다고 하였으므로,[28] 기녀 또한 의녀와 마찬가지로 국가의 공역 체계 내에 존재하는 사람들이었다. 박영민(2009)에서 밝힌 바와 같이, 기녀는 국가 공역 체계에 편제

---

28) 한국학문헌연구소(1983), 『경국대전』, 아세아문화사. 권3 예전(禮典), 295쪽. 雅俗樂. 雅樂 屬左坊 樂師二人 樂生二百九十七人「補數一百人」 並以良人充之 俗樂屬右坊 樂師二人 樂工 五百十八人「每十人 補數一人」 歌童十人 並以公賤充之「良人願屬者聽」. 選士 女妓一百五十 人 蓮花臺十人 女醫七十人 每三年並以諸邑婢年少者選士「女醫則成才後還本邑京中各司婢亦 擇定」. 《번역》 아속악: 아악은 좌방에 속하여 악사 2인, 악생 297인(보수 100인)으로 양인 에서 충당하고, 속악은 우방에 속하여 악사 2인, 악공 518인(매 10인에 보수 1인), 가동 10인으로 공천에서 충당한다. (양인이 원하는 자는 들어준다.) 선사: 여기 150인, 연화대 (무용수) 10인, 여의 70인으로 매 3년마다 제읍의 여비 연소자로 선발한다. (여의는 재능 을 익힌 후 본읍과 경중의 각 관청으로 돌려보내어 임무를 정하게 한다.)

된 사람들로 전문적인 예술인으로 대접받기 힘든 실정이었다. 그럼에도 조선시대 기녀(妓女)로서 시사(詩詞)에 능한 지식인들이 존재했음은 이능화(1927)에서도 잘 정리된 바 있다.

특수 계급으로서 의녀나 기녀는 의관(醫官)과 악공(樂工)을 양성하는 과정에 부속되었다는 점에서 여성 지식인 양성을 목표로 한 것은 아니다. 이 점은 도화서(圖畫署)에 소속된 화원(畫員)도 마찬가지로 볼 수 있다.

7. 결론

이 글은 조선시대 여성 교육 방법을 고찰함으로써 이 시대에도 지식인으로서의 여성이 존재했음을 밝히는 데 목표를 두고 출발했다. 지식인이란 지식을 발견, 생산, 전파하는 일을 맡았던 사람을 뜻한다. 조선시대에는 여성이 전적으로 남성에게 예속되어 있었으며, 지식 생산과 전파와는 무관한 삶을 살았다고 생각하는 것은 오랜 기간 한국사회에 존재해 왔던 고정관념의 하나였다. 비록 사임당 신씨나 난설헌 허씨, 정일당 강씨 등과 관련된 다수의 연구가 없던 것은 아니지만, 이들 또한 세계를 해석하고 시대의 방향을 암시하는 지식인으로서의 역할을 주목했던 것은 아니다. 조선시대 여성으로서 여류 문사(文士)가 있고, 의녀나 기녀(妓女) 등의 특수 계급에서 뛰어난 능력을 발휘했던 여성이 존재했다거나 심지어 조선시대 여성의 사회활동은 야사(野史)나 야담(野談)으로 간주되는 경향이 없었던 것도 아니다.

그렇지만 피터 버크가 주장한 대로 조선시대에도 지식인으로서의 여성이 존재했음을 틀림없다. 특히 왕실이나 사대부가, 특수 계급의 여성 교육 방식은 근대식 교육제도가 확립되기 이전의 보편적인 지식인 양성 수단의 하나로 볼 수 있고, 이로부터 조선시대라는 특수한 시공간에 부합하는 여성 지식인의 궤적을 추적할 수 있다. 조선시대 여성 지식인 형성 요인이라는 관점에서 밝히고자 한 여성 교육 방법을 요약하면 다음과 같다.

첫째, 왕실의 봉보부인(奉保夫人)은 국왕이나 왕실 자녀의 유모에게 봉했던 관작으로, 정기적이고 체계적인 관작 부여가 이루어진 것은 아니나, 육아 과정에서 나타나는 유아교육 방식이 존재했음을 시사한다. 이능화가 언급한 '풍송(諷誦)'의 방법이 이에 해당한다. 또 하나의 왕실 여성 교육 방법은 '여사(女師)'를 두어 모범으로 삼거나 교육하도록 하는 것이다. '여사'는 말 그대로 여자로서 왕실 여성의 스승이 될 만한 사람을 의미한다.

둘째, 조선시대 여성 지식인 형성에 중요한 역할을 한 것은 가승에 따른 견외견학(肩外見學)의 방법이다. 사임당 신씨, 유몽인의 누이, 윤광현의 부인, 신영석의 부인 허씨, 윤지당 임씨 등은 가정환경에 따라 아버지나 형제들로부터 어깨너머로 지식을 배울 수 있었고, 형제들과 학문을 논하는 과정에서 제한적일지라도 지식인으로서의 견식(見識)을 갖출 수 있었다.

셋째, 『소학』에 언급된 '모교(姆敎)'는 조선시대 여성 교육의 대표적인 방법이라고 볼 수 있다. '모교'는 어머니로서 스승의 역할을 하는 것을 말하는데, 『소학언해』에서는 이를 '스승어미'라고 번역하였다. '모교'는 비단 여성만을 대상으로 한 것은 아니다. 조선시대 뛰어난 학자 가운데 어머니의 가르침에 힘입은 사람이 많음은 모교가 아들에게도 중요한 의미를 지니고 있음을 의미한다. 그러나 조선시대 여성 교육은 대부분 모교(姆敎)의 방식이 적용되었고, 딸이 출가하면 '시모

(媤母)'가 그 역할을 대신했다. 이는 『규곤시의방』과 같은 가승 전통의 비법서에서 빈번히 발견된다.

넷째, 의녀(醫女)나 기녀(妓女)와 같이 특수 계급을 위한 교육 방법이다. 선초부터 의녀의 경우 의생도(醫生徒)와 마찬가지로 매월 고시를 하였고, 제읍(諸邑)에도 관찰사의 고강(考講)이 있었다. 또한 교방(敎坊)에서 이루어진 여악(女樂) 교육과 이로부터 형성된 기녀(妓女)는 의녀(醫女)와 마찬가지로 출신이 미천하더라도 전문 교육을 받을 기회가 있었던 사람들이다.

피터 버크가 말한 대로, "어느 사회에나 사회적 집단으로 사회를 대신해 세계에 대한 해석을 제공하는 사람들"로서, 조선시대의 여성 지식인이 존재했음은 조선시대 여성사를 연구한 다수의 연구 결과물에서 쉽게 확인할 수 있다. 이 논문은 조선시대 여성 교육 방법과 특징을 여성 지식인 형성 요인의 관점에서 고찰한 데 의미가 있다. 여성 지식인 형성 요인을 규명하는 일은, 시대적 한계를 보임에도 인식 체계와 의식 변화 차원에서 지식의 유형과 지식 지형의 변화 양상을 규명하는 데 중요한 역할을 할 수 있다. 달리 말해 조선시대 여성의 사회활동을 단순한 여성 운동사, 또는 남성에 예속된 여성의 지위라는 관점을 벗어나 지식인으로서의 여성 문제를 살필 필요가 있다는 뜻이다. 이와 관련하여 조선시대 여성 지식인의 유형과 지식 지형의 변화 문제는 후속 논문에서 다루기로 한다.

제3장 조선시대 여자 교훈서(여훈서)의 유형과 의미
※

1. 서론

우리나라에서 여성 교육에 대한 관심이 본격적으로 등장한 것은 1895년 갑오개혁 이후의 일이라고 할 수 있다. 『독립신문』 창간호 (1896.4.7) 논설에서 "우리 신문이 한문은 아니 쓰고 국문만으로 쓰는 것은 상하 귀천이 다 보게 함이라. 또 국문을 이렇게 구절을 띄어 쓴즉 아무라도 이 신문 보기가 쉽고 신문 속에 있는 말을 자세히 알아 보게 함이라. 각국에서는 사람들이 남녀 무론하고 본국 국문을 먼저 배워 능통한 후에야 외국 글을 배우는 법인데"라고 하여, '상하 귀천', '남녀'를 가리지 않고 지식을 보급해야 한다는 사상을 피력한 바 있고,

---

※ 이 글은 『문화와 융합』 제43권 제3호(2021, 문화융합학회)에 수록한 논문을 수정한 것임.

'소학교령'과 '중학교령'이 공포되면서 순성학교를 비롯한 여학교 설립의 필요성이 빈번히 제기되기도 하였다.

그러나 조선시대에도 여자를 대상으로 한 교육이 없었던 것은 아니다. 조선 초기 충신, 효자, 열녀를 대상으로 한『삼강행실도』편찬은 여자 교육기관이 없을지라도, 국가·사회 질서 유지나 풍속 교화 차원에서 왕실과 사대부가의 부녀를 가르치는 것과도 밀접한 관련이 있다.

조선시대 여성에 대한 선행 연구에서는 여자 교육 문제를 '여속(女俗)'이나 '여성의 역사' 또는 '여성 운동'의 일부로 다루어 온 경향이 있다. 예를 들어 이능화(1927)의 『조선여속고』(한남서림)에서는 혼인과 관련된 제도나 기담(奇談)과 함께 부녀들의 산육(産育) 풍속, 복장(服裝), 여자의 권리 칭호·계급 등을 다루면서 '조선 부녀 지식계급', '효녀·효부', '열녀', '여자 교육'을 다루었다. 이 책에서 다룬 여자 교육은 '언문 이후 교화 보급'과 '언문 여사서', '여자독본 언문소설' 및 근대식 학제 도입 이후의 '조선 여자 학교교육'으로 구성되었다. 그 이후에도 조선시대 여자 교육 문제는 사회 제도나 풍속사의 한 부분으로 다루어져 왔는데,『동아일보』1931년 12월 3일부터 31일까지 21회에 걸쳐 연재된 김병곤(金秉坤)의 '조선여속소고'를 비롯하여, 김지용(1970)의 『이야기 한국여성사』(여성동아), 장덕순(1972)의 『한국의 여속』(배영사), 김용숙(1989)의『한국 여속사』(민음사) 등은 그 경향을 대표한다. 또한 이태영(1957)의『한국의 이혼 제도 연구』(여성 문제연구소), 정효섭(1971)의『한국여성운동사』(일조각) 등과 같이 혼인제도나 여성운동 차원에서 조선시대 여성 문제를 다루면서 그 일부로 여자 교육 문제를 거론한 경우도 있다.

또 하나의 경향은 인물 중심의 여성사를 재구하면서 사임당, 정일당, 윤지당, 빙허각 이씨, 사주당 이씨 등과 관련한 연구가 집중되기도 하였다. 인물사 중심의 여성사는 조선 후기 필사본인 『기문총화(記聞叢話)』, 『이향견문록(里鄕見聞錄)』, 『호산외기(壺山外記)』 등의 전통을 이어 장지연(1922)의 『일사유사(逸士遺事)』(회동서관)의 여성 인물 관련 자료가 비교적 자주 이용되었다. 특히 사임당은 율곡과의 관계로 인하여 일제강점기나 광복 이후에도 관심을 끄는 여성 교육자였는데, 그와 함께 여성 지식인 차원에서 정일당, 윤지당, 빙허각, 사주당 등이 깊이 있게 연구되는 경향도 있었다. 예를 들어 김춘련(1983), 박정숙(2013)의 규합총서 연구, 박옥주(2000), 문미희(2013)의 빙허각 연구, 이영춘(2002)의 강정일당 연구 등이 이에 해당한다. 비록 근대 이후의 인물사로 한정하기는 하였지만 숙명여자대학교 아시아여성연구소의 '한국 여성 근대사' 시리즈인 전경옥 외(2004)의 『한국여성인물사』(숙명여자대학교 출판부)도 주목할 성과로 보인다.

조선시대 여성 문제는 근대 이후 일제강점기를 거치면서 연구자들이 비교적 많은 관심을 기울여 왔지만, 여자 교육의 차원에서 이 문제를 집중적으로 다룬 예는 많지 않다. 아마도 그 이유는 조선시대의 경우 여자 교육 자체를 중시하지 않았고, 여자를 대상으로 한 교육기관이 존재하지 않았기 때문일 것이다. 이는 이능화(2027)뿐만 아니라 여성 교육사를 다룬 손인수(1971)의 『한국여성 교육사』(연세대학교 출판부), 조선시대 여성 지식인 문제를 다룬 김순천(2010), 김경미(2017), 김세서리아(2018), 이남희(2012), 이영춘(2002), 조혜란(2005) 등에서도 고민했던 바라고 할 수 있다. 따라서 조선시대 여자 교육의 성격과 내용을 좀 더 체계적으로 고찰하기 위한 방안의 하나가 여훈서(女訓書), 즉 여자 교육에 쓰인 교재를 분석하는 일이 될 것이다.

이 논문은 지금까지 밝혀진 여훈서와 조선왕조실록의 여훈서 관련 기사, 그리고 연구자가 수집한 여훈서 등을 대상으로 여훈서의 내용과 성격에 따라 유형을 분류하고, 그 의미를 규명하는 데 목적을 둔다. 이 연구에서는 허재영 외(2019), 『DB 구축의 이론과 실제』(경진출판)에 서 정리한 '여성 교육과 여성 지식인 연구를 위한 기초 자료' 160종과 연구자가 수집한 미공개 자료를 대상으로 한다. 이 DB는 국내 주요 도서관 및 영인 보급 자료를 갑오개혁 이전과 갑오개혁 이후, 일제강 점기로 나누어 정리한 데이터로 일부는 중복된 것들이 있고, 일부는 여성만을 대상으로 한 것이 아닌 문헌도 포함되어 있다. 따라서 이 연구에서는 중복을 제외한 주요 문헌을 대상으로 유형 분류를 시도하 며, 각 유형이 갖는 의미를 규명하는 데 중점을 둔다.

2. 조선시대 여자 교육과 여훈서의 유형 분류

2.1. 조선시대 여자 교육

조선시대 통치 질서를 집약한 『경국대전(經國大典)』 권1이 이전(吏 典) '내명부(內命婦)'로부터 시작한다는 사실이다. 이에 따르면 내명부 는 정1품 빈(嬪)으로부터 종9품 주변징주징주우주변궁(奏變徵奏徵奏羽 變宮)까지 18등급으로 구성되었으며, 외명부는 남편의 직위에 따라 봉작(封爵)을 하고, 대전유모(大殿乳母)의 경우 종1품 '봉보부인(奉保夫 人)', 왕비모(王妃母) 정1품 '부부인(府夫人)', 왕녀(王女)로 '공주(公主)', '옹주(翁主)', 왕세자녀(王世子女)로 정2품 '군주(郡主: 嫡)', 정3품 '현주 (縣主, 庶)'를 구분하였다.[1] 신분 질서에 따른 작위 부여는 조선 사회의

---

1) 한국학문헌연구소(1983), 『경국대전』, 아세아문화사, 27~40쪽.

성격과 그에 따른 교육의 특징을 반영한다. 특히 여성의 신분이 남편의 직위에 따라 구분되었음은 조선 사회에서 여성의 지위가 남편에 따라 정해지며, 또한 공식적으로 여성을 대상으로 한 공식적인 교육이 존재하지 않고, 왕실이나 족친, 사대부 등 가내(家內)에서 이루어졌음을 알 수 있다.

조선 여자 교육과 관련한 이능화(1927)의 『조선여속고』 제26장에서는 "이규경(호는 유운거사 철종 조선인이다)의 「여교 변증설(女教 辨證說)」에 옛날 여자를 가르치는 것은 남자를 가르치는 것과 같았다고 하니, 무릇 소아는 먼저 말을 주입하는 것을 위주로 한다. 그러므로 반드시 어렸을 때부터 옆에 끼고 이끌어 성품을 익히게 하니, 부모가 가르치고 보모가 훈육하는 것은 단장정일(端莊貞一)한 덕(德)과 동정위의(動靜威儀)의 도리로 이목을 물들게 할 따름이다. 수양에 네 가지를 금하고 삼종을 밝혀 집안에서 첩실녀라고 말하니 다만 부모에 효도하고 형제와 우애하며 출가하여 말하기를 하늘을 옮긴다 하니, 오직 시부모를 섬기고 남편에 순종하는 것뿐이다."라고 하면서.[2] 이에 비해 우리나라에서는 "우리나라 조선은 자고이래로 여자를 교육하고 기르는 일이 전혀 없었으니, 하지 못한 것이 아니라 하지 않은 것이다. 대개 윗사람은 여자는 그 직임이 오직 고기 썰고 봉재하고 청소하고 절구질하는 것뿐이니 다만 남편에게 순종하고 시부모를 모시도록 할 일이요, 다시 다른 일을 더 바랄 것이 없다 하여, 고려 이전 능히 글을 하는 여성이 없으니 나라에서 쓰는 문자가 한자(漢字)인즉, 오직 남자도 능히 통효하기 어렵거늘 하물며 여성이겠는가. 하물며 가르치겠는가."라고 하였다.[3]

---

2) 이능화(1927), 『조선여속고』, 한남서림, 169~170쪽.

이능화(1927)에서 밝힌 바와 같이, 조선시대 여자 교육은 사회적으로 큰 문제가 아니었다. 조선시대에는 남자와 대등한 차원으로서 '여자 교육'이라는 관념보다 부녀(婦女)로서의 덕(德)을 강조하는 관념이 강했던 것으로 볼 수 있는데, 이는 『성호사설(星湖僿說)』 권16 인사문(人事門)의 '부녀지교(婦女之敎)'에서도 확인된다. 이에 따르면 성호는 "글을 읽고 의리를 강론하는 것은 남자가 할 일이요, 부녀자는 절서에 따라 조석으로 의복·음식을 공양하는 일과 제사와 빈객을 받드는 절차가 있으니, 어느 사이에 서적을 읽을 수 있겠는가? 부녀자로서 고금의 역사를 통달하고 예의를 논설하는 자가 있으나 반드시 몸소 실천하지 못하고 폐단만 많은 것을 볼 수 있다. 우리나라 풍속은 중국과 달라서 무릇 문자의 공부란 힘을 쓰지 않으면 되지 않으니, 부녀자는 처음부터 유의할 것이 아니다. 『소학』과 『내훈』의 등속도 모두 남자가 익힐 일이니, 부녀자로서 묵묵히 연구하여 그 논설만 알고 일에 따라 훈계할 일이다."[4]라고 주장하였다

그러나 『세종실록』 권68 세종 17년(1435) 6월 15일자의 봉보부인(奉保夫人) 관련 기사[5]나, 권75 세종 18년(1436) 11월 7일자 기사에서 여사

---

3) 이능화(1927), 위의 책, 170~171쪽.

4) 민족문화추진회(1986), 『국역 성호사설』 Ⅳ, 민문고, 145~146쪽.

5) 『세종실록』 권68 세종 17년(1435) 6월 15일, '유씨를 봉보부인으로 삼다', "유모 이씨(李氏)를 봉하여 봉보 부인(奉保夫人)을 삼았는데, 임금이 아보(阿保)의 공을 중하게 여겨 옛 제도를 상고하여 법을 세우게 하였더니, 예조에서 아뢰기를, "삼가 예전 제도를 상고하오니 제왕이 유모를 봉작(封爵)하는 것이 한(漢)나라에서 시작하여 진(晉)나라를 거쳐 당(唐)나라까지 모두 그러하였고, 내려와 송(宋)나라 조정에 미치어 진종(眞宗)의 유모 유씨(劉氏)를 진국 연수보성부인(秦國延壽保聖夫人)을 봉하였으니, 마땅히 예전 제도에 의하여 이제부터 유모의 봉작을 아름다운 이름을 써서 봉보 부인이라 칭하고, 품질(品秩)은 종2품에 비등하게 하소서." 하므로, 그대로 따라서 이 명령이 있게 된 것이었다(封乳母李氏爲奉保夫人。上重阿保之功, 令考古制立法, 禮曹啓: "謹按古制, 帝王乳母封爵, 始於漢, 歷晉迄唐皆然, 降及宋朝, 眞宗乳母劉氏, 封秦國延壽保聖夫人. 宜依古制, 自今乳母封爵, 用美名稱奉保夫人, 秩比從二品." 從之, 遂有是命)."

(女師)로 하여금 『열녀전(烈女傳)』을 가르치게 했다는 기록6) 등을 고려하면, 조선 초기부터 왕실에서의 여자 교육이 존재했고, 그 전통은 사대부가에서도 이어진 것으로 볼 수 있다.7) 그 과정에서 중국에서 전래된 여훈서가 널리 활용되었음을 확인할 수 있다. 조선왕조실록을 살펴보면, 조선시대 여훈(女訓)은 중국에서 편찬한 여훈서가 다수 사용되었음을 알 수 있다. 예를 들어 『태종실록』 권7 태종 4년(1404) 3월 27일자 기사에 사은사 이빈이 『고금열녀전』 1백 10부를 가져온 기록이 있고, 조대가(曹大家)의 『여계(女誡)』, 송상궁의 『여논어(女論語)』, 인효문황후의 『내훈(內訓)』, 왕절부의 『여범첩록(女範捷錄)』은 이른바 『여사서(女四書)』 4권 4책으로 간행되었다. 또한 『중종실록』 권28 중종 12년(1517) 6월 27일자 기사에는 『열녀전』, 『여계』, 『여칙(女則)』에 대한 언문 번역 인간을 주장하는 상소가 나타나며, 권95 중종 36년(1541) 6월 17일자 기사에는 최세진이 『여효경(女孝經)』을 진상한 기록이 나타난다. 이러한 서목(書目)은 중국에서 간행된 것들이며, 세종조의 『삼강행실도』 '열녀편'이나 소혜왕후(昭惠王后)가 편찬한 『내훈』 등

---

6) 『세종실록』 권75, 세종 18년(1436) 11월 7일. '봉씨를 폐출시킨 이유를 부연하여 대신들에게 알리다', "처음에 김씨를 폐하고 봉씨를 세울 적에는, 그에게 옛 훈계를 알아서 경계하고 조심하여 금후로는 거의 이런 따위의 일을 없게 하고자 하여, 여사(女師)로 하여금 ≪열녀전(烈女傳)≫을 가르치게 했는데, 봉씨가 이를 배운 지 며칠 만에 책을 뜰에 던지면서 말하기를, '내가 어찌 이것을 배운 후에 생활하겠는가.' 하면서, 학업을 받기를 즐겨 하지 아니하였다. ≪열녀전≫을 가르치게 한 것은 나의 명령인데도 감히 이같이 무례한 짓을 하니, 어찌 며느리의 도리에 합당하겠는가. 또 생각하기를, 부인이 반드시 글을 배워서 정사에 간여하는 길을 열게 해서는 안 될 것이라 하여, 다시 그에게 가르치지 못하게 하였다(初廢金氏而立奉氏也, 欲其知古訓而戒飭, 自今以後, 庶無此等之事, 使女師授烈女傳. 奉氏學之數日, 乃投捆於庭曰 '我豈學此而後生活乎?' 遂不肯受業. 授烈女傳, 予之教也, 而敢如此無禮, 豈合子婦之道乎? 又意婦人不必學文字, 開干政之門, 故不復使教之.)".

7) 김경남(2020), 「지식 생산과 전수 방법의 보편성과 특수성의 관점에서 본 조선시대 여성 지식인 형성 배경」, 『인문사회과학연구』 21(1), 부경대학교 인문사회과학연구소, 325~352쪽.

에도 그 내용이 상당수 반영되었다.

이처럼 조선 초기 왕실과 사대부가의 부녀를 대상으로 한 교육은 후비(后妃), 처첩(妻妾), 부녀(婦女), 부부(夫婦) 등 가족 질서 및 풍속 교화의 차원에서 비롯된 것으로 보이는데, 이는 조선왕조실록에서 이들 용어를 검색하더라도 쉽게 이해할 수 있다.[8] 이는 공식적인 여자 교육제도가 존재하지 않더라도 왕실과 사대부가를 중심으로 부녀(婦女)로서 갖추어야 할 덕목을 설정하고, 그에 따른 교육이 이루어졌으며, 그 과정에서 여훈서(女訓書)의 역할이 컸음을 의미한다.

2.2. 여훈서의 유형 분류

조선시대 여훈서에 대한 관심은 이능화(1927)에서 본격적으로 제기된 것으로 보인다. 이에 따르면 조선시대 우리나라에 유입된 중국의 여훈서로는 『예기(禮記)』 내칙(內則), 유향(劉向)의 『열녀전(烈女傳)』, 한나라 부풍 반표(扶風 斑彪)의 딸 조대가소(曹大家昭)의 『여계(女誡)』 7편, 당나라 경조인 한림학사 위온녀(韋溫女)의 『속여훈(續女訓)』, 원나라 음양인 허희재(許熙載)의 『여교서(女教書)』, 『여훈(女訓)』, 『여헌(女憲)』, 『여사서(女四書)』, 『여교명감소학(女教明鑑小學)』, 황보익(皇甫謐)의 『열녀전(列女傳)』, 여거인(呂居仁)의 『궁잠(宮箴)』, 추씨(鄒氏)의 『여효경(女孝經)』, 송나라 상궁(宋尚宮)의 『여논어(女論語)』 등이 있다.

또한 이능화(1927)에서는 우리나라에서도 성종 연간 덕종비 소혜왕후(昭惠王后)의 『내훈(內訓)』과 근세 광주 유의(柳義)의 어머니의 『태교

---

8) 예를 들어 조선왕조실록에서 '후비(后妃)'는 원문 175건이 검색되며, 그 내용은 후비의 덕행과 관련된 것이 대부분이다. 또한 '처첩(妻妾)'은 원문 525건, '부녀(婦女)'는 원문 918건, '부부(夫婦)'는 358건이 검색된다.

편(胎敎編)』이 있다고 하였다.9) 그러나 이능화(1927)에서 거론한 여훈 서뿐만 아니라 세종조 『삼강행실도』나 중종조 『속삼강행실도』, 광해 연간의 『동국신속삼강행실도』의 '열녀', 소혜왕후의 『내훈』 등을 비 롯한 다수의 여훈서가 편찬되었다. 다만 현재까지 이들 여훈서는 여 자 교육사보다 국어사 연구 자료로 활용된 경우가 많았고, 안동 장씨 의 『규곤시의방』(일명 음식디미방), 빙허각 이씨의 『규합총서』 등은 음 식 조리와 관련한 연구 자료로 활용된 경향이 있었다.

그러나 실제 전래되는 여훈 관련 문헌이 적지 않고, 내용이나 성격 차원으로 볼 때 다양한 성격을 띠고 있음을 확인할 수 있다.

여훈서의 유형 분류는 문헌의 유래, 저작자의 성별, 내용이나 성격 등에 따라 다양한 분류가 가능하다. 유래는 여훈서가 어디에서 유래 한 것인가를 뜻하는 것으로, 중국에서 유입된 것과 우리나라에서 편 찬 또는 저작된 것으로 나눌 수 있다.10) 또한 저작자의 성별에 따른 구분도 가능하다. 이 구분은 여훈서 편찬이나 여훈의 주체가 누구인 지를 규명하는 데 도움이 될 것이다.11)

이 연구에서는 여훈서의 성격과 내용을 기준으로 네 가지 유형 분

---

9) 이능화(1927), 앞의 책, 171~172쪽.

10) 예를 들어 조선왕조실록에 등장하는 『고금열녀전』, 『여계』, 『여논어』, 인효문왕후의 『내 훈』, 『여범첩록』 등은 중국에서 유입된 것이며, 『삼강행실도』 '열녀편'이나 소혜왕후의 『내훈』 등은 국내에서 편찬된 것들이다.

11) 왕명에 의해 편찬된 『삼강행실도』나 『속삼강행실도(續三綱行實圖)』, 『동국신속삼강행실 도(東國新續三綱行實圖)』, 『오륜행실도(五倫行實圖)』 등은 풍속 교화의 차원에서 효부·열 녀의 본보기를 제시하고자 편찬한 것으로 편찬 주체가 남성일 수밖에 없으며, 송시열의 『계녀서』나 이덕무의 『부의(婦儀)』 등은 여자 교육의 주체가 어머니라는 점을 인정하면 서도 아버지나 가승(家乘)의 주체자로서 남성이 부덕(婦德)을 가르치기 위해 저작한 것들 이다. 이에 비해 소혜왕후의 『내훈』, 선희궁 영빈 이씨의 『여범(女範)』, 빙허각 이씨의 『청규박물지(淸閨博物志)』, 『규합총서(閨閤叢書)』 등은 여사(女師) 역할을 담당했던 왕후 나 왕실·사대부가의 여성들이 편찬·저작한 여훈서들이다.

류를 시도한다. 첫째는 여범류(女範類) 여훈서이다. 여범(女範)은 여성으로서 모범이 되는 인물을 의미한다. 『삼강행실도』, 『속삼강행실도』, 『동국신속삼강행실도』, 『오륜행실도』 등의 '열녀편'이나 효열부를 대상으로 한 『여범』 등이 이에 속한다. 즉 여범은 효부나 열부 등의 행적을 중심으로 하는 일종의 전기물로 시대에 따라 인물 설정이나 서술 방식이 변화함을 확인할 수 있다. 둘째는 내훈류(內訓類)로 소혜왕후의 『내훈』과 같이 왕실이나 사대부가의 부녀자들을 교육하고자 하는 목적을 갖는 여훈서이다. 이 유형의 여훈서는 언행(言行), 효친(孝親), 부부(夫婦), 돈목(敦睦), 염검(廉儉) 등의 부덕을 항목별로 설명하는 형태가 주를 이룬다. 『여사서』, 『여훈』, 『부훈(婦訓)』, 『부의(婦儀)』 등의 책명을 사용한다. 셋째는 여소학류(女小學類)로 전통적인 『소학』이 남녀를 구분하지 않았으나 사회 구조상 중심 대상이 남자 초학자라는 점에서 부녀를 대상으로 『소학』을 간추리거나 그 덕목에 해당하는 것을 별도로 편집하여 편찬한 책들이다. 김종수(하봉가)의 『녀ᄌ초학』, 남양 홍씨의 『녀학별록』, 호산 박문호의 『여소학(女小學)』 등이 이에 해당한다. 여소학류는 전통적인 여자 교육이 가승(家乘) 방식을 취한다는 점에서 필사류가 비교적 많기 때문에 지속적인 발견이 가능하다. 다만 이러한 필사류는 연대와 작가를 추정하기 어려운 점이 있다. 넷째는 여공(女工)을 중심으로 한 부녀 실용서이다. 『소학』 '입교'에서 "겨집이 열히어든 나ᄃᆞ나디 아니ᄒᆞ며 스승 어믜[姆敎] ᄀᆞᄅᆞ치믈 유순히 드러 조ᄎᆞ며 삼과 뚝삼을 잡들며 실과 고티를 다ᄉᆞ리며 명디 깁ᄧᆞ며 다회 ᄧᆞ 겨집의 이를 비화 ᄡᅥ 의복(衣服)을 쟝만ᄒᆞ며 제사(祭祀)에 보ᄉᆞᆯ펴 술와 촌믈과 대그릇과 나모 그릇과 팀ᄎᆡ와 저슬 드려 례(禮)로 도와 버리기를 도올디니라."[12]라고 하였듯이, 부녀가 익혀야 할 가사 업무와 관련된 것들이 이 유형에 포함된다. 안동 장씨의 『규곤시의방

(음식디미방)』, 빙허각 이씨의『규합총서』등이 대표적이다. 이 유형에는 어머니로서 태교와 관련된 것들이나 빙허각 이씨의『청규박물지』와 같은 백과사전식 지식과 관련된 것들도 포함한다. 부녀 실용서 또한 가승(家乘) 방식으로 전해오는 것들이 많기 때문에 이에 해당하는 문헌 발견 가능성이 높다.

3. 여훈서(女訓書)의 유형

3.1.『삼강행실도』'열녀전'을 비롯한 여범류 여훈서

여범류(女範類)는 남성 중심 사회에서 효열(孝烈)과 관련한 본보기를 보인 여성의 삶을 제시하여 풍속을 교화하고 사회 질서를 유지하고자 편찬한 것들이다. 이 범주에 속하는 것으로는 다음과 같은 여훈서가 있다.

	책명	연대	판본	여범 관련(열녀) 내용
1	삼강행실도 (三綱行實圖)	세종 16년(1434) 편찬, 성종 12년(1471) 언해	고려대본(초간 후쇄), 상백문고본, 성균관대본	35항 35명의 열녀 사적(중국 28, 한국 7)
2	속삼강행실도 (續三綱行實圖)	중종 9년(1514) 편찬·언해, 선조 14년(1581) 중간 언해	국회도서관본, 홍문각 영인본, 연대 미상 중간본	28항 28명의 열녀 사적(중국 21, 한국 7)
3	동국신속삼강행실도 (東國新續三綱行實圖)	광해 9년(1617) 편찬·언해	대제각, 홍문각 영인본	276항 총289명의 열녀 사적 및 정려 기록
4	명황계감(明皇誡鑑)	세종 23년(1441) 편찬, 세조 7년(1461) 언해	김일근 편교, 『명황계감언해』	당나라 명황(현종)과 양귀비 관련 사적

---

12) 한국학문헌연구소(1985),『원본 노걸대, 박통사, 소학언해, 사성통해』, 대제각, 311쪽.

	책명	연대	판본	여범 관련(열녀) 내용
5	여범(女範)	영조 연간	대제각 영인본	10항 111명: 성후(6), 모의(13), 부계모(3), 효녀(9), 현녀(10), 변녀(8), 문녀(9), 정녀(12), 열녀(41)
6	오륜행실도	정조 21년(1797) 편찬·언해	대제각, 홍문각 영인본	『삼강행실도』와 내용이 같음

조선 사회에서 삼강은 사회 질서를 유지하는 기본 이념이었다. 조선왕조실록에 '삼강(三綱)'이 처음 등장한 것은 『태종실록』 권33 태종 17년(1417) 2월 23일자의 사간원에서 올린 치도 조목으로 보인다. 이 조목의 두 번째 항목은 조선 초의 혼인 상황과 그에 따른 부부의 도리 교화, 취처(娶妻) 금지, 적실(嫡室) 구분, 이혼 금지 등을 내용으로 삼고 있다.13) 그 후 세종조에 『삼강행실도』가 편찬되고, 성종 12년(1417) 언해본의 출현하였으며, 중종 9년(1514) 『속삼강행실도』를 편찬·언해하였다. 조선왕조실록에서는 세종 이후 정조에 이르기까지 『삼강행실도』가 지속적으로 보급되었음을 알려주는 기사가 지속적으로 등장하며, 『삼강행실도』에서 누락된 사적을 대상으로 한 『속삼강행실도』도 여러 판본이 나올 정도로 지속적인 보급이 이루어졌다. 다만 『동국신속삼강행실도』는 왜란 직후 편찬된 것으로 광해 9년 편찬 이후 다시 간행한 기록이 나타나지 않는다. 본래 삼강오륜은 여성 교화만을 목적으로 한 것은 아니다. 충신, 효자, 열녀의 사적을 보급하여 왕실과

---

13) 『태종실록』 권33 태종 17년(1417) 2월 23일. "영락(永樂) 11년 3월 11일 이후에 아내가 있으면서 취처(娶妻)한 자는 엄히 금하여 이이(離異) 하게 하소서.' 하여, 하교를 윤허하신 대로 받들고 있음은 모두가 함께 알고 있는 바이지만, '선처·후처의 안에서 적실(嫡室)은 은의(恩義)의 후박(厚薄)을 가지고 분간하여 결정(決折)하라.' 한 것은 신 등이 생각하건대, 부부란 삼강(三綱)의 으뜸이고, 예문[禮]에도 두 적실(嫡室)이 없음은 천지의 상경(常經)이며 고금의 통의(通義)라고 여겨집니다."

사대부가, 백성을 교화하고자 하는 목적을 갖고 있었다. 따라서 삼강행실류의 열녀전이 반드시 여교(女敎)만을 위한 것이라고 할 수는 없다. 그럼에도 왕실의 여성이나 사대부가, 일반 백성에 이르기까지 삼강행실류의 열녀 전기는 부덕(婦德)의 성격과 내용을 표현하는 전범(典範)으로서의 역할을 담당했다.

이러한 차원에서 『태종실록』 권7 태종 4년(1404) 3월 27일자 사은사 이빈(李彬)이 가져온 『고금열녀전(古今烈女傳)』도 세종과 중종, 영조에 이르기까지 널리 보급된[14] 여범류 여훈서였으며, 당나라 현종과 양귀비의 고사를 중심으로 한 『명황계감(明皇誡鑑)』,[15] 국왕과 후비를 경계하고자 한 『후비명감(后妃明鑑)』[16] 등도 효열부의 전범을 대상으로 한 여훈서였다. 이 흐름에서 영조 빈 장헌세자(莊獻世子)의 어머니 선희궁 영빈(宣喜宮 映嬪)이 필사한 『여범(女範)』은 '성후(聖后), 모의(母儀), 부계모, 효녀, 현녀, 변녀, 문녀, 정녀, 열녀' 111명의 행적을 제시한 여범류 여훈서로 볼 수 있다.

---

14) 『고금열녀전』에 관한 기록은 세종 18년 11월 7일자 봉씨를 폐출한 이유를 알리는 기사, 중종 38년 11월 6일 성세창이 농서(農書)를 개간(改刊)하는 일과 관련된 상소, 영조 49년 4월 12일 대신과 5부 유생들을 소견·선유한 기사 등에서 여러 차례 언급된 바 있다.

15) 『명황계감』은 세종 23년(1441) 이선 등이 찬집하여, 세조 7년(1461) 언해한 책이다. 박팽년과 최항의 서문이 있고, 명황(당현종) 사적과 관련된 다수의 가사(歌詞)가 삽입되어 있다. 이와 관련하여 김일근(1991)의 『명황계감언해』(서광)를 참고할 수 있다.

16) 『성종실록』 권297 성종대왕 묘지문에서, 성종 3년(1472) 임진년에 "역대(歷代)의 제왕(帝王)과 후비(后妃)의 착하고 악한 것으로 본받을 만하고 경계할 만한 것을 채택하여 정리해 세 편(編)을 만들어서, 이름을 ≪제왕명감(帝王明鑑)≫·≪후비명감(后妃明鑑)≫이라고 하셨다."라는 기록을 찾을 수 있다. 김일근(1991: 611)에서는 『동문선(東文選)』에 수록된 '후비명감서(后妃明鑑序)'를 수록하였다.

3.2. 소혜왕후 『내훈』을 비롯한 내훈류 여훈서

내훈류(內訓類) 여훈서는 왕실 여성이나 사대부가 부녀의 부덕(婦德)을 가르치기 위한 것으로, 조선 초기부터 일제강점기까지 지속적으로 나타난다. 조선 초기의 경우 중국에서 편찬된 다수의 여훈서가 유입된 것으로 보이는데, 『성종실록』 권3 성종 1년(1470) 2월 7일자 기사에서 조대가(曹大家)의 『여계(女誡)』 1질에 대한 구결을 정한 기록이 있고, 성종 6년(1475)에는 소혜왕후(昭惠王后)가 직접 『내훈』을 편찬하기도 하였다.[17] 그 이후 『중종실록』 권28 중종 12년(1517) 6월 27일자 기사에서는 『열녀전』, 『여계』, 『여칙』을 언문으로 번역하여 보급해야 한다는 상소 기록도 남아 있으며, 최세진이 『여훈(女訓)』을 언해했다는 기록도 찾을 수 있다. 내훈류 여훈서는 '내훈', '여훈', '부훈(婦訓)', '부의(婦儀)', '계녀(戒女)' 등과 같은 명칭을 갖고 있는데 이는 부녀에 대한 교훈, 또는 의절(儀節), 경계 등의 뜻을 포함한다. 이와 같은 명칭은 조선 후기에 이르러 '규범(閨範)', '규문보감(閨門寶鑑)' 등과 같이 규중에서의 덕을 강조하는 명칭이 쓰이기도 한다. 다음과 같은 여훈서가 대표적이다.

---

17) 소혜왕후가 『내훈』을 편찬한 연대는 성종 6년(1475)이다. 이는 『내훈』 '성화 을미(成化 乙未) 맹동 12월 15일(孟冬 十月 十有五日)'에 쓴 상의 조씨 발문(尙儀曹氏敬跋)'을 통해 확인할 수 있다. 그러나 『성종실록』에서는 이 기사를 찾을 수 없는데, 조선왕조실록 『광해군일기』(중초본) 권26 광해 2년(1610) 3월 1일, 『효종실록』 권17 효종 7년(1656) 7월 28일 기사 등에서 지속적으로 소혜왕후가 『내훈』을 편찬했다는 기록이 나타난다.

	책명	저작자	연대	이본	내용
1	내훈(內訓)	소혜왕후	성종 6년 (1475)	선조 6년(1573), 광해 2년(1611), 효종 7년(1656), 영조 14년(1737) 어제내훈	언행(言行), 효친(孝親), 혼계(婚禮), 부부(夫婦), 모의(母儀), 돈목(敦睦), 염검(廉儉) 등 부덕과 관련한 교훈서
2	여사서 언해 (女四書 諺解)	이덕수 언해	영조 12년 (1736)	이덕수 등 언해본 (대제각, 홍문각 영인본), 1907년 중간본(홍문각 영인본)	초간본은 여계(女誡), 여논어(女論語), 인효문황후 내훈(內訓), 왕절부 여훈첩록(女訓捷錄)의 순서로 편제되었으나, 중간본은 여계, 내훈, 여논어, 여범의 순서로 편제한 여훈서
3	여훈(女訓)	최세진 언해	중종 27년 (1532)	현전하는 것은 한문본과 1620~1640년 사이의 중간 목판본임(홍문각 영인)	어제여훈 서, 여훈서, 규훈(閨訓), 후덕(修德), 수명(受命), 부부(夫婦), 효구고(孝舅姑), 경부(敬夫), 애첩(愛妾), 자유(慈幼), 임자(姙子), 교자(教子), 신정(愼靜), 절검(節儉) 12장
4	계녀서 (戒女書)	송시열 (1607~1689)	필사 연도 미상 (임인년)	임인년 필사본 (대제각 영인본)	부모 섬김, 지아비 섬김, 시부모 섬김, 형제 화목, 친척 화목, 자식 가르침, 제사를 받듬, 손 대접, 투기하지 않음, 말씀 조심, 재물 존절 사용, 일을 부지런히 함, 병환 모심, 의복·음식 도리, 노비 부리는 도리, 꾸미며 받는 도리, 팔고 사는 도리, 종요로운 경계, 옛 사람의 선한 행실 등 20항(국문 필사)
5	한씨부훈 (韓氏婦訓)	한원진 (1682~1751)	1712 추정	홍문각 영인본 (한문 목판본: 남당집 권26 잡저 소재)	한씨부훈 병서(韓氏婦訓 並序), 통설(統說), 사부모구고(事父母舅姑), 사가장(事家長), 접형제·제사(接兄弟娣姒), 교자부(教子婦), 대접잉(待接媵), 어비복(御婢僕), 간가무(幹家務), 접빈객(接賓客), 봉제사(奉祭祀), 근부덕(謹婦德) 11장
6	부의 (婦儀)	이덕무	정조 19년 (1795)	청장관전서 사소절(1795년 이광규 필사본), 1870년 조택희 번역 필사본 등	성행(性行), 언어(言語), 복식(服飾), 근지(勤止), 교육(教育), 인륜(人倫), 제사(祭祀), 사물(事物) 8장
7	규범 (閨範)	미상	1872 (또는 1932)	김지용 소장본 (홍문각 영인본)	내편(집덕 6장, 수신5장), 외편(독륜 6장, 범가6장)의 부덕을 중심으로 한 여훈서: 한문 필사 후 언문 필사

『내훈(內訓)』은 중국에서 전래된 인효문황후의 『내훈』과 소혜왕후의 『내훈』두 종이 있다. 전자는 이른바 '황후내훈(皇后內訓)'으로, '덕성(德性), 수신(修身), 신언(愼言), 근행(謹行), 근려(勤勵), 절검(節儉), 경계(警戒), 적선(積善), 천선(遷善), 숭성훈(崇聖訓), 경현범(景賢範), 사부모(事父母), 사군(事君), 사구고(事舅姑), 봉제사(奉祭祀), 모의(母儀), 목친(睦親), 자유(慈幼), 체하(逮下), 대외척(待外戚) 등 20장으로 구성되었으며, 『여사서』에서 그 내용을 확인할 수 있다. 『중종실록』 권44 중종 17년(1522) 2월 25일 교서관에서 이 책을 인출하도록 한 기사18)나 『영조실록』 권11 영조 3년(1727) 3월 26일자 "우리나라에 있는 내훈은 곧 황명 태조의 고황후가 지은 것인데 내가 간행하려고 한다."라고 한 기사의 내훈은 이 책을 지칭한 것이다. 그러나 소혜왕후의 『내훈』은 우리나라 왕실 여성이 지은 것으로, 조선의 왕실에 더 큰 영향을 끼쳤던 것으로 추정된다.

　『여사서』는 영조 10년(1734), 왕명에 따라 이덕수(李德壽)가 편찬한 것으로, 조대가 『여계(女誡)』, 『여논어(女論語)』, 인효문황후 『내훈(內訓)』, 왕절부 『여범첩록』을 묶어 언해한 책이다. 『여계(女誡)는 『중종실록』 권28 중종 12년(1517) 6월 27일자 홍문관에서 장계한 기사에서 『열녀전』, 『여칙(女則)』과 함께 언해하도록 건의한 내용이 나오나, 실제 언해가 이루어졌는지 확인되지 않는다. 『여사서』에 포함된 『여계』는 필약(畢弱), 부부(夫婦), 경순(敬順), 부행(婦行), 전심(專心), 곡종(曲從), 화숙매(和叔妹) 등 6장으로 구성되었다. 『여논어(女論語)』는 조선왕조실록에서 그와 관련한 기록을 찾을 수 없으나, 입신(立身), 학작(學作),

---

18) 『중종실록』 권44 중종 17년(1522) 2월 25일. 조선왕조실록 국역본에서 이 책을 소혜왕후가 지은 책으로 해석했으나, '황후'라는 명칭을 사용한 것으로 볼 때 이는 잘못된 해석이다.

학례(學禮), 조기(早起), 사부모(事父母), 사구고(事舅姑), 사부(事夫), 훈남녀(訓男女), 영가(營家), 대객(待客), 화유(和柔章), 수절(守節) 등 12장으로 구성되었다. 왕절부의 『여범첩록(女範捷錄)』은 통론(統論), 후덕(后德), 모의(母儀), 효행(孝行), 정렬(貞烈), 충의(忠義), 자애(慈愛), 병례(秉禮), 지혜(智慧), 근검(勤儉), 재편(才德) 등 11편으로 구성되었다. 이처럼 『여사서』는 전래된 대표적인 여훈서를 묶어 편찬한 것으로 왕실을 중심으로 한 후비(后妃)나 사대부가의 부덕과 관련된 내용이 많은 점이 특징이다. 『여훈(女訓)』 또한 명나라 무종 때(1508년) 성모장성자인황태후(聖母章聖慈仁皇太后)가 편찬한 책으로, 중종 27년(1532) 최세진(崔世珍)이 언해했다는 기록이 남아 있다.

『내훈』, 『여사서』, 『여훈』 등은 유입 과정이나 언해·보급 과정에서 왕실과 밀접한 관련을 맺고 있다. 이에 비해 한원진의 『한씨부훈』, 이덕무의 『부의』 등은 양반가의 부녀를 훈계하기 위한 목적에서 쓰인 여훈서이다. 이 책들은 조선시대 양반가의 부녀 교육이 어떻게 이루어졌는지를 보여주는데, 봉건적 사회 질서를 유지하는 차원에서 왕명에 따라 삼강행실과 여범을 교화하듯이, 반가(班家)의 부덕(婦德)과 부의(婦儀)를 가르치기 위한 여훈서가 등장한 셈이다. 이는 여자 교육이 집안에서의 생활에 중점을 두고 있음을 의미하며, 가부장적 사회에서 남성이 부녀를 위한 여훈서를 편찬하고 있음을 의미한다. 예를 들어 우암선생 『계녀서』에서 "밍즈 가라스듸 쟝뷔 갓쓰믹 아비게 절ᄒ고 녀즈 싀집가믹 어미게 절ᄒ다 ᄒ시니 녀즈의 힝실은 아비 가라칠 일 아니로듸 네 나히 비녀 쏫기의 이르러 힝실 놉흔 집으로 출가ᄒ니 마지 못ᄒ여 듸강 젹어 주ᄂ니 늙은 아비 말이 선후 업고 쇼략ᄒ다 말고 힘써 힝ᄒ라."라고 한 데서 알 수 있듯이, 당시 여자 교육은 아버지가 할 바가 아니나 행실 높은 집으로 시집가는 딸을 위해 이 책을 썼음을 밝힌다. 이는 『한씨부훈』에서 편자인 한원진(韓元震)이, 누이에게 부인의 도를 알리고자 사친(事親), 봉선(奉先), 사부(事夫), 교자(教子), 접형제(接兄弟), 어가(御家)의 항목을 소학과 격몽편에서 찬술하였다는 기록[19]을 통해서도 확인할 수 있다. 또한 이덕무가 『사소절(士小節)』을 편찬하면서 "사전(士典)은 자신을 깨우쳐 되도록 허물을 적게할 목적을 위함이요, 부의(婦儀)는 내 집 부인을 경계하기 위함이요, 동규(童規)는 자제들을 훈계하기 위함이니[20]"라고 한 것도 양반가 남성 중심의 부교(婦教)를 의미하는 것으로 볼 수 있다.

규범(閨範)이나 규훈(閨訓)은 부의(婦儀)와 마찬가지로 양반가 부녀의 행실과 관련된 것으로 19세기 이후 다수의 필사본이 존재한다. 김지용·김미란(1991)에 수록된 김지용 소장본 『규범』(한문 필사와 국문 필사)뿐만 아니라 국립중앙도서관 소장본 『규범』, 경오년(1930년 추정) 천곡기인(吉泉谷畸人) 이후(李屋)의 서문이 들어 있는 『규문요람(閨門要覽)』[21] 등은 가문을 중심으로 한 여훈서로 볼 수 있다.

3.3. 여아(女兒)를 중심으로 한 여소학류 여훈서

여소학류는 여아(女兒)를 대상으로 한 소학류를 의미한다. 남성 중심의 조선 사회에서 동몽(童蒙)은 남아(男兒)를 대상으로 하였으며, 여아의 경우 집안에서 여덕(女德)과 여공(女工)을 배우는 것이 일반적인

---

19) 김지용·김미란 공편(1991), '韓氏婦訓', 『규범 부 부의 합본(閨範附婦儀合本)』, 홍문각.
20) 민족문화추진회(1980), 「사소절 서」, 『국역청장관전서』 Ⅵ(사소절), 민문고.
21) 이후(李屋)는 서문에서 이 책의 저자가 성백 한영뢰(聲伯 韓永雷)가 지은 것이라고 하였다. 한영뢰(1881~1956)는 경북 영천 출신의 유학자로 호를 송계라고도 하였으며, 일제의 강제 병합 이후 군위군 화산에 은거하며 후진을 양성했다고 한다.

일이었으므로, 여아가 소학서를 접하는 일은 쉽지 않았다. 이에 따라 가문 중심으로 집안 여아를 교육하기 위한 교훈서를 저술한 사례가 많은데, 이러한 책들은 보통 '여소학', '여자초학' 등의 명칭을 갖고 있다. 다음과 같은 것들이 대표적이다.

	책명	저작자	연대	이본	내용
1	녀ᄌ초학	김종수	1797	학봉가 소장	항목 구별 없이 저술한 의도, 부덕, 부공, 부녀에게 필요한 지식을 간략히 서술 (국문 필사)
2	녀학별록	남양 홍씨	1848	음성 기록역사박물관 소장	서문, 심중편, 여용편, 부모 공양, 부부 공경, 형제 우애, 시매 친애, 자질 교훈, 자녀 혼가, 비복 심복, 족척 화목, 치산, 정효부전 (국문 필사)
3	녀쇼학	호산 박문호	1882	홍문각 영인본	여소학 제사, 인륜, 여덕, 여례, 제례, 산 사람 섬기는 예, 여공, 옛적 부인 행적 등 6권 7편과 발문 (한문에 국문 토 및 국문 필사)
4	여자소학	이병헌	1903	음성 기록역사박물관 소장	'약선', '권1~권5', '제례 약선', '속설'로 구성되어 있으며, 권말에 해당하는 '마암'이 첨가되어 있다. 권1~권5는 소학을 간추려 필사했다. (국문 필사)
5	여자소학	미상	미상	개인 소장	교장여교학서(敎長女小學序), 여자소학(女子小學), 필수 지식 등 (한문 필사)

여소학류는 위의 내훈류 가운데 양반가의 규범이나 부의와 비슷한 성격을 띤다. 다만 전통적인 소학 교육의 동몽(童蒙) 범주에서 여아(女兒)를 대상으로 하지 않았기 때문에, 집안 여아를 위한 소학서를 집필한 경우가 많다. 예를 들어 김종수의 『녀ᄌ초학(女子初學)』[22]에서는

---

22) 이 책은 학봉가 김종수가 1797년 저술한 필사본으로 알려져 있다. 같은 내용의 책이 학봉가에 필사되어 전해오는데 그 까닭은 조선 후기 양반가에서 한 권의 책을 집안사람들끼리 베껴 활용한 전통과 관련이 있다. 『한국민족문화대백과사전』에 소개된 『녀ᄌ초학』은 김시인이라는 분의 개인 소장본으로 여자초학, 의성김씨세계, 기일(忌日), 절일(節日), 복제(服制), 육갑(六甲), 수법(數法), 생일(生日)로 구성되어 있다. 그러나 학봉가에 전승되는 『녀ᄌ초학』에서는 '생일' 대신 '우리 할부지 글신이라'가 첨입되어 있다. 김시인본은 성

"나는 어려셔 부친을 여히고 훈교를 밧드지 못ᄒ여 죵신토록 통한이 깁흔지라. 너를 가라쳐 아비의 교훈을 밧들게 ᄒ미니 ᄂᆡ 듯슬 바다 어그릇지 아니ᄒ면 ᄌᆞ식의 도리 올홀가 ᄒ노라. 셰 명ᄉ 지월 일의 아비는 쎠 쟝녀를 쥬노라."라고 하여 아버지가 장녀에게 써 준 글임을 확인할 수 있다. 이는 우암 송시열의 『계녀셔』와 비슷하다. 다만『녀ᄌᆞ초학』은 화순(和順), 신언(愼言), 부행(婦行), 의복(衣服), 봉제사(奉祭祀), 접빈객(接賓客), 사구고(事舅姑), 태교(胎敎) 등의 부덕뿐만 아니라 지리, 역사, 인물, 수법(數法) 등 부녀라도 알아야 할 지식을 선별·제시했다는 점에서 소학서을 일종이라고 볼 수 있다.

남양 홍씨의 『녀학별록』, 호산 박문호의 『녀쇼학(女小學)』, 이병헌 필사본 『여자소학(女子小學)』,[23) 작자 미상의 『여자소학(女子小學)』 등은 전통적인 『소학』을 근간으로 한 여아용 여훈서이다. 『녀학별록』은 서문 보존 상태가 불량하여 판독하기 어려우나 "브ᄃᆡ 견셩으로 보디 말고 ᄆᆞᆼ이 바켜보아 ᄌᆞ나ᄭᅵ나 닐넘이 잇셔 평싱 ᄉᆞ업을 삼으라."라는 남양 홍씨의 당부와 같이 집안 여자들의 행실을 가르치기 위한 목적에서 쓰인 책임을 추론할 수 있다.

호산 박문호의 『녀쇼학』은 여아를 대상으로 한 여훈서로 『소학』과 마찬가지로 '여소학 제사(女小學題辭)'를 두고 있다. 이 글에서 호산은 "집 미데ᄀᆞ 칠팔셰에 언문 ᄃᆡ강 통ᄒᆞ야 익히넌 거시 허탄ᄒᆞᆫ 쇼셜이라 쓰움과 괴이ᄒᆞᆫ 닐이 규문에 하관이냐 ᄒᆞ고 이젼 셩현의 말심얼 뫼와 조고마치 칙얼 만드러 ᄀᆞ리치고 출가할 졔 롱의 너허 보ᄂᆡᆺ더니 근친시에 그 칙을 ᄎᆞ즈니 화지예 틔와더라. 집 ᄋ희넌 십오셰에 칠셔럴 ᄃᆞ

병희(1980), 『민간 계녀서』, 형설출판사, 29~90쪽을 참고할 수 있다.

23) 남양 홍씨 『녀학별록』, 이병헌 필사 『여자소학』은 허재영 편(2008), 『국어사·국어교육 자료집』 2(박이정)에 수록되어 있다.

일것더니 녀식과 질녀는 추추 그 느희되민 경구는 구장 능히 ᄒᄂ 속에 든 거슬 무릅진디 한 말도 비온 거시 업도드. 대뎌 ᄋ덜에 비우지 못ᄒ 거슨 부모ᄀ 용셔ᄂ ᄒ련이와 똘언 남의 집에 틴인 스람이라 만일 비우지 못ᄒ면 외정과 구고의게 이 우ᄒᄂ니 스덕을 닥지 ᄋ니ᄒ 면 엇지 남의 며느리ᄀ 되리요.[24]"라고 하여, 이 책을 짓게 된 동기가 언문 소설만 읽는 여아를 가르치거나 시집가는 딸을 가르치기 위한 것임을 밝히고 있다.

이병헌 필사의 『여자소학』이나 작자 미상 한문본 『여자소학』은 『소학』의 편제와 내용을 본따 만든 여소학류이다. 필사 연대가 근대식 학제 도입 이후라는 점에서 조선시대의 여훈서로 보기는 어려우나 소학을 발췌하여 여아 교육에 활용하고자 한 점에서 여소학류의 여훈서에 포함할 수 있다. 두 종의 책에서는 모두 소학을 발췌하여 가르치는 의도를 서술하고 있는데, 이를 살펴보면 다음과 같다.

[소학을 발췌하여 가르치는 의도]

ㄱ. 이병헌 필사 『여자소학』 '쇼학언히 약선': 쇼학은 예로붓터 스름의 힝실 가라친 글이라. 디져 스름의 인의례지 승품은 하날 싱긴 이치로디 긔질이 구익ᄒ고 물욕이 교폐ᄒ야 그 승품을 거널리 즈근니 엇지 긔탄치 안이ᄒ리요. (…중략…) 이런고로 옛 승인이 스름을 가라치사디 인의례지 본셩 발키는 도로 근본을 삼아 경계ᄒ고 소학 글을 지여 자고로 승현군자의 말삼이며 효자 츙신 열여의 힝실을 긔록ᄒ야 후싱

24) 박문호, '녀쇼학 셔', 『여소학』, 홍문각. 이 책은 '여소학 제사(女小學題辭)'에서 "임오 춘 삼월(壬午 春三月)에 호산이 쓰노라."라고 기록한 것을 근거로 할 때, 1882년 필사한 책으로 추정된다. 그러나 이 책의 발문은 "병오 모춘 길일"이라고 하여 1906년 쓰였으며, '후발(後跋, 긋희 쓰넌 야즁 글)'에서는 '무신 밍하 망죠'라는 기록이 있으므로 1908년에 완성된 책임을 알 수 있다.

쵸학의 비오는 법을 셰우신니 사름이 쌉되는 도리 발쇼 발거 천추만
딕예 젼흐야 자식이 되면 효도로 흐고 신하되면 츙셩으로 흐고 졀문
니 되면 공슌흐고 계집이 되면 졍열흐는 도가 다 승현의 너부신 덕교
라. 사나희는 진셔로 비호기 쉽고 계집아히 은문으로 비호기 쉬울싀
딕젼과 은히 잇신니 다 공경흐야 살필지어다. 경자 십일월 회에 씨노
라. (이병현 여소학 약선 2)

ㄴ. 작자 미상 『여자소학』 '교장녀소학서(教長女小學序): 주자 소학서는
남녀가 공통으로 사용한다. 남자의 실체는 곧 가히 성현에 이르고,
여자는 그것을 힘써 행하면 또한 가히 현숙하고 총명함에 이른다. 그
러므로 여자의 도리가 남자와 구별되는 것은 대개 너그럽고 자혜하며
온량하고 공경하며 삼가고 말수가 적은 것으로, 이것이 부덕(婦德)의
전체이다. 그리고 효순하고 정렬(貞烈)하여 그것을 행하는 것을 최고
로 여긴다. 그들은 닫힌 문 안에서 생장하고 규곤(閨閫)의 의례가 없으
며 또 부모의 가르침이 부족하다 또한 그들은 스스로 어렸을 때 책을
읽는 능력을 깨치지 못한다. 그러므로 나이가 어리거나 비녀를 꽂을
때에 이르러도 어리석을 뿐이다. 그러므로 옛날의 도리가 어떠한지
알지 못해 바보스럽기가 비할 데 없으니, 이는 모두 부모의 과실로
어찌 홀로 그들의 죄가 되겠는가. 소학을 발췌하여 너에게 가르치니
실심으로 행하여 부모를 욕되게 하지 말라. 이에 아비에게 성현의 도
를 배우나 미치지 못하니, 돌이켜 너희를 책망하되 현숙하고 밝은 사
람을 바르게 여기고 사람의 욕망과 그릇됨을 가려야 한다. 그러므로
내가 너에게 바라는 것은 단지 이 문자를 대략 알고 식견을 기르고
대체를 확립하게 하고자 할 따름이다. 만약 서사(書史)와 필찰(筆札)
의 공을 두루 갖추어 사람들에게 전하고자 하는 것은 내 뜻이 아니다.
무술년 6월 아비 근소옹 제25)

이 인용문에 나타나듯이, 『소학』은 본래 남녀를 구분한 책이 아니 었다. 다만 남성 중심의 조선 사회에서 여아가 교육 받을 기회가 없었 으므로, 『소학』을 공부할 기회가 없었고, 이에 따라 양반가의 부녀를 대상으로 한 여자소학류가 출현하게 된 것이다. 이러한 경향은 조선 시대를 지나 일제강점기까지 이어졌다.

3.4. 여공(女工) 중심의 부녀 실용서

조선시대 여훈서에서 가문을 중심으로 여공(女工)이나 실생활에 필 요한 지식을 포함한 것들이 다수 있다. 학봉가에 전해 오는 『녀ᄌ초학』 에서도 부녀의 행실을 제시한 뒤, "이 우희 쓰인 말은 사람의 힝실에 긴요ᄒᆫ 거시니 죠셕으로 볼 거시오 아모리 부녜라도 바히 고금을 모ᄅ 고ᄂᆫ 답답ᄒ기를 면치 못ᄒᄂᆫ 고로 인물 현부와 산쳔 원근과 풍쇽 미악과 물산 다쇼와 쟉위 고하와 거거 졀목을 ᄃᆡ강 긔록ᄒ니 이도 아라 둘 거시니라."라고 하여 일상에 필요한 조목을 간략히 서술한 바 있다. 또한 태산(胎産)이나 태교(胎敎), 음식(飮食) 등과 관련한 저작 물들은 여공(女工)이나 여성에게 필요한 지식을 제공하는 역할을 하였 다. 다음과 같은 책들이 있다.

---

25) 작자 미상, 『여자소학』, '교장녀소학서(敎長女小學序)'. "夫朱子小學書 男女通用之法也. 男 子而實體之則可以至於聖賢 女子而力行之則 亦可至於淑哲 然女子之道 與男子自別 蓋寬裕慈 惠溫良恭敬愼 而寡言 是婦德之全 而孝順貞烈 及其行之最也. 汝生長塞門素無閨閫之儀則 又 乏父母之敎訓 且汝不才得自幼讀書. 故今不年旣及笄而懵. 然不知古道之如何蔑矣無比 是蓋 父母之過 而豈獨汝之罪邪 抄小學以授 汝其實心體行 毋貽父母辱 遒父學聖賢之道而未能 乃 反責汝以淑哲之人是豈非人欲邪. 然吾之望汝 但當略知此等文字 以長識見而立大體而已. 若 乃博涉書史工於筆札 而傳於人者 非吾志也. 戊戌 六月 丁亥 父近小翁題"

	책명	저작자	연대	판본	내용
1	규곤시의방 (일명 음식디미방)	안동 장씨	1670	필사본: 황혜성 편 (1980, 한국인서 출판사 영인)	국수, 떡, 만두, 김치, 젓, 국, 약과 등 25종의 음식 만드는 비방을 수록함. 궁체 필사본으로 총 132조목을 수록.
2	태교신기 (胎敎新記)	사주당 이씨26)	1801	성균관대학교, 국립중앙도서관, 서울대학교 도서관, 연세대학교 도서관 소장본.	지언교자(只言敎字), 지언태자(只言胎字), 비론태교(備論胎敎), 태교지법(胎敎之法), 잡론태교(雜論胎敎), 극언불행태교지해(極言不行胎敎之害), 계인지이미신구기위유익어태(戒人之以媚神拘忌爲有益於胎), 잡인이증태교지리신명제이장지의(雜引以證胎敎之理申明第二章之意), 인고인이행지사(引古人已行之事), 추언태교지본(推言胎敎之本) 등 10장으로 구성됨
3	청규박물지	빙허각 이씨	1809	오구라 문고 소장본, 장단 후손가 소장본(동아일보 1939.1.31. 기사)	책1~2에서는 천문부, 지리부, 화목부, 금수부, 진보부 5부로 분류하고, 각 부(府)에는 하위 항목을 두었다. 책3~4에서는 주(酒), 음식, 차(茶), 의목, 직조(織造), 양잠, 서화, 문방, 향보(香譜), 십미요(十眉謠), 기용(器用), 보물(寶物), 방생(放生), 의혹(疑惑), 의약(醫藥), 방술(方術), 신령(神靈), 무격(巫覡), 규수시(閨秀詩), 선기도 부 제회문(璿機圖 附諸回文)의 순서로 목차를 구성하고 각 항목마다 총론과 관련 내용을 두었다.27)
4	규합총서	빙허각 이씨	1809	방각본(홍문각 영인본), 정양원 역주(1984, 보진재): 1939년 〈빙허각전서〉 제1부 작 목판1책	술 빗는 길일, 년엽쥬, 화향입쥬법, 두견쥬, 일년쥬, 약쥬, 과하쥬, 소쥬, 술 신밋 구허는 법, 장담그는 길일, 장담는 법, 급히 청장 민는 법, 두부장, 집 메쥬장, 고쵸장, 즙장, 쵸빗는 길일, 쵸법, 셧박지, 동과 셧박지, 동침이, 싱션 빗는 법, 싱션 굽는 법, 부어 굽는 법, 부어찜, 게오리 두는 법, 게젓 다무는 법, 게법, 약포법, 쇠향즈찜, 어치, 셜흐멱젹, 치육포법, 셕론병, 신과병, 셕이병, 숑편, 증편, 잡과편, 빙쟈젹, 강졍, 빙스과, 미화산즈(밥풀슨즈 묘화슨자, 약과, 중계, 잉도편, 향셜고, 계강과, 건시단자, 약식, 동과증, 토란병, 식혜법, 엿고으는 법, 록말법, 두부법, 각염식법, 각식 비단 도침법, 셰의법, 비단에 좀 업는 법, 도망헌 종 찻즌 법, 빅지 한권, 닌출 돈 반, 쟝황두돈
5	자손보전	신창 맹씨가	17세기 ~ 19세기	필사본으로 숙명여자대학교 박물관(1996)28)	신창 맹씨가의 부녀들이 기록한 다양한 글을 묶어 전한 필사본 책으로 음식 비방, 언간, 행록 등이 수록됨

여성 관련 실용 지식 차원에서 주목할 것은 출산과 육아를 위한 지식이 있다. 이러한 지식은 여교(女敎)보다 의술 차원에서 다루어지기 시작했는데, 임신·육아·질병 치료를 위한 '태산(胎産)', 천연두 예방을 위한 '두창(痘瘡)' 등은 의관뿐만 아니라 여성들에게도 중요한 문제였다. 조선 초기 태산 관련 서적으로는 『태산요록(胎産要錄)』29)과 『태산집요(胎産集要)』30)가 있었으며, 이밖에도 『부인대전(婦人大典)』 등 여성 의학과 관련된 서적이 있었다. 본래 이들 서적은 의과 취재(醫科取才)에 활용되었던 책31)으로, 의관과 의녀뿐만 아니라32) 점차 일반

---

26) 사주당 이씨는 유희(柳僖)의 부인으로, 『기호흥학회월보』 제2호(1908.9)~제8호(1909.3)에서는 '태교신기'를 국한문으로 번역 수록하면서 '유이부인 원저(柳李夫人 原著)'라고 하였다.

27) 박영민(2017), 『청규박물지』, 한국연구재단 중견연구 보고서.

28) 숙명여자대학교박물관(1996), 김일근 해제, 『조선조 여인의 삶과 생각』, 유진기획.

29) 『세종실록』 권63 세종 16년(1434) 3월 5일. "판전의감사(判典醫監事) 노중례(盧重禮)에게 명하여 『태산요록(胎産要錄)』을 편찬하게 하니, 상권에는 태아[胎胎]의 교양법을 상세히 논하고, 하권에는 영아(嬰兒)의 보호 육성법을 구체적으로 기록하였는데, 주자소(鑄字所)로 하여금 이를 인쇄하여 반포하게 하였다." 이 책은 현재 가천박물관에 소장되어 있다. 상하 2권의 목판본으로 상권은 태산문(胎産門) 아래 태교론, 전녀위남법, 식기론 등 20항목이 수록되어 있고, 하권은 양아장호문(嬰兒將護門)으로 거아법(擧兒法), 식구법(拭口法), 장포의법(藏胞依法) 등 27항이 수록되어 있다.

30) 이 책은 『성종실록』 권16 성종 3년(1472) 3월 14일자 '예조에서 의사 제조와 함께 의학을 권장하는 조건을 마련하여 아뢰다'라는 기사에서 책명을 확인할 수 있다. "사맹삭(四孟朔)에 취재(取才)할 때에 여러 가지 방서(方書)를 추출(抽出)하여 강(講)하기 때문에, 이로 인하여 범람(泛覽)하기만 하고 정밀하게 익히지는 못하니, 금년 봄 맹삭(孟朔)에는 『찬도맥(纂圖脈)』·『창진집(瘡疹集)』·『직지방(直指方)』, 여름의 맹삭에는 『구급방(救急方)』·『부인대전(婦人大全)』·『득효방(得效方)』, 가을의 맹삭에는 『태산집요(胎産集要)』·『동인경(銅人經)』·『화제방(和劑方)』, 겨울의 맹삭에는 『본초(本草)』·『자생경(資生經)』·『십사경발휘(十四經發揮)』에 나누어 배속시켜 취재(取才)하게 하소서. 一, 四孟朔取才時, 抽出諸方書講之, 因此泛覽, 未能精熟。今春孟朔, 則纂圖脈、瘡疹集、直指方, 夏孟朔 則救急方、婦人大全、得效方, 秋孟朔 則胎産集要、銅人經、和劑方; 冬孟朔 則本草、資生經、十四經發揮, 分屬取才.

31) 『경국대전』 권3 '예전(禮典)'의 '의과초시(醫科初試)'에서는 『찬도맥』, 『동인경』(誦), 『직지방』, 『득효방』, 『부인대전』, 『창진집』, 『태산집요』, 『구급방』, 『화제방』(指南則誦), 『본초경국대전』(臨文)을 대상으로 시험을 치렀다. 한국학문헌연구소 편(1983), 『경국대전』, 아세아문화사, 218~219쪽, 279~280쪽.

백성들에게도 필요한 지식으로 간주되었다. 이러한 입장에서 선조 41년(1608) 내의원 어의(御醫)였던 허준(許浚)이 선조의 명에 의해 『언해두창집요(諺解痘瘡集要)』, 『언해태산집요(諺解胎産集要)』 등을 간행했는데, 이 또한 의관·의녀뿐만 아니라 일반 백성들에게도 의학 지식을 전파하는 역할을 담당했음이 틀림없다. 이들 의서에 등장하는 약명이나 비방(秘方)은 민간 가승(家乘)의 각종 필사 문헌 자료에도 자주 등장한다. 특히 물명 가운데 약물명(藥物名) 필사가 많은 까닭은 민간의 의학 지식이 점차 확장되고, 그 과정에서 가승(家乘) 역할을 했던 부녀의 실용 지식 또한 점차 확대되어 갔음을 의미한다. 사주당 이씨의 『태교신기(胎敎新記)』는 태교의 필요성, 임부(姙婦)의 음식이나 몸가짐, 태교의 유래 등 태교 지식이 보편화되고 있음을 보여준다. 이 책은 『기호흥학회월보』 제2호(1908.9)부터 제8호(1909.3)까지 국한문체로 번역 수록된 바 있다.[33]

17세기 이후 여성 실용 지식 확장 차원에서 양반가의 부녀에 의해 전승된 음식 비방이나 백과 지식을 위한 여훈서가 출현한 것은 자연스러운 일로 보인다. 안동 장씨가 저술한 『규곤시의방(閨壺是議方)』은 딸과 며느리를 위해 저술한 조리서로, 일명 '음식디미방(飮食至味方)'

---

32) 한국학문헌연구소 편(1983), 위의 책, 290~291쪽. 예조에서는 의서습독관(醫書習讀官)을 두어 의학서를 가르치도록 하였고, 의학 생도와 여의(女醫)는 매월 제조(提調)에 따라 고강(考講)하였으며, 그 성적에 따른 처분을 받았다.

33) 이 책에 대한 연구는 문헌학, 국어사, 의학 등 다차원적으로 이루어져 왔다. 강헌규(1976), 「소화판 『태교신기』와 필사본 『태교신긔언해』의 비교 연구」, 『공주대논문집』 13, 공주대학교; 최범훈(1988), 「사주당의 『태교신기』에 대하여」, 『선청어문』 16, 서울대학교 국어교육과, 400~411쪽; 정양완(2000), 「『태교신기』에 대하여: 배 안의 아기를 가르치는 태교에 대한 새로운 글」, 『새국어생활』 3, 국립국어연구원, 77~98쪽; 김경미(2018), 「부모 교육의 유학적 적용: 『태교신기』를 중심으로」, 『인문연구』 82, 영남대학교 인문과학연구소, 161~186쪽; 장정호(2005), 「유학 교육론의 관점에서 본 『태교신기』의 태교론」, 『대동문화연구』 50, 성균관대학교 대동문화연구소, 475~502쪽 등을 참고할 수 있다.

이라는 이름을 갖고 있다.34) 이 책에서는 총 132조의 음식 비법을 정리하였다. 또한 빙허각 이씨(憑虛閣李氏)가 저술한 『청규박물지(淸閨博物志)』는 19세기 여성에 의해 저술된 일종의 백과사전으로35) 천문·지리·화목·금수 등과 같이 유해류(類解類)의 체계를 갖추었다. 또한 그가 저술한 『규합총서(閨閤叢書)』는 주식의(酒食議, 술과 음식), 봉임칙(縫紝則, 바느질과 길쌈), 산가락(山家樂, 시골 살림의 즐거움), 청낭결(靑囊訣, 병 다스리기) 등 부녀의 실용 지식을 망라한 책이라고 할 수 있다.36)

『자손보전(子孫寶傳)』은 신창 맹씨가에 전해오는 부녀자 가승의 여훈서라고 할 수 있다. 필사자를 알 수는 없으나 누대에 걸쳐 전해온 자료에는 음식 비방, 부녀 언간, 행록 등이 수록되어 있으며, 책명 그대로 자손들에게 소중하게 전해야 하는 글이므로 가승 중심의 여자 교육 실태를 이해하는 데 중요한 자료가 된다.37) 이 책은 '고조비 정부인 해주 최씨 수적(高祖妣 貞夫人 海州 崔氏 手蹟)'과 같이 집안에서 글을

---

34) 이 책에 관해서는 국어사 또는 조리학 차원에서 연구가 진행된 바 있다. 백두현(2001), 「『음식디미방』(규곤시의방)의 내용과 구성에 대한 연구」, 『영남학』 1, 경북대학교 영남문화연구원, 249~280쪽; 이효지(1981), 「『규곤시의방』의 조리학적 고찰」, 『Family and Environment Research』 19(2), 대한가정학회, 189~198쪽; 황혜성 편저(1980), 『규곤시의방』, 「한국인서」; 백두현 주해(2006), 『음식디미방 주해』, 글누림 등이 대표적이다.

35) 이에 대해서는 박영민(2016), 「빙허각 리씨의 『청규박물지』 저술과 새로운 여성 지식인의 탄생」, 『민족문화연구』 72, 고려대학교 민족문화연구소, 261~295쪽; 박영민(2018), 「빙허각 이씨의 고증학적 태도와 유서 저술: 『청규박물지』 화목부를 대상으로」, 『한국고전여성문학연구』 36, 한국고전여성문학회, 3~41쪽 등을 참고할 수 있다.

36) 이 책에 대해서는 정양완 역주(1984), 『규합총서』(보진재); 박옥주(2000), 「빙허각 이씨의 규합총서에 대한 문헌학적 연구」, 『한국고전여성문학연구』 1, 한국고전여성문학회, 271~304쪽; 이혜순(2007), 「19세기 초 이 빙허각의 규합총서에 나타난 여성 실학사상」, 『조선후기 여성지성사』, 이화여자대학교 출판부, 1~414쪽; 정해은(1997), 「조선 후기 여성 실학자 빙허각 이씨」, 『여성과 사회』, 창작과비평사 등을 참고할 수 있다.

37) 이 책에 대해서는 김정경(2011), 「『선세언적』과 『자손보전』에 실린 17~19세기 여성 한글 간찰의 특질 고찰」, 『한국학』 34(4), 한국학중앙연구원, 171~193쪽; 박채린(2015), 「신창 맹씨 종가 『자손보전』에 수록된 한글 조리서 '최씨 음식법'의 내용과 가치」, 『한국식생활문화학회지』 302(2), 한국식생활문화학회, 137~149쪽 등의 연구가 있다.

남긴 사람과 그의 생몰 연대·향년(예를 들어 최씨의 경우 夫人 辛卯生 庚子 歿 享年 七十 등)을 밝힌 뒤 그와 관련된 글을 수록하였다. 각 자료마다 내용과 필체가 다른 점으로 볼 때, 집안에 전해온 것을 한 책자에 붙인 형태라고 할 수 있는데, 그 가운데 고조비 정부인 해주 최씨의 조리법, 조비 정부인 완산 이씨(祖妣 貞夫人 完山 李氏 手蹟)의 천하 13경, 매씨 공인(妹氏 恭人)의 조비 행장(祖妣行狀) 등은 집안의 음식 비방이나 간략한 실용 지식, 집안 내력 등과 관련한 실용적인 지식을 담은 것으로 볼 수 있다. 이와 함께 『언간독(諺簡牘)』도 여성의 한글 편지 작성법과 관련하여 보편적으로 보급되기 시작했다. 『언간독』은 『증보 언간독』, 『징보 언간독』 등과 같은 방각본 언간독뿐만 아니라 '언문규식'과 같은 필사본을 비롯하여 일제강점기에는 『규문보감(閨門寶鑑)』과 같은 인쇄본 저술에 이르기까지 다양한 형태의 문헌이 존재한다. 이는 19세기 이후 조선 사회에서 여성의 편지쓰기가 그만큼 보편화되기 시작했음을 의미하는 것이다.

이와 같이 실용 지식류 여훈서는 일상생활 지식, 박물지나 물명 지식과 같은 백과사전식 지식, 음식과 태교 등의 가사 관련 지식 등을 내용으로 하였으며, 이러한 지식은 『기호흥학회월보』에 '태교신기' 번역 연재물이 등장하였듯이, 근대 이후 여자 교육과 지식 발달에도 적지 않은 영향을 주었음을 확인할 수 있다.

4. 결론

이 연구는 조선시대 여자를 대상으로 한 교훈서를 유형별로 분류하고, 그 내용과 성격, 전승 방식 등을 규명하는 데 목표를 두고 출발하였다. 조선시대에는 공식적인 여자 교육기관이 존재하지 않았고, 왕실이나 양반가(사대부가)에서 여사(女師), 모교(姆教)를 두거나 유모 등을 대상으로 '봉보부인(奉保夫人)'을 봉하는 형식으로 부녀 교육이 이루어져 왔다. 그러나 조선 초기부터 '삼강(三綱)'을 강조하고, 부덕(婦德)으로써 풍속을 교화하고자 하는 목적에서 다수의 여훈서가 간행·보급되었다. 더욱이 가승 방식에 따라 여자를 대상으로 하는 여소학이나 부녀 실용서가 등장하면서 여자 교육의 내용이 더 확장되기도 하였다. 이를 고려하여 이 연구에서는 조선시대 여훈서를 내용과 성격을 기준으로 네 가지 유형으로 분류하고, 각 유형의 대표적인 문헌을 중점적으로 분석하고자 하였다. 이 글에서 논의한 내용을 정리하면 다음과 같다.

첫째, 여범류(女範類) 여훈서는 여성으로서 모범이 되는 인물을 설정하고, 이를 왕실의 여자나 사대부가의 부녀들에게 교육하고자 하는 문헌을 의미한다. 『삼강행실도』, 『속삼강행실도』, 『동국신속삼강행실도』, 『오륜행실도』 등의 '열녀편'이나 효열부를 대상으로 한 『여범』 등이 이에 속한다. 이 유형은 왕실 차원의 공적 간행물의 성격을 띠는 경우가 많다.

둘째, 내훈류(內訓類) 여훈서는 여자의 언행(言行), 효친(孝親), 부부(夫婦), 돈목(敦睦), 염검(廉儉) 등의 부덕을 항목별로 설명하는 형태의 문헌들이다. 소혜왕후의 『내훈』, 『여사서』, 『여훈』, 『부훈(婦訓)』, 『부의(婦儀)』 등이 이 유형에 속한다.

셋째, 부녀를 대상으로 『소학』을 간추리거나 그 덕목에 해당하는 것을 별도로 편집하여 편찬한 여소학류 문헌들이다. 김종수(학봉가)의 『녀ᄌ초학』, 남양 홍씨의 『녀학별록』, 호산 박문호의 『여소학(女小學)』 등이 이에 해당한다. 여소학류는 전통적인 여자 교육이 가승(家乘) 방

식을 취한다는 점에서 필사류가 비교적 많기 때문에 지속적인 발견이
가능하다. 다만 이러한 필사류는 연대와 작가를 추정하기 어려운 점
이 있다.

　넷째는 여공(女工)을 중심으로 한 부녀 실용서이다. 이 유형은 부녀
가 익혀야 할 가사 업무와 관련된 것들을 대상으로 하였다. 안동 장씨
의 『규곤시의방(음식디미방)』, 빙허각 이씨의 『규합총서』 등이 대표적
이다. 이 유형에는 어머니로서 태교와 관련된 것들이나 빙허각 이씨
의 『청규박물지』와 같은 백과사전식 지식과 관련된 것들도 포함한다.
부녀 실용서 또한 가승(家乘) 방식으로 전해오는 것들이 많기 때문에
이에 해당하는 문헌 발견 가능성이 높다. 이와 같이 조선시대 여훈서
는 유형에 따라 내용과 성격, 편찬 및 보급, 전승 방식 등에서 다소
차이를 보인다.

제4장 조선시대 여훈서 편찬·전승 양상과 여성의 문자생활

1. 서론

여훈서(女訓書)는 여자 교육을 위한 교훈서를 말한다. 조선시대에는 공식적인 여자 교육기관이나 교육 방식이 존재하지 않았기 때문에, 여자 교육에서 여훈서의 역할이 매우 중요했다. 조선시대의 여훈서는 신분 질서를 유지하고 풍속을 교화하는 차원에서 왕실과 사대부가를 중심으로 『열녀전』과 같은 중국의 여훈서나 성종 연간 소혜왕후의 『내훈』 등을 비롯하여 다수가 편찬, 보급되었다. 그뿐만 아니라 양반가를 중심으로 딸들을 가르치기 위한 계녀서류나 여소학류, 이덕무의 『부의(婦儀)』, 안동 장씨의 『규곤시의방(閨壼是議方)』(일명 음식디미방), 빙허각 이씨의 『규합총서』와 같이 집안의 부덕(婦德)과 여공(女工)을 가르치고 전수하기 위한 다수의 필사본이 발견되었다. 현재 국내의 학계에 알려진 조선시대 여훈서만 해도 160종에 이르며, 아직까지

공개되지 않은 여소학류나 가내 전승류의 필사본 여훈서도 많다.[1]

조선시대 여훈서는 조선 초부터 간행된 『삼강행실도』의 '열녀', 중종 연간의 『속삼강행실도』, 광해 연간의 『동국삼강행실도』와 같이 여성 인물을 대상으로 모범적인 여성의 행적을 알리고자 하는 '여범류(女範類)', 왕실이나 사대부가 여성들의 부인으로서의 덕목을 가르치고자 하는 '내훈류(內訓類)', 전통적인 『소학』을 기본으로 여아에게 필요한 덕목을 가르치고자 하는 '여소학류(女小學類)', 여자로서 익혀야 할 업무를 중심으로 하는 '여공류(女工類)' 등의 구분이 가능하다. 이들 여훈서는 유형에 따라 편찬·보급·전수 방식이나 문자사용 방식에서 다소 차이가 있다.

조선시대 여훈서에 대한 관심은 이능화(1927)의 『조선여속고』에서 언문 이후의 '후비명감앙자계적(后妃明鑑仰資啓迪)' 자료와 '언문인서(諺文印書)', '언문여사서(諺文女四書)' 등을 소개한 이래, 국어사, 여자 교육사의 관점에서 다수의 연구가 이루어졌다. 국어사적 관점에서는 『삼강행실도』, 『속삼강행실도』, 『동국삼강행실도』, 『내훈』, 『여훈언해』, 『여사서』 등의 음운·어휘·문법·표기법 등에 관한 관심을 기울여 왔고, 『규곤시의방』, 『규합총서』 등과 같은 여성 실용서의 가치도 지속적으로 규명되어 왔다. 여자 교육사의 관점에서 이들 여훈서의 내용과 특징에 대한 분석도 지속되어 왔는데, 계녀서와 관련된 윤경아(2007), 윤태후(2017), 이정옥(1990), 『규합총서』와 관련된 김춘련(1983), 박옥주(2000), 문미희(2013), 박정숙(2013), 박영민(2016), 김세서리아

---

1) 조선시대 여훈서의 분포에 대해서는 단국대학교 HK+ 사업단에서 데이터를 조사한 적이 있다. 이 데이터는 국내 주요 도서관 및 각 출판사에서 영인·보급한 여훈서를 대상으로 160종 이상의 여훈서 목록을 작성하였다. 이 연구에서는 이 목록에 포함된 여훈서와 미공개 여소학류 필사본을 대상으로 하였다.

(2018) 등 20여 편의 논문이 있으며, 개별 문헌에 대한 연구뿐만 아니라 조선시대 여자 교육서의 유형과 문자 생활과 관련한 연구가 진행되기도 하였다. 그럼에도 여훈서와 편찬·보급, 또는 가내 전승 과정을 통한 여자 교육 담론이나 한글 발전의 관계에 대한 논의가 활발하게 이루어진 것으로 보기는 어렵다. 선행 연구 가운데 상당수는 특정 문헌에 관심을 기울이거나 여훈서 자체보다 여성 관련 문헌을 포괄적으로 다루고자 한 경향이 있었기 때문이다. 따라서 여훈서를 통한 여자 교육 담론과 여훈의 내용을 보급하는 과정에서 발달한 훈민정음 사용 원리 등에 대한 연구는 많지 않은 편이다.

이 연구는 조선시대 여훈서 편찬, 보급, 전수 양상에 나타나는 특징을 살펴보고, 이를 통해 여성의 문자생활이 갖는 의미를 규명하는 데 목적을 둔다. 이는 여훈서 편찬, 보급이 조선시대 여성 지식의 생성과 변화를 규명하는 데 중요한 자료이며, 또한 여성의 문자생활이 한글의 발전에 지대한 역할을 했기 때문이다.

2. 조선시대 여훈서의 편찬·전승 양상

2.1. 여범류와 내훈류의 편찬·보급

충효의 성리학적 질서를 기본 이념으로 한 조선 왕조에서는 초기부터 '삼강(三綱)'의 이념을 보급하기 위해 많은 노력을 하였다. 조선왕조실록을 살펴보면 훈민정음 창제 이전인 태종 17년(1417) 2월 23일자 사간원에서 올린 치도 조목에 "부부란 삼강의 으뜸이고 예기에도 두 적실(嫡室)이 없음은 천지의 일상적인 경륜"이라는 표현이 등장한다.

그뿐만 아니라 세종 즉위년(1418) 10월 6일자 사헌부에서 올린 삼강오륜을 바로 잡는 것에 대한 상소, 세종 23년(1424) 3월 12일자 성균관 생원 신처중 등 1백 1명이 불교의 폐단과 개혁을 주장하는 상소 등에서도 삼강의 윤리로서 부부간의 도리를 강조하는 내용이 포함되어 있다.[2]

여범류 여훈서 가운데 가장 먼저 편찬된 것은 『삼강행실도(三綱行實圖)』이다. 세종 14년(1432) 6월 9일자 기사에 따르면 그 당시 세종이 설순(薛循)에게 효자·충신·열녀 사적을 모아 편찬하도록 명하고, 이에 따라 집현전에서 이 책을 편찬하여 임금께 올리니 세종이 '삼강행실도'라는 책명을 하사한 뒤; 주자소에서 인쇄하여 전파하도록 하였음을 알 수 있다. 그 후 세종 15년(1433) 2월 24일자 기사에서 대제학 정초(鄭招, 이 책의 중간본에서는 鄭採로 기록됨)가 발문을 지었고, 세조 11년(1465) 7월 25일자 기사에서는 『삼강행실도』를 보완하는 차원에서 노사신(盧思愼) 등이 『오륜록(五倫錄)』을 편찬했음을 밝히고 있다.

세종과 세조 연간 편찬된 『삼강행실도』, 『오륜록』 등은 편찬 당시 훈민정음으로 언해된 것은 아니었다. 『삼강행실도』 초간본은 성종 12년(1471) 언해된 3권 1책의 목판본이다. 이 책은 초간 언해 이후 여러 차례 다시 간행되었는데, 중종 13년(1518) 4월 1일자 김안국(金安國)의 개간 기록이나 선조 39년(1606) 5월 21일자 사헌부의 상소문 등에서 이를 확인할 수 있다.[3] 그뿐만 아니라 중종 9년(1514) 6월 27일

---

2) 국사편찬위원회 '조선왕조실록에서 '삼강'을 키워드로 할 경우 대략 425건 정도의 기사가 검색된다. (http://sillok.history.go.kr/search/searchResultList.do)

3) 현재 학계에 알려진 삼강행실도 이본은 서울대학교 상백문고본, 성균관대본, 고려대학교본, 규장각본 등이 있다. 이들 판본은 1988년 홍윤표 교수님이 해제를 붙여 홍문각에서 영인한 바 있다.

신용개(申用漑) 등이 찬집하여 올린 『속삼강행실도(續三綱行實圖)』,⁴⁾ 임진왜란 이후의 혼란스러운 사회 질서를 교화하고자 하는 목적에서 편찬된 『동국신속삼강행실도(東國新續三綱行實圖)』⁵⁾의 '열녀'는 모두 편찬 이후 언해된 여범류 여훈서로 볼 수 있다. 삼강행실류와 같은 목적에서 편찬된 『오륜행실도』⁶⁾나 영조 때 장헌세자의 사친(私親)인 선희궁 이씨 편찬의 『여범』⁷⁾ 등도 여성 인물의 행적을 본보기로 삼아 풍속을 교화하고자 하는 목적에서 편찬된 것들이다.

소혜왕후의 『내훈』을 비롯하여, 중종 27년(1532) 최세진이 언해했다는 『여훈』,⁸⁾ 영조 12년(1736) 이덕수가 언해한 『여사서(女四書)』 등과 같은 내훈류 여훈서도 부덕(婦德)을 중심으로 부녀자 교화 차원에서 중시되었던 여훈서이다. 특히 『내훈』은 여러 차례 간행·보급된 기록이 남아 있는데, 중종 17년(1522) 2월 25일자 교서관에서 건의한 『황후내훈』 언해와 관련된 기사는 명나라 성조 문황제의 원비였던 인효문황후의 『내훈』이었을 가능성이 높다.⁹⁾ 그럼에도 선조 6년

---

4) 이 책은 중종의 명으로 『삼강행실도』에서 빠진 효자·충신·열녀를 수록·언해한 것으로, 일본 내각문고 국회도서관, 대만 중앙도서관에 소장되어 있다. 초간본으로 추정되는 판본이 홍윤표 교수의 해제를 포함하여 1988년 홍문각에서 영인되었다.

5) 『광해군일기』(중초본) 광해 9년(1617) 3월 11일. 이 책은 한국학연구원(1988)의 영인본(대제각)과 홍윤표 교수 해제(1992)의 영인본(홍문각) 등이 있다.

6) 『오륜행실도』는 정조 21년(1797) 심상규 등이 편찬한 책으로, 『이륜행실도』(1518년 김안국과 조신 등이 찬찹한 것으로 삼강에서 다루지 않은 붕우, 장유 관계를 다룸)와 『삼강행실도』를 묶어 편찬하였다. 따라서 열녀의 내용은 『삼강행실도』와 같다.

7) 이 책은 편찬 연도를 정확히 고증하기 어려우나 책 앞부분에 "차사책 언서 즉 장헌세자 사친 선희궁 영빈 이씨 수적야(此四冊 諺書卽 莊獻世子 私親 宣禧宮 映嬪 李氏 手蹟也.)"라는 기록이 남아 있다. 필사본으로 1988년 대제각에서 영인하였다.

8) 이 책은 명나라 무종(武宗) 때 성모장성자인황태후(聖母章聖慈仁皇太后)가 1508년 편찬한 것으로, 최세진의 언해본은 남아있지 않고, 인조 연간인 1620~1630년에 언해한 2권 2책의 목판본이 전해진다. 최세진이 언해했다는 『여훈』은 세조 5년(1459) 이극담 등이 찬집한 『역대여훈』일 가능성도 있다.

9) 조선왕조실록 번역 자료에서는 『황후내훈』도 소혜왕후의 저술로 주석하고 있으나, 책명

(1573) 2월 25일자, 광해 2년(1610, 중초본일기) 3월 1일자, 효종 7년 (1656) 7월 28일자 기사에 등장하는 『내훈』은 소혜왕후의 『내훈』이다. 이와 같이 삼강행실류의 열녀나 내훈류 여훈서는 조선시대 사회 구조에서 풍속 교화 차원에서 지속적으로 편찬·간행되었음을 확인할 수 있다.

2.2. 가승(家乘) 여훈서와 전승 양상

조선시대 여성의 문자생활과 관련하여 좀 더 주목되는 것은 가승(家乘) 전통을 이어받은 여훈서들이다. 이능화(1927)의 『조선여속고』(한남서림)를 비롯하여, 손인수(1971)의 『한국여성 교육사』(연세대학교 출판부), 장덕순(1972)의 『한국의 여속』(배영사), 김용숙(1989)의 『한국 여속사』(민음사) 등에서 서술된 바와 같이, 조선시대 여자 교육은 가내에서 견외견학(肩外見學)을 통해 이루어지는 경우가 많았다. 김경남(2020)에서 밝힌 바와 같이, 조선시대에는 이른바 왕실이나 사대부가에서 '모사(姆師)', '봉부부인(奉保夫人)' 등의 칭호를 사용할지라도, 왕실 여성이나 반가의 부녀자 교육은 왕실이나 가풍(家風)에 따라 이루어진 경우가 많았다. 소혜왕후의 『내훈』 서문에서 "치란흥망이 부주(夫主)의 명암(明闇)과 관련되나 또한 부인의 착하고 그렇지 않음에 달려 있으니, 가히 가르치지 않을 수 없다."라고 하면서, "이러므로 소학, 열녀, 여교, 명감이 여자 교육에 지극히 적당하고 명백하되, 권질이 자못 많아서 쉽게 알 수 없으므로, 이 네 글월 중 꼭 필요한

이 『황후내훈』이라는 점에서 소혜왕후의 『내훈』이 아님을 알 수 있다. 인효문황후의 『내훈』은 『여사서』에 포함되어 있다.

말을 취해 7장을 만들어 너희들에게 준다."라고 밝혔다.[10] 즉 여훈을 위해 네 권의 책에서 필요한 것을 발췌하여 『내훈』을 만들고, 이를 왕실 여성들에게 가르치고자 한 의도를 밝힌 셈이다.

이러한 교육 방식은 양반가에서도 자주 찾아볼 수 있는데, 송시열의 『계녀서』, 한원진의 『한씨부훈』과 같은 내훈류뿐만 아니라, 여공류의 안동 장씨 『규곤시의방』 등의 필사기(筆寫記) 등에서도 찾아볼 수 있다. 송시열의 『계녀서』는 필사자가 옥천에서 이 책을 본 뒤, 부인네들에게 꼭 필요한 책이어서 얻어다 베껴 집안에 전하는 뜻을 밝히고 있다.[11] 또한 한원진의 『한씨부훈』에서도 "감히 생각건대 어버이는 오륜의 으뜸이며 효는 백행의 근원이다. 그러므로 진실로 어버이를 향한 효도하는 마음은 다른 것을 추론하는 근거가 되며 그것만 같지 못하므로 다른 것 또한 가히 볼 것이 없다. 그러므로 이 책에서는 시종 사친(事親), 봉선(奉先)으로써 하되 보는 자가 조금이라도 사친이 근본이 됨을 알게 하며 처음부터 끝까지 이에 몸과 마음을 두게 하였

---

10) 『내훈』 '어제내훈서(御製內訓序)', "由此觀之컨댄 治亂興亡이 雖關夫主之明闇ᄒᆞ나 亦繫婦人之臧否ㅣ라. (…中略…) 是以로 小學烈女女教明鑑이 至切且明ᄒᆞ되 而卷帙이 頗多ᄒᆞ야 未易可曉ᄅᆞᆯᄉᆡ 玆取四書至中에 可要之言ᄒᆞ야 著爲七章ᄒᆞ야 以釐汝等ᄒᆞ노라. 〈번역〉 일로부터 보건댄 다ᄉᆞ리며 어즈러우며 니러나며 亡망홈이 비록 지아븨의 어딜며 사오나모매 관계ᄒᆞ나 ᄯᅩ 겨집의 용ᄒᆞ며 사오나오매 들련ᄂᆞᆫ디라. 可가히 ᄀᆞᆯᄎ디 아니티 못ᄒᆞ리라. (…중략…) 이럴ᄉᆡ 小學 烈女 女教 明鑑이 至極 절당ᄒᆞ며 ᄯᅩ 明白ᄒᆞ되 卷帙ㅣ ᄌᆞ모 하 쉬이 아디 몯ᄒᆞ릴ᄉᆡ 이 네 글웘 中에 이루 조ᄉᆞ로왼 마ᄅᆞᆯ 取ᄒᆞ야 닐굽 章을 밍ᄀᆞ라 너희들흘 주노라."

11) 한국학문헌연구원(1988), 『원본 여범·계녀서·내훈·여사서』, 대제각. '계녀서 필사기'. "향일 옥천 셕니ᄅᆞᆯ 갓다가 이 ᄎᆡᆨ을 보니 마음의 초즁도 ᄒᆞ려니와 글 ᄯᅳᆺᄉᆞᆯ 디강 본즉 곳 경헌전이라. (…중략…) 부인ᄂᆡ의게 가히 업지 못홀 글이기에 어더다 벗겨 집안의 젼ᄒᆞ노니 ᄂᆡ 글시를 잘 쓰지 못오로 낙셔간ᄒᆞᄂᆞ 글 보시ᄂᆞ 부인ᄂᆡ 물리로 ᄒᆞ여 보시고 글시는 허믈 말고 이 ᄎᆡᆨ의 잇ᄂᆞ 디로 힝ᄒᆞ여 녀즁의 군ᄌᆞ되시기 ᄇᆞ라노라. 임인 동 십이 월 일 셔. 아모 ᄎᆡᆨ이라도 하 후이 쳔게 돌니지 못ᄒᆞ거니와 이 ᄎᆡᆨ은 십일셰로 우암 문경 부군의 훈계ᄒᆞ신 글이라. 쇼즁이 더욱 ᄌᆞ별ᄒᆞ니 각별 앗기고 경이ᄒᆞ여 집안의 보쟝흠을 ᄇᆞ라노라."

다. 이미 이를 누이에게 보이고 나 또한 이로써 스스로 경계하며 장차 일가에 널리 펴고 자손들에게 전하고자 하니 복부(覆瓿: 세상에 알려지지 않은 책)나 면하고자 함과 같다. 그러므로 종이에 적고 삼가 지켜 집안에서 실천하면 백세의 다행이라 하겠다. 임진년 5월 덕소(德昭: 한원진의 호) 씀"12)이라고 하였다.

이와 같이 송시열의『계녀서』나 한원진의『한씨부훈』등에서 확인할 수 있는 것은, 그 당시 여자 교육은 어머니나 집안의 여자 어른을 중심으로 이루어졌을지라도,13) 가풍(家風)에 따라 이루어지고 있음을 의미한다. 이는 조선 후기 이덕무의 '부의(婦儀)'를 짓게 된 동기에서도 확인된다. 그는『사소절(士小節)』서문에서, 가정의 분위기와 아버지의 가르침을 소개한 뒤, "사전(士典)은 자신을 깨우쳐 되도록 허물을 적게 할 목적을 위함이요, 부의(婦儀)는 내 집 부인을 경계하기 위함이요, 동규(童規)는 자제들을 훈계하기 위함이니, 이것이 또한 아버님께서 나를 가르치시던 뜻을 떨어뜨리지 않는 것이리라."14)라고 적고 있다. 즉 조선시대 여자 교육이 가풍(家風)에 따라 다양하게 이루어졌음을 의미한다. 이뿐만 아니라『부의』를 필사한 조택희는 "이 검서관 덕무가 지은 바 사소절에 사전(선비의 법)과 부의와 동규(아이의 법도) 세 편이 있으니, 그 말이 가까운 것 같고 장계함이 더욱 간절하니 진실로 곡례와 소학의 끝이요, 내가 항상 차고 입는 것 같았다. 경오년

---

12) 故人苟有向親誠孝之心 則其他可擧而推之 而如不有是心 則他亦不足觀也已 故余於此書 終始 以事親 奉先者言之 庶幾觀者知事親之爲本 而終始體念於斯也 旣以示之妹 余亦因以自警 而 又將廣之一家垂之子孫 如得免爲覆瓿之 故紙而謹守之則實吾家百世之幸也. 壬辰五月 德昭書.

13) 송시열의『계녀서』에서는 "녀즈의 힝실은 아비 가라칠 일 아니로딕 네 나히 비녀 꼿기의 이르러 힝실 놉흔 집으로 출가ᄒ니 마지 못ᄒ여 딕강 적어 주ᄂ니 늙은 아비 말이 션후 업고 쇼략ᄒ다 말고 힘써 힝ᄒ라."라고 하여, 여자 교육은 아버지가 가르칠 일이 아니라고 하였다.

14) 민족문화문고간행회(1988),『국역 청장관전서』Ⅵ(士小節), 민문고.

봄에 여러 가지 일로 병들어 쉴 때 자못 낡아 전해진 것이 없으니, 이로 인해 언문(諺文)으로 베껴 무릇 닷새 만에 마쳤으니, 사전과 동규는 전질 책이 있으므로 여기에 갖추어 기록하지 않는다. 무릇 부인네들은 마땅히 자세히 보고 살펴 이를 가릴지어다."[15]라는 필사 동기를 서술하였다. 이는 이덕무나 조택희 등 가풍에 따라 여자 교육이 이루어지고 있음을 의미한다.

가풍에 따른 여자 교육은 여소학류 여훈서에서도 빈번히 찾아볼 수 있다. 여소학류는 이른바 주자소학(朱子小學)이 남자를 중심으로 구성되었으므로, 그 가운데 부녀자와 관련된 내용을 간추려 편집하거나 부덕과 관련된 내용을 부가하는 형식으로 구성된다. 김종수(1797)의 학봉가 『녀ᄌ초학』, 남양홍씨(1848)의 『녀훅별록』, 호산 박문호(1888)의 『여소학(女小學)』 등이 있는데, 편저자가 남성이든 아니면 여성이든 가풍에 따라 여훈서를 편찬하고 있음을 드러내는 서문이나 필사기가 남아 있는 경우가 많다. 예를 들어 김종수의 『녀ᄌ초학』에서는 "너를 가르쳐 아비의 교훈을 받들게 함이니 내 뜻을 받아 어그러지지 않으면 자식의 도리가 옳을까 한다."라고 하였고, 남양 홍씨의 『녀학별록』에서는 "부디 건성으로 보지 말고 마음에 박혀 보아 자나 깨나 일념이 있어 평생의 사업을 삼으라."라는 당부의 말이 실려 있다.[16] 특히 박문호의 『여소학』에는 "우리집 매제가 7~8세에 언문을 대강 통해 익히는 것이 허탄한 소설"이라는 탄식을 한 뒤, "아들 배우지 못한 것은 부모가 용서나 하려니와 딸은 남의 집에 보낸 사람이라. 만일 배우지 못하면 외정(남편)과 구고(舅姑, 시부모)에게 노여움을 끼

---

15) 심지용·김미란 공편(1991), 『규범 부 부의(閨範附婦儀)』, 홍문각.

16) 허재영 편(2008), 『국어사·국어교육 자료집』, 박이정.

칠 것이니 사덕을 닦지 않으면 어찌 남의 며느리가 되겠는가."[17]라고 하였다. 이 또한 가풍(家風)에 따라 아버지로서 딸을 가르치고자 한 목적에서 책을 편찬했음을 의미하는 것이다.

내훈이나 여소학류의 여훈서가 남녀 구별 없이 풍속 교화의 목적이나 가풍에 따라 지어졌음에 비해, 여공(女工)과 관련한 여훈서는 어머니에 의해 지어졌다. 그 중 흥미로운 자료가 안동 장씨(1670)의 『규곤시의방(閨壼是議方)』(일명 음식디미방)인데. 이 책의 필사기에서는 "이 책을 이리 눈 어두운 데서 간신히 썼으니, 이 뜻을 잘 알아 이대로 시행하고 딸자식들은 각각 베껴 가되, 이 책을 가져갈 생각을랑 마음도 먹지 말며 상하지 않도록 간수하여 쉽게 떨어져 버리지 말라."[18]라고 적고 있어 필사 이유를 짐작할 수 있거니와 책이 훼손되지 않도록 당부하는 마음도 엿볼 수 있다. 빙허각 이씨(1809)의 『규합총서(閨閤叢書)』도 마찬가지이다. 이 책의 서문에서는 "기사년 가을에 내가 동호 행정에 집을 사아, 집안에서 밤 짓고 반찬 만드는 틈틈이 우연히 사랑에 나가 보고 옛글이 인생 일용에 절실한 것과 산야(山野)에 묻힌 모든 글을 구하여 보고 손길 닿는 대로 펼쳐 보아 오직 문견(聞見)을 넓히고 심심풀이를 할 뿐이었다. 문뜩 생각하니 옛사람이 말하기를 총명이 무딘 글만 못하다 하니, 그러므로 적어 두지 않으면 어찌 잊을 때를 대비하여 일에 도움이 되리오."라고 하여, 요긴한 내용을 글로 적는 이유를 밝혔다. 이와 함께 빙허각은 "이 책이 비록 많으나 그 귀결점을 구한즉, 이것들이 다 건강에 주의하는 첫일이요, 집안을 다스리는 중요한 법이라. 진실로 일용에 없지 못할 것이요, 부녀의 마땅히 연구할

---

17) 홍윤표 해제(1999), 『여소학』, 홍문각.
18) 황혜성 편저(1980), 『규곤시의방』, 한국인서.

바다. 그러므로 마침내 이로써 서(序)를 삼아 집안의 딸과 며늘아기에게 준다."라고 적고 있다.19) 빙허각은 『규합총서』 이외에 조선시대 여성으로서는 드물게 백과사전에 해당하는 『청규박물지』를 지은 대표적인 여성 지식인이다. 그럼에도 여공(女工)을 중심으로 한 실용적인 여훈서의 편찬 배경과 전수 과정은 어머니로서의 역할과 가내 전승 방식을 취하고 있음은 흥미로운 일이다.

3. 여훈서와 여성의 문자 생활

3.1. 언해의 목적과 여훈서 언해

조선시대 여성과 관련된 문헌은 다른 유형의 문헌보다 한글 사용의 비중이 높다. 그렇기 때문에 학계에서는 한글과 여성의 문자 생활에 관한 관심이 높았고, 그와 관련한 연구도 비교적 많은 성과가 있었다. 예를 들어 백두현 교수의 '조선시대 여성과 문자 생활'과 관련한 세 편의 논문20)이나, 허재영(2006), 김무식(2009), 이경하(2019) 등이 대표적이다. 그뿐만 아니라 김슬옹(2020)의 『조선시대 여성과 한글 발전』(역락)은 '여성이 아니었으면 훈민정음이 살아남았을까'라는 부제를 달고 있다. 이는 훈민정음이 누구나 쉽게 배울 수 있고 사용할 수

---

19) 빙허각 이씨 지음, 정양완 역(1984), 『규합총서』, 보진재.

20) 백두현(2005), 「조선시대 여성의 문자생활 연구: 한글 편지와 한글 고문서를 중심으로」, 『어문론총』 42, 한국문학언어학회, 39~85쪽; 백두현(2006), 「조선시대 여성의 문자생활 연구: 한글 음식조리서와 여성 교육서를 중심으로」, 『어문론총』 45, 한국문학언어학회, 261~321쪽; 백두현(2003), 「조선시대 여성의 문자생활 연구: 조선왕조실록 및 한글 필사본을 중심으로」, 『구결학회 전국학술대회 발표 논문집』, 구결학회, 27~60쪽.

있다는 점과 여성은 교육 받을 기회가 부족하므로 한문으로 된 것을 언해(諺解)하거나 한글을 사용한 문자생활을 할 수밖에 없었다는 입장을 취했기 때문이다.

엄밀히 말하면 '언해(諺解)'는 여성만을 위한 것은 아니다. 좀 더 정확히 말하면 '언문(諺文)' 또는 '언어(諺語)'에 포함된 '언(諺)'은 일상의 언어와 문자를 의미하는 개념이다. 달리 말해 '언(諺)'은 속언(俗諺) 즉 문어(文語)에 대립한 '구어(口語)', '입말'의 의미를 담고 있는 한자이다. 김영미(2015), 이근우(2017) 등에서도 밝힌 바와 같이, 훈민정음에도 '언(諺)'이라는 표현은 자주 쓰였다. 물론 이 한자는 훈민정음 창제와 맞물려 '언문(諺文)'으로 쓰이면서 훈민정음을 대용하는 말처럼 쓰이기도 하였다. 실록에서 '언문(諺文)'과 관련된 기사를 검색하면 대략 151건이 검색된다. 이 단어는 세종(14건), 문종(1), 단종(4), 세조(6) 등 조선 초기부터 순조(2), 고종(20)에 이르기까지 지속적으로 사용되었다. 특히 세종 25년(1443) 12월 30일자 기사는 훈민정음 창제와 관련된 기사이며, 세종 26년(1444) 2월 16일자 기사는 『운회(韻會)』를 언문으로 번역한 기사이다. 특히 세종 26년(1444) 2월 20일자 집현전 부제학 최만리 등의 상소와 관련한 기사에서는 임금이 정창손에게 하교하기를, "내가 만일 언문으로 삼강행실을 번역하여 민간에 반포하면 어리석은 남녀가 모두 쉽게 깨달아서 충신·효자·열녀가 반드시 무리로 나올 것이다."[21]라고 하였다. 즉 언문 번역은 훈민(訓民) 차원에서 백성 전체를 위한 지식 보급 활동이었던 셈이다.

조선시대 언문 번역(諺譯)이나 언문 풀이(諺解)는 중종 이후에 본격

---

21) 『세종실록』 권103 세종 26년(1444) 2월 20일. 予若以諺文譯≪三綱行實≫, 頒諸民間, 則愚夫愚婦, 皆得易曉, 忠臣孝子烈女, 必輩出矣.

적으로 진행된 것으로 볼 수 있다. 비록 세조로부터 성종에 이르기까지 간경도감(刊經都監)의 불경 언해 사업이 활발하게 이루어지기도 했지만, 다수의 유교 경전이나 두시(杜詩)와 같은 문학 작품이 언문으로 번역된 것은 중종 이후의 일이다.[22] 실록에서 '언해(諺解)'와 관련한 기사를 검색하면 중종(6건), 광해군 중초본(13건, 정초본 7건), 영조(7건), 정조(9건) 등 총 69건이 검색된다. 특히 중종 13년(1518) 4월 1일 김안국의 장계와 관련된 기사에서는 "지금 성상께서 풍속을 변화시킴에 뜻을 두시므로, 신이 그 지극하신 의도를 본받아 완악한 풍속을 변혁하고자 하는데, 가만히 그 방법을 생각해보니 옛 사람의 책 중에서 풍속을 바로잡을 수 있는 것을 택하여 거기에 언해(諺解)를 붙여 도내에 반포하여 가르치게 하는 것이었습니다. 신이 이 책들을 수찬하기로 마음먹고 있으나 사무가 번다하여 미처 자세히 살피지 못하였으므로 착오가 필시 많을 것으로 봅니다. 지금 별도로 찬집청(撰集廳)을 설치하여 문적(文籍)을 인출하고 있으니, 이 책들을 다시 교정하여 팔도에 반포하게 하면 풍화(風化)를 고취시킴에 조금이나마 도움이 있을 것입니다."[23]라고 하면서, 『여씨향약(呂氏鄕約)』, 『정속(正俗)』, 『이륜행실도』, 『삼강행실도』, 『벽온방』, 『찬진방』 등의 다양한 서적의 언해·반포를 건의하고 있다. 즉 조선조 언해 사업은 훈민 정책의 하나

---

22) 조선왕조실록에서 간경도감과 관련된 기사는 47회가 검색된다. 이들 기사에서 언해와 관련된 내용을 찾기는 어려우나, 현전하는 조선 초기의 불경 가운데 간경도감에서 언해한 것들이 상당수 있으므로, 조선 초기 언해 사업의 실태를 파악하는 데 도움이 될 것이다. 그러나 중종 이전 불경 이외의 문헌 가운데 언역 또는 언해 기록을 찾을 수 있는 문헌은 세종조 『운회(韻會)』, 『사서(四書)』, 『삼강행실도』, 『명황계감(明皇誡鑑)』 정도에 불과하다. 그뿐만 아니라 이들 문헌도 처음 번역 당시의 문헌이 전해지는 것은 아니다.

23) 『중종실록』 권32 중종 13년(1518) 4월 1일. 今者上方有志於轉移風俗, 故臣欲體至意, 變革頑風, 而竊思其要, 取古人之書, 可以善俗者, 詳加諺解, 頒道內以教之. 此等書冊, 臣有志修撰, 而第緣事務煩劇, 未遑詳悉, 錯誤必多. 今方別設撰集廳, 印出文籍, 此等書, 使之更加讎校, 印頒八道, 則於淬勵風化, 庶有小益也.

로써 풍속 교화와 지식 보급을 목표로 한 사업이었음을 의미하는 것이다.

조선왕조실록에서 여훈서와 관련된 언해 기록은 세종 연간의『삼강행실도』로부터 영정조 시대에 이르기까지 지속적으로 나타난다. 특히 여성 인물의 행실을 중심으로 한『삼강행실도』'열녀'나 내훈류 가운데 인효문황후의『내훈』, 소혜왕후의『내훈』,『여훈』,『여사서』(여계, 여측, 여논어, 여범) 등은 여러 차례 간행된 것으로 나타난다. 그 가운데 중요한 기사만을 요약해 보면 다음과 같다.

대상 문헌	출처	내용
삼강행실도 (열녀)	세종실록 권56 세종 14년(1432) 6월 9일	주자소에서 인쇄, 풍속 교화의 의미
	세종실록 권59 세종 15년(1433) 2월 24일	효자·충신·열녀 1백 10인 기록
	세조실록 권36 세조 11년(1465) 7월 25일 (오륜록)	삼강행실도를 기반으로 '오륜록' 저술
	성종실록 권239 성종 21년(1490) 4월 1일	삼강행실도 보급
	중종실록 권32 중종 13년(1518) 4월 1일	삼강행실도 보급
	선조실록 권199 선조 39년(1606) 5월 21일	삼강행실도, 이륜행실도 보급
	광해군일기(중초본) 권113 광해 9년(1617) 3월 19일	동국신속삼강행실도 인출
	광해군일기(중초본) 113권 광해 9년(1617) 3월 11일	동국신속삼강행실도 18권을 5도에 나누어 간행
내훈	성종실록 권297 성종대왕 묘지문	인수왕대비 한씨 기사
	중종실록 44권 중종 17년(1522) 2월 25일	황후내훈 인출(명나라 인효문황후의 내훈을 인출한 것임)
	선조실록 권7 선조 6년(1573) 2월 25일	내훈과 황화집 자획(字劃)의 문제점 (이와 관련한 3건의 기사사 더 있음)
	광해군일기(중초본) 권26 광해 2년(1610) 3월 1일	소혜왕후 내훈 인쇄 반포 전교(관련기사 5건)
	효종실록 권17 효종 7년(1656) 7월 28일	풍속 교화 차원에서 소혜왕후 내훈 보급 상소
	현종개수실록 권4 현종 1년(1660) 9월 5일	내훈 교정
	영조실록 권11 영조 3년(1727) 3월 26일	어제내훈 간행

대상 문헌	출처	내용
조대가 여계, 여측, 여사서	성종실록 권3 성종 1년(1470) 2월 7일	조대가 여계(女誡): 예문관에서 구결을 정함
	중종실록 권28 중종 12년(1517) 6월 27일	열녀전, 여계, 여측 언해 보급 상소
	중종실록 31권 중종 12년(1517) 12월 28일	여계, 여측 찬집 전교
	명종실록 권33 명종 21년(1566) 윤10월 13일	여계, 여측, 여헌을 대내로 들이라는 전교
	숙종실록 권35 숙종 27년(1701) 11월 11일	국장도감 애책문: 여측 교화
	영조실록 권39 영조 10년(1734) 12월 20일	여사서와 내훈: 규문의 법으로 왕화의 기본이 됨
	영조실록 권42 영조 12년(1736) 8월 27일	이덕수에게 명하여 언해함
여훈	세조실록 권17 세조 5년(1459) 8월 21일	이극감, 홍응에게 여훈 찬술 전교
	중종실록 권73 중종 27년(1532) 9월 12일	최세진 여훈 언해

이 표는 실록에서 찾을 수 있는 대표적인 여훈서 언해 관련 기사들이다. 대상 문헌 가운데 가장 큰 비중을 차지하는 것은 『삼강행실도』와 관련된 것인데, 이는 효열부 인물의 삶을 모범으로 제시하여 부덕(婦德)을 강조하고자 한 데 있었다. 또한 『내훈』은 인효문황후의 저술본과 소혜왕후의 저술본이 혼재되어 있으나, 왕실 여성들에게 지속적으로 영향을 주었던 문헌임에 틀림없다. 이처럼 여훈서를 언해하여 보급한 까닭은 규문의 법도가 왕화의 기본이 되며, 이를 기반으로 풍속을 교화해야 한다고 믿었기 때문이다.

3.2. 여자 교육 담론과 여성의 문자 생활

조선시대 여자 교육은 주로 풍속 교화의 차원에서 여훈서를 보급하거나 가내 전승 방식으로 진행되었다. 예를 들어 『성종실록』 권127 성종 12년(1481) 3월 24일자 '전지예조(傳旨禮曹)' 기사에서 언문으로 된 『삼강행실도』를 경중(京中) 5부와 여러 도에 나누어 촌향(村鄕)의 부녀가 강습(講習)할 수 있도록 한 일이나, 『중종실록』 권28 중종 12년 (1517) 6월 27일 '홍문관계(弘文館啓)' 기사에서 『속삼강행실』과 『소학』을 언문으로 번역하여 보급하면서, 서민과 글 모르는 부녀들은 독습하기가 어려우므로 일용에 절실한 것을 언문으로 번역하여 인쇄·반포하도록 건의하는 기사가 이를 증명한다.

그러나 조선조 선비들이 언문을 사용한 여자 교육을 긍정적으로 인식했던 것은 아니다. 예를 들어 성호 이익은 『성호사설』 인사문의 '부녀지교(婦女之敎)'에서 "글을 읽고 의리를 강론하는 것은 남자가 할 일이요, 부녀자는 절서에 따라 조석으로 의복·음식을 공양하는 일과 제사와 빈객을 받드는 절차가 있으니, 어느 사이에 서적을 읽을 수 있겠는가? 부녀자로서 고금의 역사를 통달하고 예의를 논설하는 자가 있으나 반드시 몸소 실천하지 못하고 폐단만 많은 것을 흔히 볼 수 있다. 우리나라 풍속은 중국과 달라서 무릇 문자의 공부란 힘을 쓰지 않으면 되지 않으니, 부녀자는 처음부터 유의할 것이 아니다. 『소학』과 『내훈(內訓)』의 등속도 모두 남자가 익힐 일이니, 부녀자로서는 묵묵히 연구하되 그 논설만을 알고 일에 따라 훈계할 따름이다."[24]라고 주장한다. 즉 공부는 남자나 하는 것이며, 여자는 의복·음식 공양, 제사·빈객의 예절만 알면 된다는 것이다. 더욱이 문자는 힘을 쓰지 않으면 안 되므로, 여성은 문자에 힘쓸 겨를이 없다는 것이다.

부덕(婦德)과 여공(女工)을 중심으로 하는 조선시대 여자 교육에서 문자 학습은 독습(獨習) 또는 자생적인 방식으로 이루어졌다. 여훈서 편찬·보급과 관련한 조선왕조실록의 기록에서 '강습(講習)'의 필요성을 언급하지 않은 것은 아니나, 공식적인 강습 방법과 절차가 나타난

---

24) 민족문화추진회(1988), 『국역 성호사설』 VI, 제16편 인사문, 부녀지교.

것은 아니다. 그럼에도 조선 후기에 이르러 훈민정음을 중심으로 한 여성의 문자생활이 확장된 것은 다양한 자료를 통해 증명할 수 있다.[25] 그렇기 때문에 선비들의 입장에서 여성의 독서생활 지침을 제시한 사례가 나타나기도 하였다. 다음을 살펴보자.

부인은 사서(史書), 논어, 모시, 소학서, 여사서를 대강 읽어 그 뜻을 통하고 백가의 성명과 조상 계보, 역대의 국명, 성현의 이름을 알아야 할 뿐이다. 허랑하게 시사(詩詞)를 지어 외간에 전파해서는 안 된다. 주문위는 "차라리 남이 나더러 재주가 없다고 칭하게 할지언정, 남이 나더러 덕이 없다고 칭하게 해서는 안 된다. 유명한 집안 부인의 시장(詩章)이 전해오나 반드시 불자(佛者)의 뒤나 창기(娼妓)의 앞에 오니 어찌 부끄럽지 않겠는가."라고 하였다.[26]

이덕무가 제시한 여자의 지식 교육은 사서, 모시가 포함되어 있으나 그것은 대강의 뜻만 알아야 하는 수준이며, 이를 포함하여 소학서, 여사서, 백가 성명 및 조상 계보, 역대 국명, 성현의 이름 등과 같은 초급 상식 수준의 지식들이다. 이 경향은 학봉가에 전해지는 『녀ᄌ초학』에서 "아모리 부녀라도 가히 고금을 모ᄅ고ᄂ 답답ᄒ기를 면치 못ᄒᄂ 고로 인물 현부와 산천 원근과 풍속 미악과 물산 다교와 작위

---

25) 김슬옹(2020), 『조선시대 여성과 한글 발전』, 역락. 이 책에서는 조선시대 여성과 한글 사용 양상과 관련한 선행 연구 업적을 '어문생활사', '문학사', '자료' 차원으로 정리하였다. 이에 따르면 조선 후기에 이르러 훈민정음으로 된 '제문', '유서', '의례', '일기', '실용서', '문학 작품'이 급증하고 있음을 확인할 수 있다.

26) 민족문화추진회(1980), 『청장관전서』 Ⅵ, 민문고, 160~161쪽. '사물(事物)'. 婦人當略讀書史 論語 毛詩 小學書 女四書通其義 識百家姓先世譜系 歷代國號 聖賢名字而已 不可浪作詩詞 傳播外間 周文煒曰 寧可使人稱其無才 不可使人稱其無德 世家大族 一二詩章 不幸流傳 必列於釋子旨後 娼妓之前 豈不可恥.

고하와 과거 절목"을 대강 기록하는 취지와도 같다.[27) 즉 조선시대 여자 교육은 부덕(婦德), 여공(女工)을 제외하면 상식 수준의 지식을 대상으로 하고 있음을 의미한다. 그럼에도 조선 후기에 이르러 여성의 언문 사용이 증가하면서, 언문 학습과 관련한 담론도 점차 증가한다. 이덕무의 '부의'에서는 여성의 훈민정음 사용과 관련하여 다음과 같이 진술한다.

훈민정음은 자음·모음의 반절과 초·중·종성, 치음·설음의 청탁, 자체(字體)의 가감이 우연이 아니다. 비록 부인이라도 또한 그 상생상변의 묘리를 밝게 알아야 한다. 이것을 알지 못하면, 말하고 편지하는 것이 촌스럽고 비루하여 본보기가 될 수 없다. 언문으로 번역한 책을 탐독하여 가사를 방치하거나 여자가 할 일을 게을리해서는 안 된다. 그런데 심지어 돈을 주고 빌어보는 등 거기에 취미를 붙여 가산을 파탄하는 자까지 있다. 또는 그 내용이 모두 괴기하고 음란한 일이므로, 부인의 방탕함이 혹 그것에 연유하기도 하니, 간교한 무리들이 요염하고 괴이한 일을 늘어놓아 신망하는 마음을 충동시키는 것이 아닌 줄을 어찌 알겠는가. 언문으로 번역한 가곡은 입에 익혀서는 안 된다. 당나라 사람의 시나 장한가(長恨歌) 같은 따위는 요염하고 호탕하므로 기녀(妓女)들이나 욀 것이니, 또한 익혀서는 안 된다. 무릇 언문 편지를 지을 때는, 말은 반드시 분명하고 간략하게 하고, 글자는 반드시 또박또박 해정하게 써야지, 두서없는 말을 장황하고 지루하게 늘어놓음으로써 남들이 싫증을 내게 해서는 안 된다.[28)

---

27) 성병희(1980), 『민간 계녀서』, 형설출판사.

28) 민족문화추진회(1980), 앞의 책, 161쪽. '사물'. 訓民正音子母翻切 初中終聲 齒舌淸濁 字體加減 非偶然也. 雖婦人 亦當明曉其相生相變之妙. 不知此 辭令書尺野陋疎外無以爲式. 諺翻傳奇 不可耽看廢置家務 怠棄女工紅 至於與錢以貰之沉惑不已 傾家産者有之 且其說 皆妬忌媒之事 流宕放散 或有於此 安知無奸巧知徒鋪張艷異之事 挑動歆羨之情乎. 諺翻歌曲不可口

비록 짧은 지침이지만, 이 책에서는 부녀들의 문자 학습과 관련한 흥미로운 지침을 제시하고 있다. 즉 훈민정음의 상생상변의 묘리를 터득하는 것은 문자를 바르게 사용하는 방법을 익혀야 함을 의미하며, 언문 편지를 쓸 때 분명하고 간략하며, 글자를 간결하고 바르게 쓰도록 가르치고 있는 셈이다. 이처럼 훈민정음 사용 원리와 글씨 쓰는 원칙을 제시한 것은, 부녀의 지식 교육에서 훈민정음이 널리 사용되기 시작했음을 의미하는 것이다. 그럼에도 '부의'에서 제시한 부녀자 지식 교육의 수준과 범위는 초급 상식 수준에 한정했다. 그렇기 때문에 언문 소설이나 장한가와 같은 시가를 익혀서는 안 됨을 경계하고 있는데, 이는 그 당시 남성 지식인들의 문학관을 반영한 것이라고 할 수 있다. 즉 소설은 황망한 이야기이며, 장한가와 같은 염려지류(艷麗之類)의 작품을 읽어서는 안 된다는 것이다.

이와 같은 의식은 1880년대 호산 박문호의 『여소학(女小學)』에서도 찾아볼 수 있다. 그는 "우리ᄂ라에 언문이 잇스니 그 글 지으시니ᄂ 셩인이라. 부인과 어린ᄋ회도 비울 만ᄒ니 ᄒ로 ᄋ침에도 가히 통할 거시라. 그 글로 경셔를 번역ᄒ야 부인덜노 비우게 ᄒ엿더니 셰샹이 ᄂ리고 시쇽이 무너져셔 이젼 법이 ᄎᄎ 어둡더라. 부귀가 부인덜언 너머 편ᄒ야 샤치ᄒᄂ 풍쇽만 날노 셩ᄒ고 간난ᄒᄂᄂ 치산에 골몰ᄒ야 언문얼 겨를치 못ᄒ더라. 집 미뎨ᄀ 칠팔셰에 언문 디강 통ᄒ야 익히넌 거시 허탄ᄒᆫ 쇼셜이라 ᄊᆞ움과 괴이ᄒᆫ 닐이 규문에 하관이냐 ᄒ고 이젼 셩현의 말심얼 뫼와 조고마치 칙얼 만드러 ᄀ리치고 출가할 졔 롱의 너허 보닛더니 근친시에 그 칙을 ᄎᆞ즈니 화지예 틱와더라."[29]

習 如唐人詩長恨歌之類艷麗流. 凡作諺書 語必明約 字必疎整 不可作荒艸胡說張皇支離 使人厭惡也.

29) 박문호, 「녀쇼학 셔」, 『여소학』, 홍문각.

라고 기록하였다. 즉 언문이 부녀 교육에 꼭 필요한 문자라는 인식을 하고 있는 셈이다. 다만 부녀 교육은 경서를 번역한 것, 시속을 바르게 할 수 있는 것을 대상으로 해야 하는 셈이다. 특히 언해본 여훈서는 한문에 훈민정음 음을 부가하고, 한자 단어의 뜻을 협주(夾註)하여 독자가 좀 더 이해하기 쉽도록 하였다. 특히 박문호의 『여소학』과 같은 문헌은 개별 한자의 음과 훈을 덧붙이는 방식을 사용하기도 했다. 더욱이 이 책은 1888년부터 1908년까지 세 차례에 걸쳐 필사·보완된 것으로 나타나는데, 1906년의 발문에서는 "글자를 따라 뜻을 새기기를 경서언해같이 하지 않고, 일을 인하여 말을 늘리기를 여항의 소설같이 하지 않아 글은 간략하되 뜻은 밝아 부인들이 알기 쉽게 하고 글자 뜻은 글을 따라 달리 풀고"와 같이 집필 방향을 밝힌 바 있다. 이와 함께 1908년 발문에서는 "대저 우리나라의 글자 뜻은 전에 속담 방언(언문)을 쓰고 혹은 문자(한문)도 써서 아담한 것과 속된 것이 섞이고 참과 거짓을 분간할 수 없어 일과 물명은 다르나 글자 뜻은 같은 것이 허다"하기 때문에 이를 구별하기 위해 동음이의의 한자 표기를 달리하였음을 밝히고 있다. 예를 들어 '도(道)'를 표기할 때는 '길[길 도]'로 '영(永)'을 표기할 때는 '긴[긴 영]'으로 표기하는 방식이다. 물론 이 방식은 현행 맞춤법을 기준으로 할 때 혼란스러운 표기가 될 수 있다. 그럼에도 쉽고 바른 여성의 문자생활을 고민한 흔적은 여훈서가 단순히 부녀 교화나 여공 지식 전수 차원의 기능뿐만 아니라 훈민정음 발달에도 적지 않은 기여를 했음을 의미하는 것이다.

4. 결론

이 글은 조선시대 여자 교훈서의 편찬·보급 방식의 특징과 여훈서에 나타난 여성의 문자 생활을 연구하는 데 목적이 있다.

조선시대 여훈서는 모범이 되는 여성 인물을 중심으로 하는 여범류, 부녀자의 덕을 중심으로 하는 내훈류, 주자소학을 기본으로 하여 여성 관련 덕목을 재구성한 여소학류, 여성으로서의 가사 업무 등을 중심으로 하는 여공류(실용 지식류) 등이 있는데, 여범류나 내훈류는 왕실이나 사대부가의 부녀를 대상으로 사회 질서를 유지하고 풍속을 교화하는 차원에서 지속적으로 편찬·보급되었음을 확인할 수 있다. 또한 여소학류나 가사 업무 등의 실용 지식 관련 여훈서는 가풍에 따라 저술된 경우가 많고, 가내에서 전승되는 경우가 많음을 알 수 있다. 이와 같은 사실은 각 문헌의 서문이나 필사 문헌의 경우 필사기 등을 통해 확인할 수 있다.

이와 함께, 조선시대 한글 번역에 해당하는 '언해' 사업이 훈민 정책 차원의 풍속 교화나 지식 보급을 위한 것이었음을 밝히고자 했는데, 이는 여훈서의 저작과 보급의 주요 배경이 되었음을 확인할 수 있었다. 여훈서 가운데 여성 인물의 행실을 중심으로 한 『삼강행실도』 '열녀'나 내훈류 가운데 인효문황후의 『내훈』, 소혜왕후의 『내훈』, 『여훈』 등은 여러 차례 간행된 것으로 나타난다. 이처럼 여범이나 내훈류 여훈서가 여러 차례 한글로 번역되었고, 민간의 여소학이나 가내 전승된 다수의 실용적인 여훈서가 대부분 한글 필사본이라는 점도 주목할 만한 현상이다.

조선시대 여자 교육 담론에서는 성호 이익과 같이 부녀 교육을 등한시한 사례가 많지만, 여훈서를 언해·보급하고, 강습해야 한다는 논의나 '부의'에서 상식 수준의 지식 교육이 필요함을 강조한 일은 주목할 현상이다. 이러한 경향은 이덕무뿐만 아니라 『녀ᄌ초학』, 『규합총서』, 『청규박물지』 등에도 반영되어 있으며, 이를 전수하는 과정에서 한글이 유용하게 사용되었다. 특히 '부의'에서 '분명·간략·해정'을 언문 사용의 기준으로 제시한 점이나, 호산 박문호의 『여소학』에서 '알기 쉽게, 글자 뜻에 따라 글씨를 달리 표기'하는 원칙을 시도한 점 등은 어문규범이 통일되어 있지 않은 시대에 한글의 또다른 내재적 발전 과정을 의미하는 것으로 해석할 수 있다.

제5장 풍속에서 의식으로, 근대적 여성관의 태동

1. 서론

한국 여성사와 관련한 선행 연구를 종합해 보면, 이능화(1927)의 『조선여속고』, 『조선해어화사』, 김병곤(1931)의 '조선여속소고(朝鮮女俗小考)' 등 초기의 연구는 여속과 관련된 것이 대부분이었다. 비록 『조선여속고』에서 혼인, 산육, 복식, 여훈 등 다양한 분야를 통시적으로 기술하고 있으나, 그 자체가 여성 운동 또는 여자 교육과 관련된 것은 아니었다.

여성 운동의 차원에서 1920년대 '여자 해방 운동'이나 '신여성 담론'이 활발해지면서, 페미니즘이라는 용어가 쓰이기 시작하였지만, 학술적 차원에서 한국의 여성 운동사에 대한 본격적인 연구가 시작된 것은 1950년대 전후로 추정된다. 광복 이후 최화성(1949)은 『조선여성독본: 여성해방운동사』(백우사)를 출간하였고, 이화여자대학교의 여성

문제연구소가 설립된 직후 이태영(1957)은 한국의 이혼 제도에 관한 연구서를 발행하면서, 여성의 법적 지위 문제를 연구하기도 하였다. 이러한 흐름에서 정효섭(1971)의 『한국여성운동사: 일제치하의 민족 운동을 중심으로』(일조각), 정창균(1974)의 『일제하 여성운동에 관한 연구: 1920년대를 중심으로』(중앙대학교 출판부), 홍숙자(1975)의 『또 하나의 지평선을 넘어서: 여성해방운동의 이론과 실천』(청자각) 등 주로 일제강점기의 여성 운동에 관한 저술이 이어졌다.

한국 근대 여성 운동사와 관련한 연구로는 이효재(1972), 김옥희(1983), 이현희(1978) 등을 주목할 수 있다. 이들 한국 근대 여성운동사에 대한 선행 연구에서는 한국 근대의 여성관 변화 요인으로 '천주교의 전래', '개항 이후 서양인의 도래', '일본과 중국의 영향' 등을 꼽는다. 예를 들어 '개화기 여성의 사회 진출'을 주제로 한 이효재(1972)에서는 1860년대 전후의 여성 개화를 위한 사회적 변화 상황에서, 천주교 전래와 동학 운동을 중심으로 한 새로운 가치관의 침투를 집중적으로 논의했고, 한국 천주교 여성 운동사를 집필한 김옥희(1983)에서는 천주교 박해를 중심으로 임진왜란 이후의 여성 운동부터 신유사옥과 병인박해에 이르기까지의 천주교 여성 운동사와 운동가를 기술하고 있다. 이 저술은 비록 천주교 여성 운동과 관련된 저술이지만, 근대 이전 조선의 여성관의 변화 과정을 기술했다는 점에서 의미 있는 성과이다. 또한 한국 근대 여성 개화사를 주제로 한 이현희(1978)에서는 '개항과 여성 지위의 변화', '여성의 근대화 운동', '국채보상운동과 여성의 참여', '여성 구국 의식의 전개' 등을 중점적으로 기술하고자 하였다. 그 이후 여성 운동과 여자 교육의 차원에서 근대의 여성 담론에 관한 연구도 활발하게 전개되었다. 홍인숙(2009)의 『근대 계몽기 여성 담론』(혜안), 채성주(2009)의 『근대 교육 형성기의 모성 담론』(학지사) 등의 여자 교육 담론이나 문옥표(2003)의 『신여성: 한국과 일본의 근대 여성상』(청년사), 김경일(2004)의 『여성의 근대, 근대의 여성: 20세기 전반기 신여성과 근대성』(푸른역사) 등의 신여성 담론은 근대 여자 교육 담론과 지식인 문제를 연구하는 데 의미 있는 성과들이다.

이와 같은 선행 연구를 종합할 때, 한국 여자 교육사에서 근대는 제도의 출현, 남녀동등권 개념과 지식 확장을 통한 애국 계몽, 신여성 운동 등 복잡한 흐름이 존재함을 알 수 있다. 특히 근대의 여성관 변화와 함께 다양한 여자 교육 담론이 일어났으나, 실질적인 여자 교육은 그 담론을 충분히 소화해 내지 못하고 있음을 알 수 있다. 이 점에서 이 글에서는 선행 연구를 바탕으로 근대의 여성관 변화 과정을 기술하는 데 중점을 둔다.

2. 근대 여성관의 변화: 풍속에서 의식으로

한국 여성 운동사나 여자 교육사의 초기 연구가 이른바 '여속(女俗)' 을 중심으로 이루어진 데는 여성 문제를 사회 풍속의 하나로 바라보는 시각이 존재했기 때문으로 보인다. 이 점은 천주교 전래와 김기수(金綺秀)의 『일동기유(日東紀游)』를 근거로 '개항과 여성 지위의 변화'를 설명한 이현희(1978)의 다음 설명에서도 찾아볼 수 있다.

[개항과 여성 지위의 변화]
이와 같은 철저한 유교 사상으로 고정화된 사회관념 하에서 여성의 개화성이 나타나기 시작한 것은 천주교와 동학이 싹튼 뒤부터였다. 1) 천주교는 일명 서학(西學)이라고도 생각한 것으로 윤리, 도덕과 그 생활 규범

을 부인함을 특징으로 하였다. 여기서 사족의 부인이 그 남편과 가족을 외면하고 천주에 귀의하였고 전도생활에 종사함으로부터 여성의 개화성은 서서히 싹트기 시작하였으며, 천당 사상은 빈부귀천 남녀노유의 구별을 가리지 않아 유교 사회질서에 중대 위협을 가하게 되었던 것이다. 천주교가 전래 수용되면서 여성의 지위가 급선회로 변화를 가져온 뒤 2) 개항과 더불어 일본과의 교류는 또 하나의 새로운 여성을 의식하게 되었다. 청과 러시아의 방관 내지는 협조로 이룩된 개항은 한때 정한론으로 양국간의 긴장을 초래하였거니와 김기수(金綺秀) 수신사는 귀국 보고 중에서 철도, 기선 등 신식 문물에도 접하였던 것으로 보이지만 그가 관찰한 일본 여성과 그 교육을 실태에서의 느낌은 컸다. 이미 일본은 남녀 평등관에 입각하여 교육의 기회 균등을 실시하였을 뿐 아니라 의무교육도 견학하였던 것으로 보인다. 더욱이 김기수가 당시 일본 여성 교육의 선구자를 만났다는 기록 속에서 그의 여성 개화와 그 의식에 상당한 변화를 가져왔을 것은 자명한 일이다.

이 서술에는 두 가지 중요한 내용이 담겨 있다. 하나는 한국의 여성 지위 변화에서 '천주교'의 역할이 서술된 점이고, 다른 하나는 수신사 김기수를 통한 일본과의 교류가 또 하나의 변화 요인으로 작용했음을 설명한 점이다. 본질적인 면에서 이 두 가지 내용은 큰 오류가 없다. 그러나 여성관의 변화나 여자 교육 담론 차원에서 개항 전후 천주교의 역할과 대일 교류는 좀 더 정밀한 고찰이 요구된다.

먼저 천주교의 역할 차원에서, 천주교가 처음 전래된 임진왜란 직후 고니시유키나카(小西行長)의 포로가 되었던 오타줄리아(儒立亞), 이사벨라(依薩伯爾), 궁녀 막센시아 등과 같은 여성 천주교 신자가 탄생하였으나1) 이들은 대부분 일본에서 천주교 신자가 된 뒤 치명(致命)한 사람들이므로, 조선의 여성관 변화와 직접적인 관련을 맺고 있지는 않다. 천주교의 역사에서 조선의 여성관 변화를 보여주는 직접적인 사례는 1801년 신유박해 당시 순교한 권철신(權哲身)의 조카딸로 알려진 유한당 권씨(柳閑堂權氏)를 들 수 있다. 김옥희(1983)에서 밝힌 바와 같이, 유한당 권씨는, 한국 천주교 복음 전파자로 알려진 이벽(李蘗)의 아내였다. 이벽은 1777년(정조 1년) 권철신, 정약전 등과 함께 초보적인 신앙생활을 시작하다가 1783년 북경에 사신으로 갔던 이승훈이 세례를 받고 『천주실의』, 『기하원본』과 같은 서양 서적을 갖고 귀국한 뒤, 그로부터 세례를 받아 1784년부터 본격적인 전교에 나섰던 인물이다. 경향신문사(1907)의 부록 『보감』에 게재된 '대한성교사기'에 따르면, 이벽은 이 시기 조선 천주교 전도의 핵심적인 역할을 하였다. 특히 그를 통해 천주교 신자가 된 최인길(최마디아), 지창홍(지바사), 최창현(최요안) 등은 천주교 서적을 등서하고 번역하는 일에 열중했다고 하는데, 그 과정에서 조선의 사정에 맞게 번역하거나 전도하는 방식을 중시한 것으로 보인다. 이와 관련하여 '대한성교사기'에서는 다음과 같이 설명하고 있다.

[천주교 전도 방식2)]

그 다음에 셩교 젼ᄒ기를 일삼던 유명ᄒ 쟈ㅣ 최마듸아(崔仁吉)와 지사바(챵홍)와 최요안(崔昌顯) 삼 인이니 최인길이ᄂ 통ᄉ 집 아들노셔 리벽의게 문교ᄒ고, 지챵홍이ᄂ 어젼에 풍류ᄒᄂ 쟈의 아들노써 셩교 도리를

---

1) 김옥희(1983), 『한국 천주교 여성사(1)』, 한국여자수도회장상연합회 한국인문과학원, 16 ~33쪽. 임진왜란 직후의 천주교 신자에 대해서는 경향신문사(1907), 『보감』 1, 태학사, 13~16쪽을 참고할 수 있다. 이에 따르면 일본에 포로로 잡혀간 조선인으로 미가엘, 베드루, 앙네쓰, 안토니오, 마리아, 요안, 식스도, 기타리나 등의 치명자 이름이 등장한다.
2) 경향신문사(1907), 「대한성교사긔」, 『보감』 1, 태학사, 52~56쪽.

스ᄉᆞ로 청ᄒᆞ야 리벽의게 ᄇᆡ호니 본셩이 슌량ᄒᆞ고 부ᄌᆞ런ᄒᆞ야 도리ᄅᆞᆯ ᄂᆡᆨ이 ᄇᆡ혼 후 텬쥬ᄅᆞᆯ ᄉᆞ랑ᄒᆞᄂᆞᆫ 열심히 온젼ᄒᆞ며 위쥬치명ᄒᆞᆯ 원의가 ᄀᆞᆫ졀ᄒᆞ기로 위틱ᄒᆞᆫ 것과 간난ᄒᆞᆫ 것ᄉᆞᆯ 즐겨 ᄎᆞᆷ아 밧고, 최창현은 (冠泉)과 쳔통ᄉᆞ의 아ᄃᆞᆯ노써 셩교에 나아오니 본ᄃᆡ 텬셩이 괄괄ᄒᆞ고 부ᄌᆞ런ᄒᆞ야 만흔 경문 ᄎᆡᆨ을 등셔ᄒᆞ고 각 쳠례날과 ᄆᆡ쥬일보ᄂᆞᆫ 셩경을 ᄯᅩᄒᆞᆫ 번역ᄒᆞ니 일노조차 교즁에 유명ᄒᆞ더라.

죠션 나라 처음에 우리 셩교ᄅᆞᆯ 젼ᄒᆞ야 쉽게 밋어 준힝케 ᄒᆞᆫ ᄉᆞ졍을 알고져 ᄒᆞᆯ진대 맛당이 그 나라 풍쇽을 ᄉᆡᆼ각ᄒᆞᆯ지니, 량반의 집에셔 더옥 ᄂᆡ외법이 잇기에 그 부녀들은 일샹 안희 잇서 밧긔 남쟝의 ᄒᆞᄂᆞᆫ 바ᄅᆞᆯ 샹관치 아닛ᄂᆞᆫ 고로 남인들은 샹죵ᄒᆞ기에 더옥 편ᄒᆞ고 쉬온 거ᄉᆞᆫ 나그내 류ᄒᆞᄂᆞᆫ ᄀᆡᆨ실이 ᄯᆞ로 잇ᄉᆞ니 원근 친구와 낫션 사ᄅᆞᆷ이라도 츌입에 슈편ᄒᆞ며 자고 나아기도 마고ᄒᆞ고 학문도 변론ᄒᆞ기에 긔탄 업ᄉᆞ며 더옥 벼ᄉᆞᆯᄒᆞᄂᆞᆫ 량반들은 한가홈을 이긔지 못ᄒᆞ야 이 집 뎌 집 ᄃᆞᆫ니며 별쇼식이나 셰샹에 무ᄉᆞᆷ 신긔ᄒᆞᆫ 새긔별 듯기ᄅᆞᆯ 즐기다가 요힝으로 무ᄉᆞᆷ 소문을 엇어 드ᄅᆞ면 즉시 젼파ᄒᆞᄂᆞᆫ지라.

이 인용문에 따르면, 1784년 이후 조선 천주교 신자들의 천주교 서적 등서나 번역, 전도 방식은 조선의 사정과 풍속을 고려한 것이었음을 알 수 있다. 이와 관련하여 조광(2010)에서는 1801년 교난과 순교 당시 천주교 서적 보급이 『천주실의』를 비롯하여, 이른바 '보유론적(補儒論的) 교리서'였다고 설명한 바 있다. 즉 한문 서학서의 경우 천주 교리가 전통적인 주자학의 원리와 배치되는 것이 아니라는 입장을 견지하고 있는 셈이다.[3] 이는 『천주실의』와 『칠극』과 관련된 '대한성

3) 정광(2010), 『조선 후기 사회와 천주교』, 경인문화사, 259쪽.

교사기'의 다음 설명에서도 확인할 수 있다.

[천주 교리와 전통 질서의 조화[4)]]

어려로브터 과거 보기를 위ᄒᆞ야 공부ᄒᆞᆯ시 우흐로 님금을 츙셩으로 셤기고 부모를 지셩으로 효도ᄒᆞ며 아래로ᄂᆞᆫ 붕우 은인을 밋고 ᄉᆞ랑ᄒᆞ기로 오롯이 ᄆᆞᄋᆞᆷ을 직희더니 계묘년 봄을 당ᄒᆞ야 국은을 닙ᄉᆞ와 진ᄉᆞᄒᆞ고 그 이듬히 겨울에 셔울노 와 우연이 명례방골(明禮坊洞) 사ᄂᆞᆫ 김범우(金範禹)의 집에 들어갓더니 그 집에셔 두질 칙을 엇어보매 ᄒᆞ나흔 『텬쥬실의』오 ᄒᆞ나흔 『칠극』이라. 이 칙들을 보니 텬쥬ᄂᆞᆫ 우리의 공번된 아비시오 텬디 신인 만물을 조셩ᄒᆞ신 줄을 ᄭᆡ다ᄅᆞ며 ᄯᅩ 공밍 경셔에 닐ᄏᆞᆫ 바 샹뎨(上帝)라. 텬디 간에 사ᄅᆞᆷ되여 비록 부모의게 살과 피를 밧으나 실노 텬쥬ㅣ 틔와주신 거시오 그 육신에게 령혼 ᄒᆞ나 결합ᄒᆞ야 잇ᄉᆞ나 결합ᄒᆞ야 쥬ᄂᆞᆫ 쟈ㅣ ᄯᅩ흔 텬쥬ㅣ시라. 님금을 셤기고 부모를 효경ᄒᆞᄂᆞᆫ 연고ᄂᆞᆫ ᄯᅩ흔 텬쥬의 명령이라. 이런 도리를 추샹ᄒᆞ즉 경셔에 실닌 바 샹뎨(上帝)를 졍셩되이 공경ᄒᆞ며 부복ᄒᆞ고 궁궁젼젼흠으로 셤기라 ᄒᆞ엿시니, 이 진교의 도리와 경뎐지젹이 서로 맛가즘을 황연이 ᄭᆡ다름이오 그 도의 힝흠은 십계와 칠덕이라.

십계ᄂᆞᆫ 이러ᄒᆞ니, 일은 ᄒᆞ나히신 텬쥬를 만유 우희 공경ᄒᆞ야 놉히고, 이ᄂᆞᆫ 텬쥬의 거룩ᄒᆞ신 일홈을 불너 헛밍셰를 발치 말고, 삼은 쥬일과 첨례를 직희고, ᄉᆞᄂᆞᆫ 부모를 효도ᄒᆞ야 공경ᄒᆞ고 「ᄯᅩ 님군은 온나라희 대부모ㅣ시오 관쟝은 각고을에 부모ㅣ시니 맛당이 공경ᄒᆞ야 사ᇮ홀 거시오」 오는 사ᄅᆞᆷ을 죽이지 말고, 륙은 사음을 힝치 말고, 칠은 도적질을 말고, 팔은 망년된 증참을 말고, 구ᄂᆞᆫ 놈의 안히를 원치 말고, 십은 놈의 직물을

---

4) 경향신문사(1907), 「대한셩교사긔」, 『보감』 1, 태학사, 101~104쪽.

탐치 말나 ᄒ니, 이 십계ᄂᆫ 도모지 두 가지에 도라가니 텬쥬ᄅᆯ 만유 우희 ᄉ랑흠과 다른 사ᄅᆷ ᄉ랑흠을 ᄌᄀᆡᄀᆺ치 흠이라.

닐곱가지 튜덕5)은 이러ᄒ니, ᄒ나흔 교오ᄅᆯ 딕뎍ᄒᄂᆫ 겸덕이오, 둘흔 질투ᄅᆯ 졔어ᄒᄂᆫ 익덕이오, 세흔 분노ᄅᆯ 방비ᄒᄂᆫ 인내오, 네흔 간린을 억졔ᄒᄂᆫ 너그러온 시샤오, 다ᄉᆺᆫ 탐도ᄅᆯ 이긔ᄂᆫ 절덕이도, 여ᄉᆺᆫ 새특ᄒ 일을 물니치ᄂᆫ 조츌흔 덕이오, 닐곱은 희튀ᄅᆯ 업시ᄒᄂᆫ 근실흔 덕이라. 이런 도리ᄂᆫ 다 쳥결ᄒ고 간단ᄒ야 션에 나아가는 바른 길흘 인도흠이니 이 두 권 칙을 엇어가지고 도라와 젼셔ᄒ엿ᄂᆫ이다.

이 서술에서 나타난 것처럼, '천주(天主)'와 '상제(上帝)'는 같은 개념이며, '임금을 섬기고 부모를 효경하는 일'은 천주의 명령이므로, 전통 질서와 천주 교리는 배타적인 것이 아니다. 즉 천주 개념이 전통 유학을 보완하는 관계로 설정된 셈이다. 이러한 의식은 1907년 5월 3일자 경창신문 부록으로 발행된 『뵈감』의 '사서오경에 이른, 상제(上帝)와 천(天)은 곧 천주를 이름이라'라는 논설에서도 찾아볼 수 있다. 이 논설에서는 '상제의 이름은 곧 조물주'를 지칭하는 것이며, 전지전능한 존재라는 것이다. '십계'와 '칠극'은 천주교인이 지켜야 할 계율과 덕목을 의미하는 것으로, 그 자체도 전통 질서와 어긋나는 것은 아니다. 십계에서 '천주를 만유 위에 공경함', '헛맹세를 하지 않음', '주일과 첨례를 지킴'과 같이 종교 의식이나 종교 행사와 관련된 항목을 제외한 일곱 가지 항목은 전통적인 도덕관념이나 사회 질서에 부합한다. 칠극의 '겸덕, 애덕, 인내, 시사, 절덕, 조찰, 근실' 등은 전통적인 극기복례(克己復禮)와 크게 다르지 않다.

---

5) 닐곱가지 튜덕: 칠극.

이를 참고할 때 보유론적 천주 교리의 전파 과정에서 급격한 여성 관의 변화가 나타나는 것은 아니다. '사음(邪婬)치 말고', '남의 아내를 원하지 말라'는 계율이나 여성이 천주교 신자가 된다는 것 자체가 남녀평등이나 여성의 지위 상승을 의미하는 것은 아니기 때문이다. 그러나 이벽의 아내이자 권철신의 조카딸이었던 유한당 권씨의 언행 실록을 참고할 때, 점진적인 여성관의 변화 모습을 확인할 수 있다.

[유한당 권씨 언행 실록(柳閑當權氏言行實錄) 셔문6)]

부부는 텬디와 대우라. 텬쥬가 텬디를 만드시고 텬디 잇슨 후 만물이 나고 부부 잇슨 후 오륜이 낫나니 부자군신과 붕우가 부부로부터 나고 일가구족과 장유가 다 부부로부터 나고 만세 자손까지 다 말매아마 낫나 니 인륜에 웃듬이라.

류한당 권씨가 견문박학하고 규범 내측이 슈범이든니 적당한 말삼을 대강 긔록하야져 하고 책 일홈을 류한당언행실록이라 하얏스니 그 내용 인즉 무비 가언 선행의 목적이라. 범부녀자 이대로 행하면 부덕이 적당하 고 숙녀철부가 되야 남에게 문호를 참대하야 주고 나의 이름이 텬추에 류방할 것이니 뎨일유공하다 하노라. 세 을묘년 뉴월 유두일 슉부 영가 권철신 작서

김옥희(1983)에서 밝힌 것처럼, 이 서문은 유한당의 숙부인 권철신 이 쓴 것으로, '세을묘년'이라는 간기에서 확인할 수 있듯이, 1795년에 작성된 것이다. '천주'를 인정하고 '부부'를 중심으로 '오륜'이 파생되

---

6) 김옥희(1983), 『한국 천주교 여성사(1)』, 한국여자수도회장상연합회 한국인문과학원, 부 록 322~323쪽.

었음을 전제한 뒤, 유한당이 쓴 언행실록이 '부덕을 갖추고', '남의 집안을 위대하게 하는 데' 유효함을 강조하였다. '부덕'과 '남의 문호 참대'는 전통적인 여훈서에서도 빈번히 찾아볼 수 있는 내용들이다. 즉 '무비', '가언', '선행' 등의 책 내용이 기존의 여훈서와 크게 달라지지 않는다는 뜻이다. 이 언행록의 주요 내용은 다음과 같다.

[류한당권씨 언행록의 내용]

항목	주요 내용	비고
마음 가지는 법	마음을 바로 잡고, 예의 공경함을 지킴	논어 안연편의 사물잠(四勿箴) 인용
용모 가지는 법	부인의 용모와 행동을 바르게 하는 방법	행실 높은 부인, 현아한 부인을 연화에 비유하는 이유
몸 가지는 법	부인의 몸가짐과 행동하는 방법	백회 고사, 삼종지도
말삼하는 법	부인의 언행과 말조심이 필요한 이유	천주의 말과 천주 공경
긔거하는 법	집안에서 부인이 지켜야 할 예법과 행동	절하는 법과 공손한 행동
거가하는 법	남녀의 분별과 부인이 해야 할 일	천주의 말씀 2회 인용
처녀의 수신하는 법	규중 처녀의 법도와 여공(女工)	유순 공경을 위주로 함
출가하는 법	부부의 도리와 며느리로서의 역할	천주의 법
가장 섬기는 법	부덕과 내조	아황 여영의 고사
부모와 구고 섬기는 법	시부모를 섬기는 방법	천주의 말씀
자식 교육하는 법	자식을 가르칠 때 엄하게 할 것	중등 인물 교육과 인도
자부 교훈하는 법	교부초패와 며느리 가르치는 방법	국가, 예법, 형법 등의 용어 출현

표에 나타난 바와 같이, 이 언행록의 부덕(婦德)은 전통적인 여훈서와 크게 다르지 않다. '마음 가지는 법'에서 『논어』의 사물잠(四勿箴)을 인용하여 예법을 강조한 것이나, '용모 가지는 법'에서 '종용(從容), 천연(天然), 유순(柔順)'의 부덕을 강조한 것, '말삼하는 법'에서 '화순, 간정함'과 '남에게 말을 전하지 말아야 함'을 강조한 것 등은 전통적인 여훈서에서도 쉽게 찾아볼 수 있다. 더욱이 '거가하는 법'에 등장하는

남녀의 구별이나, '처녀의 수신하는 법'에 나타난 '규중에 몸을 감추어 소리 없어 거처해야 함'을 주장한 것 등은 이 시기 천주교가 전래되었을지라도 전통적인 여성관에 비해 큰 변화가 없는 것으로 보인다. 다만 유한당 권씨가 천주교 신자였다는 점에서 6회에 걸쳐 '천주'가 언급되고 있는 점이 주목된다.

[유한당 권씨 언행록에서의 '천주']

ㄱ. 어진 부인은 내집에 당한 일만 듯고 기외 일은 이르지 아니할지라. 텬쥬쎄셔 갈아사대 말을 만히 말나 말이 수다하면 패함이 만타 하시니 이 말삼은 물논 남녀로소하고 항상 잇지 말고 생각하면 시비가 업고 랑패가 업고 평생에 유익하나니라. 흉한 말은 옴기지 말고 조혼 말만 젼주하며 어두운 밤에는 사귀와 도적과 죽이는 일을 이약이하지 아니하며 비와 바람을 탓하지 말며 일월성신을 원망치 말며 의견을 정데하고 텬쥬를 공경할지니라. (말삼하는 법)

ㄴ. 부인은 매양 몸을 감초아 단이는 것이 도리에 올흐니 방문 압헤 안지 말며, 남의 눈에 씌일대 안지 말지이라. 텬쥬 말삼에 일으시되, 한 집 계교는 화슌한 대 잇고, 일생 계교는 부즈런한 대 잇고, 일년 계교는 봄에 잇고, 하로 계교는 새벽에 잇다 하셧나니라. 매양 사람이 조히 지내여도 늣도록 자고 남이 와서 소래를 하야도 아니쎄면 넉넉한 재산이라도 무단히 저절로 해하나니 이는 다름이 아니라 해태하고 부즈런치 못하야 편하게만 죠히 여겨 사사를 등한하고 심상이 알어서 지금 할 일이라도 조곰 잇다가 한다 하며, 또 미적미적 하얏다가 의외에 다른 급한 일이 잇던지 혹 손님이 오던지 하면 못하나니 사사이 이갓치 하면 자연 가산이 패하야지나니 엇지 두렵지 아니리오. 낮잠을 자면 아모도 업는 걸인이 와, 동향보고 잠들고 종용한 틈을 타서 도적하

나니라. 또 텬쥬쎄셔 말삼하시기를, 십년의 계교로는 나무를 심고, 일년의 계교는 곡식을 심으라 하셧스니, 무논 남녀노소하고 말을 잇지 말고 명심하야 행하면 평생에 유익할 쑨 아니라 세계에 명예 잇스리라. (거가하는 법)

ㄷ. 고례에 하얏시되 신부 온 지 삼 삭만에 비로소 현시당한다 하니 이는 다름이 아니라 석 달을 두보 보아서 불민함이 업서야 비로소 내 며나리 노릇할지라, 사당에 뵈압고 그러치 아니하면 제 집으로 도로 보내게 하더니 텬쥬쎄셔 모든 법을 셜하신 후부터는 삼일만에 현사당 하기로 곳치시니라.[7] (출가하는 법)

ㄹ. 싀부 사후라도 그 서모를 지극히 대접하고 또 무자하거든 더욱 고휼하야 나가지 못하게 할지니라. 부모가 사랑하시던 것은 개와 말이라도 박히 못하려든 하믈며 모명이 잇는 사람을 엇지 박대하리오. 텬쥬쎄셔 갈아대 이 세상에 모든 사람이 서로 사랑하고 화친하라 하셧나니라. (부모와 구고 섬기는 법)

언행록에 등장하는 '천주'와 관련된 진술에서 여성관의 변화를 추측할 수 있는 부분은 없다. 비록 '부모와 구고 섬기는 법'에서 "세상 모든 사람이 서로 사랑하고 화친하라."라고 한 부분은 천주교의 기본 정신을 반영한 부분으로 볼 수 있지만, 그 자체가 여성관이 바뀌었음을 보여주는 것은 아니다.

천주교 전래에 따른 여성관의 변화는 여성의 종교 활동 참여와 선교사의 전교 활동에 따라 점진적으로 이루어진 것으로 볼 수 있다.

---

7) '현사당'은 며느리를 사당에 보이게 하는 것을 의미함. 본문 내용을 고려할 때, 시집온 지 두세 달 후 사당에 보이도록 한 것을, 천주교 전래 이후 3일 만에 보이기로 고쳤다고 해석되나, 구체적인 사항은 알 수 없음.

신유사옥과 병인박해에서 수많은 여성 치명자가 생겨난 것은 사회활동이 억압된 여성의 자의식을 각성하게 하는 계기가 되었다. 이러한 상황은 1874년 파리외방선교회 전교사 샤를르 달레가 지은『한국 천주교회사』를 통해서도 확인된다.

[여성의 처지8)]

아시아의 다른 나라들에서와 같이 조선에서도 풍속이 무섭게 부패해 있으며, 그 필연적인 결과로 여성의 보통 처지는 불쾌하리만큼 천하고 열등한 상태에 놓여 있다. 여자는 남자의 반려가 아니라 노예에 불과하고, 쾌락이나 노동의 연장에 불과하며, 법률과 관습은 여자에게 아무런 권리도 부여하지 않고, 말하자면 아무런 정신적 존재도 인정하지 않는다. (…중략…) 양반 집에서는 처녀가 과년이 되면, 그의 친척까지도 촌수가 아주 가까운 이들을 제외하고는, 그를 만나는 것도 그에게 말하는 것도 허락되지 않으며, 이 법에서 제외되는 사람들도 그에게 말을 할 때에는 각듯이 조심해서 한다. 결혼을 한 양반집 부인들에게는 가까이 갈 수가 없다. 거의 언제나 자기들 방에 갇혀 있어, 그들은 남편의 허가 없이는 외출도 할 수 없고, 거리에 눈길을 던질 수조차도 없다. 그런 까닭에 수많은 천주교 신자 부인들은, 더군다나 박해 때에는 성사(聖事)에 전혀 참여할 수가 없었다.

샤를르 달레가 견문한 19세기 후반 조선 여성의 지위는 남자의 반려가 아니라 노예에 불과하고, 법률과 관습에서도 여성에게 어떤 권

---

8) 샤를르 달레 지음, 안응열·최석우 옮김(1980), 『한국천주교회사』(상), 한국교회사연구소, 183~185쪽.

리도 부여되지 않은 상태였다. 물론 조선 사대부가에서 딸에게 재산 상속을 한 경우가 있고, 가문 전승의 여자 교육 풍습이 존재하기도 하였지만, 외인 선교사의 눈에 그와 같은 것이 보일 리는 없었다. 여성에게 이름이 없고, 엄격하게 구별된 남녀의 예법 등이 강조된다. 그와 같은 예법은 역설적으로 여성을 대우하는 현상으로 나타나기도 하는데, 이에 대해 샤를르 달레는 "조선에서는 여자들이 비록 사회에서나 자기들 가정에서마저도 전혀 무시되고 있기는 하나, 그래도 어떤 대외적인 존경은 많이 받고 있는 셈이다. 그들에게 말할 때에는 경어를 쓰며, 자기의 여자 종에 대해서가 아니라면 아무도 감히 경어를 쓰지 않을 수 없을 것이다.[9]"라고 기술한다. 이는 분명 성리학적 질서하의 남녀관계에서 비롯된 것이다. 이러한 상황에서 천주교 전파에 따른 여성의 종교 활동 참여가 은밀하게 진행되면서, 여성의 지위에 대한 각성이 점진적으로 이루어졌을 것임은 쉽게 추론할 수 있다.

다음으로 개항을 전후한 대일 교류에 따른 여성관의 변화 상황을 좀 더 고찰해 볼 필요가 있다. 이현희(1978)에서 언급한 바와 같이, 1876년 수신사 김기수가 견문한 일본의 풍속은 그 당시 지식인들의 여성관 변화에 어느 정도 영향을 주었을 것임은 틀림없다. 특히 그가 만난 아토미 가케이(跡見花蹊) 여사의 경우, '아토미 학교'를 설립하여 여자 교육을 실시했다는 점에서, 그 당시 조선 지식인의 입장에서는 충격적인 사건으로 받아들여질 수 있다. 이는『일동기유』권4, '문사 (文事)'를 통해 확인된다.

---

9) 샤를르 달레 지음, 안응열·최석우 옮김, 위의 책, 185쪽.

[아토미카게이 여사에게 줌(贈跡見花蹊女史)10)]

동경 여자인 화혜 씨는	東京女子花蹊氏
인간 영욕을 평등시하였도다.	榮辱人間平等視
종이 한 장, 붓 한 자루, 벼루 한 개와	一紙一毫一硯池
천추 만세 끝 가도록 생사를 같이 하려네	千秋萬歲同生死
청시·묘화·법서가 모두 완성되었으니	淸詩妙畫法書全
삼절이 그대와 같으면 세상에 능히 전하겠도다.	三絶如君世所傳
그러나 평생 지기를 가졌는지 못 가졌는지	可有平生知己未
처녀 몸에 하얀 머리털 가엾기도 하여라.	阿娘白首正堪憐
천연적으로 문재가 우수한	天然繡口錦心腸
집집마다 요조한 처녀들이여	窈窕家家幾女娘
적현의 함장실로 모두 와서 배우니	函丈齊趨跡見學
성궁에서 가까운 개성학교 옆이로다.	聖宮咫尺開成傍

아토미가케이(跡見花蹊)는 메이지 시대 서예가이자 화가, 교육자로 이름이 높던 사람이었다. 수신사로 파견되었던 김기수는 개성학교11)를 방문하고 그 옆에 세워진 아토미 학교에서 아토미 여사를 만난 것으로 추정된다. 이 시에 나타난 것처럼, 아토미 여사는 '인간 영욕을

---

10) 민족문화추진회(1977), 『국역해행총재』 10(일동기유), 민문고, 496쪽. 아토미카게이(跡見花蹊, 1840~1926)는 메이지 시대 교육자로 1875년 도쿄 칸다에 아토미 학교를 설립한 인물이다.

11) 조준영의 『문부성소할목록』에 따르면, 개성학교는 도쿠카와 요시무네(德川吉宗)이 처음으로 설립한 '번서화해방(蕃書和解方)'이 '번서조소(蕃書調所)', '양서조소(洋書調所)'를 거쳐, '개성소(開成所)'로 변화한 기관이다. 메이지 4년(1872) 태학을 폐지하고 문부성을 설치한 뒤, 남교(南校)로 불렸던 개성소를 '개성학교'로 고쳐 불렀으며, '법·리·공·제예·광산학' 5과를 설치하고, 메이지 10년(1877)에 '법·리·공' 3과와 '예과'를 두고 동경 의학교와 합쳐 '동경대학'을 설립하였다. 따라서 김기수가 수신사로 일본에 갔을 때에는 동경대학이 개교하기 직전이었음을 알 수 있다.

평등시하고', '요조 처녀들을 아토미 학교'에서 교육 받을 수 있도록 하였다.

그러나 『일동장유』에 등장하는 일본의 여속은 그 자체로서 김기수의 여성관을 변화시키는 데 작용한 것으로 보이지는 않는다. 권3의 '인물'에 묘사된 풍속 한 장면을 살펴보자.

[인물 12칙12)]

婦人, 貴賤有貴賤之別, 雅俗有雅俗之分. 有姸有媸有穠有纖. 而其爲柔爲順 女子之相則一也. 長門州女然 神戸港女然 橫濱女然 江戸女然 以至對馬島女 亦然. 昨日所見 今日所見 無不皆然 盖女子 自有一副女子相也. (…中略…) 婦 女迎壻 便漆其齒 齒漆之餘染及脣 半合口之時 如含黑豆 纔見語笑 一注鍋底 此非七也 乃口含鐵汁之苦 矢夫不二之心者 所以寡婦處女與娼妓之類 皆不漆 齒云. (부인은 귀천의 구별에 따라 귀하고 천한 사람이 있으며, 아속의 분별에 따라 우아하고 속된 사람이 있다. 얼굴이 아름다운 사람도 있으며 추한 사람도 있고, 풍만한 사람도 있고 섬세한 사람도 있으나 그 성질이 유순하여 여자다운 태도는 같았다. 장문주의 여자도 그렇고 신호항의 여자도 그러하며, 횡빈의 여자도 그렇고 강호의 여자도 그렇다. 대마도의 여자 또한 그러하였다. 어제 본 사람과 오늘 본 사람이 모두 그렇지 않은 사람이 없었으니 대개 여자는 여자의 용모에 꼭 맞았던 것이다. (…중략…) 부녀는 결혼만 하면 이빨에 칠을 하게 되므로 입술까지도 칠이 물들어 있다. 반쯤 입을 다물었을 때는 검은 콩을 머금은 것 같으나, 조금만 미소를 지어도 가마솥 밑처럼 새까맣게 된다. 이것은 칠이 아니고 철즙(鐵汁)의 쓴 것을 입에 머금어 남편에게 두 마음이 없음을 맹세한 것이라

---

12) 민족문화추진회(1977), 앞의 책, 442~443쪽.

한다. 그러므로 과부와 처녀와 창기(娼妓) 등은 모두 이빨에 칠을 하지 않는다고 한다.)

이 기록에 나타나듯이, 김기수가 목도한 일본의 풍속에서 여자의 지위는 그 당시 조선이나 중국과 크게 다르지 않다. 즉 여자는 '유순하고 여자다움이 있어야 한다.'거나 '남편에게 두 마음이 없음을 맹세한 것' 등과 같이 특수 부류의 여성이 아닐 경우 전통적인 남녀관이 존재함을 확인할 수 있는 셈이다.

이와 같은 차원에서 남녀동등의 근대적 여성관이 생성된 계기는 서구의 사정이나 일본의 교육제도 등이 소개되면서부터로 볼 수 있다. 예를 들어 1881년 조사시찰단의 일원이었던 조준영의 『문부성소할목록』에는 "여자가 있는 소학교 교원 양성"을 목표로 '여자사범학교'를 두고 있음을 알 수 있고, '부속소학규칙'에서 여생도를 위한 '재봉' 교과를 별도로 두고 있음을 확인할 수 있다. 즉 그 당시 일본에서 여자 교육을 보편적으로 시행하고 있음을 보여주는 셈이다.[13] 이뿐만 아니라 『한성순보』에는 서구에서 여성을 대상으로 한 과거 시험이 존재함을 보여주는 기사가 등장하기도 한다.

[地球養民關係 – 歐羅巴州[14]]

歐洲 각국에는 科場(科擧)이 있는데 근년에는 부유한 사람은 모두 어려서는 집에서 글자를 배우고, 장성하면 國學에 들어간다. 만일 학교에 가 글을 배우지 않으면 법률에 의해 처벌을 받는다. 구주 전체에서 독일이

---

13) 허재영·김경남 번역(2019), 「문부성소할목록」, 『지식생산의 기반과 메커니즘』, 경진출판, 435쪽, 445~458쪽.

14) 『漢城旬報』, 1884.7.21.

가장 文學이 성한데 옛날에는 남자들만 考試히야 功名을 취했는데, 근래에는 독일·영국·스위스·러시아에서는 여자 역시 考試한다. 구주에는 偶像을 숭배하는 敎가 없다. 시세를 보건대 장래에는 각국이 서로 통하여 각국의 서적을 피차 번역하여 상호 講論하고, 科學者들이 각국 모두 公局을 설립하여 때때로 영국局에 모여 회의를 하기도 하고 혹은 프랑스에 모여 회의를 하기도 한다.

이 기사에 나타나듯이, 서구에서 전통적으로 남자들만 고시(考試)를 하였는데, 근래에 와서 여자를 대상으로 고시하는 나라가 많아졌음을 소개한 것은, 기존의 남녀관에서는 수용하기 어려운 현실이다. 이와 같은 배경에서 1880년대 이후 선교사의 내왕, 유학생의 등장, 정치적인 변화 등에 따라 전통적인 남녀관에서 남녀동등권을 기본으로 하는 근대적 여성관이 형성되기 시작했음을 알 수 있다.

3. 지식 교류와 근대적 여성관

1880년대 이후 세계 견문의 확대는 여성관에도 점진적인 변화를 가져오기 시작했다. 『한성순보』나 『한성주보』에 등장하는 교육 담론에 여자 교육 문제가 간간히 포함되기 시작했고, 일본의 여자 교육제도를 소개하거나 교육받은 일본인 여성과 관련한 기사가 등장하기도 하였다. 그 과정에서 '남녀동권(男女同權)'과 같은 개념이 등장하기도 하는데, 다음 기사를 참고해 보자.

[日女結援玉均[15]]

近日日本自由黨與玉均 互相結援 將襲朝鮮謀未成 而事覺爲日本政府 所捕者四十餘人 大正憲太郎 及稻垣示兩人爲黨魁 而又有黨魁一箇女子 姓影山名英 家世簪纓故 備前侯陪臣也. 幼被父母之敎育 深通國內情形 兼善漢文 及 英語. 年雨破風瓜 雖英俊男子瞠乎後焉. 英女自以爲男女賦性 未始有異 惟在學與不學 學則雖女子多智而多能 不學則雖男子無智而無能 至若膂力之强弱迨此交運 開明之時亦何較之哉. 然則以男女分尊卑者 非天理人道之得當 其據以爲說者 蓋深信泰西男女同權之說 而發也. 近來此說盛行於日本 女子之行往往類多 男子而絶無婉順謹愼之德者 可勝歎哉. 英女游歷國內廣交俊豪男子 或載筆於新報 或演說於衆庶 自稱我爲日本麻多無露蘭士者 以法國女子夙論主權太重終令法祀永絶 英女之自比此女 可知其心有跋扈之奮矣. (근일 일본 자민당과 김옥균이 서로 결원하여 조선을 습격하려 하였는데, 모의가 완성되기 전에 일이 발각되어 일본 정부에 의해 체포된 자가 40여명이었다. 그런데 오이겐타로(大井憲太郎)와 이나가키시메즈(稻垣示) 이 두 사람이 괴수이고, 또 여자 괴수가 한 명 있는데 성은 가케야마(影山)이고 이름은 히토시(英)이다. 이 여자의 가문은 잠영세족(簪纓: 대대로 벼슬한 집안)으로 예전 비젠(備前: 오카야마의 작은 나라) 후작의 배신(陪臣)이었다. 그 여자는 어려서 부모에게 교육을 받아서 국내의 정세에 정통하였고 겸하여 한문(漢文)과 영어(英語)도 잘했다. 나이 16세가 되자 그가 눈을 부릅뜨면 아무리 영걸 찬 남자라도 뒤로 물러섰다. 히토시는 스스로 이렇게 생각하였다. "남자나 여자나 타고난 성품은 애초부터 다르지 않다. 오직 배웠느냐 배우지 않았느냐에 달렸을 뿐이다. 배우면 여자라도 지혜와 재능이 많게 되는 것이고 배우지 않으면 남자라도 지혜와 재능이 없게 되는 것이

---

15) 『한성주보』, 1986.2.1, 외보.

다. 체력의 강약 같은 것은 지금과 같이 개명한 세상에서는 비교할 거리도 되지 않는 것이다." 이 말은 남녀의 존비를 나눈 것은 천리(天理)와 인도(人道)에 있어서 정당한 것이 아니라는 뜻이다. 그가 이런 말을 하게 된 근거는 서양의 남녀동권의 설을 깊이 믿기 때문인 것이다. 근래 이런 논설이 일본에 성행하여 여자들의 행동이 남자와 유사해져서 전혀 완순(婉順)하고 근신(謹愼)하는 덕이 없어졌으니, 통탄스럽기 그지없다. 히토시는 국내를 유력(游歷)하면서 널리 호걸남자들과 교유를 맺는 한편 신문에 글을 써서 싣기도 하고 대중을 모아놓고 연설을 하기도 하면서 스스로 자신이 일본의 마다무 로란사(麻多蕪露蘭士, 마담 롤랑 Madam Roland de la Platiere)라고 일컬었다. 마담 롤랑은 프랑스의 여자로 일찌기 주권은 매우 중하다는 것을 논하였는데 이로 인해 프랑스왕조가 무너지게 되었다. 히토시가 자신을 이 여자에게 비겼으니 그 마음속에 발호할 뜻을 축적하고 있음을 알 수 있다.)

이 기사는 갑신정변 직후 망명한 김옥균을 도운 가케야마히토시(影山英)과 관련된 내용으로 일본의 여자 교육과 여성관의 변화를 보여준다. 한영섭(1984)의『고균 김옥균 정전』에 따르면, 김옥균은 갑신정변 실패 이후 1885년 4월 오사카로 잠입하여 조선의 혁명을 지속하고자 하는 운동을 벌였다. 이때 김옥균을 도운 사람이 오이겐타로(大井憲太郎), 이소야마기요베(磯山淸兵衛), 이나가키시메즈(稲垣示) 등이었으며, 여성으로서 가케야마히토시가 있었다.16) 인용문에 따르면 가케야마히토시는 오카야마겐(岡山縣) 비젠 후작의 후손으로 부모에게 한문과 영어 교육을 받고, 남녀동등권을 신봉했으며 스스로 프랑스 여권운동

---

16) 한영섭(1984),『고균 김옥균 정전』, 전광산업사, 제11장 김옥균과 자유당.

가 마담 롤랑으로 자처했다고 하였다. 마담 롤랑(1754~1793)은 프랑스의 대표적인 여성 정치가이자 공화주의자로 로베스피에르의 공포정치의 희생자였다. 가케야마히토시가 스스로 마담 롤랑이라고 불렀다는 사실은 1880년대 일본에서 서구의 여성운동이 널리 알려져 있었음을 의미하며, 남녀동등권 개념이 도입되어 있었음을 의미한다. 즉, 남녀동등권은 남녀의 차이가 천부에서 비롯된 것이 아니라 '학(學)과 불학(不學)'에서 비롯된다는 것이며, 여자도 교육을 받을 경우 남자와 동등한 지혜와 재능을 가질 수 있음을 의미한다. 그러나 이 기사에서는 본격적으로 여자 교육의 필요성이나 남녀동등권을 옹호하지는 않았다. 이는 다음과 같은 기자의 논평을 통해 확인할 수 있다.

[日女結援玉均17)]

其後果與自由薰魁大井 稻垣兩人 深相締結將謀不軌偕稻垣同宿長崎 因被就縛與通謀者並拘在大坂獄中 英女就縛之時搜其行李得檄文 是爲英女之所自搆云 噫 以英女未葺俊邁之姿 而年未二十 自陷重辟 花玉將底飛碎寗不可惜 若使爲父母者 苟能因其才 而薰陶德性俾守閨範 則不害爲良家賢婦 而致使不遵義方任自恣橫作孼難逭無 乃父母之罪歟. (그 뒤 과연 자유당 괴수 오이(大井)·이나가키(稻垣) 두 사람과 깊이 결속하여 불궤스러운 짓을 모의하려 하였다. 그리하여 이나가키(稻垣)와 함께 나가사키(長崎)에서 같이 기숙하다가 체포되었고, 함께 통모(通謀)한 자들과 아울러 오사카(大阪)의 옥중에 구금되어 있다. 히토시(英女)를 체포할 적에 그의 행장을 수색하여 격문을 찾아냈는데 이는 히토시가 스스로 지은 것이라고 한다. 아, 히토시의 아름답고 뛰어난 자질로 나이 20도 못되어 스스로 중죄에 빠져

---

17) 『한성주보』, 1986.2.1., 외보.

꽃 같은 젊음이 산산이 부서지게 되었으니, 어찌 애석하게 여기지 않을 수 있겠는가. 가령 부모된 자들이 진실로 그녀의 재능에 따라 덕성을 훈도하여 규범(閨範)을 지키게 하였더라면 틀림없이 양가의 어진 며느리가 될 수 있었을 것이다. 따라서 그녀로 하여금 의방(義方)을 준수하게 하지 못하고 자기 마음대로 방자하게 했다가 피할 수 없는 죄를 짓게 한 것은, 부모의 죄가 아니겠는가.)

인용문에 나타난 바와 같이, 김옥균을 도운 일본 여성운동가 가케야마히토시에 대한 평가는 나이 스물이 못되어 중죄에 빠진 여성이자 재능이 안타까운 여성일 뿐이다. 더욱이 히토시의 사례를 바탕으로 '덕성 훈도', '규범을 지켜 양가의 어진 며느리가 되게 하는 것'을 여자 교육의 본질로 인식한 점은, 전근대적 여성관을 그대로 유지하고 있는 셈이다.

그러나 1880년대부터 본격화된 서양 지식 유입과 견문 지식의 확장은 점진적으로 여성관의 변화를 가져오는 중요한 요인이 되었음은 틀림없다. 그 근거의 하나로 1888년 박영효가 건의한 '건백서' 제8항을 참고할 수 있다.

[使民得當分之自由, 而養元氣[18]]

臣聞「陛下, 以非常之英斷, 禁公私之奴婢」, 誠我邦未曾有之聖政也, 天必感悅, 後當有報, 故臣因此而知我聖朝之將興也, 而臣愚謂尙有數事, 可使人民, 得其通義者, 一曰「男女, 夫婦, 均其權也」, 凡男女嫉妬之心一也, 而男能

---

18) 국사편찬위원회(2013), 『한국 근대사 기초 자료집2: 개화기의 교육』, 탐구당문화사; 김경남 외(2019), 『지식의 구조와 한중일 지식지형 변화의 탐색』, 경진출판.

有妻娶妾, 或疎其妻, 或黜其妻, 而婦不能改嫁, 亦不能離緣, 此於法律, 但禁女子之奸淫, 而不禁男子之亂故也, 且男喪其妻, 可以再娶, 女喪其夫雖未經合졸, 不得再嫁, 且爲家族親類所制也, 一曰「廢班, 常, 中, 庶之等級也」, 夫以一國同類之人, 同祖之孫, 勒定貴賤, 不相嫁娶, 上下懸隔, 遂成異類, 云班者雖劣永貴, 云常者, 雖有才德永賤, 此貴人男子, 制禮作法, 而自貴自便也.

若使婦女及賤者, 制作禮法, 而豈有如此之偏頗哉, 且以人乘人, 用人如獸, 以辱同類, 爲人之妾, 取人之侮辱, 而亂世俗, 此皆無義無恥, 世所謂「野蠻之自由也」, 右此數者, 誠傷天之理, 失人之義, 雖係亞洲之舊風古例, 不可不速革者也, 歐美之人, 常侮亞洲之人, 以有如此惡風也, 豈非恥辱之甚哉, 如不速革其惡俗以就良, 則聖朝之文明, 未可期也. (신은 들으니, "폐하께서는 뛰어난 영단으로 공사 노비를 금하셨다." 하니 진실로 우리나라의 미증유의 성스러운 정치입니다. 하늘이 반드시 감동하고 기뻐하셔서 후대에 보답이 있을 것입니다. 그러므로 신은 이로 인해 우리 성조의 장래가 흥할 것임을 알고 있습니다. 그러나 신의 어리석은 생각으로는 아직 인민으로 하여금 그 통의라는 것을 이해하도록 해야 할 몇 가지 일이 있습니다. 하나는 "남녀, 부부가 모두 같은 권리를 갖는다."는 것입니다. 무릇 남녀의 질투심은 하나입니다. 그러나 남자는 능히 처와 첩을 취하고 혹은 그 처를 소홀히 하고 혹은 그 처를 쫓아내며, 부녀자는 개가가 불가하며 또한 이혼이 어렵습니다. 법률이 이와 같으나 다만 여자의 간음을 금하고 남자의 난잡함은 금하지 않은 까닭입니다. 또한 남자가 그 아내를 잃으면 가히 재취하나 여자가 그 남편을 잃으면 비록 혼례를 하지 않았더라도 재가하지 못합니다. 또한 가족 친지류의 통제를 받습니다. 하나는 "반상과 중인 서인과 같은 등급을 폐하는 것"입니다. 대저 일국은 같은 사람들이 살며, 같은 조상의 자손들이니 강제로 귀천을 정하고 서로 혼인하지 않으며 상하가 떨어져 있어 드디어 다른 족속이 됩니다. 양반이라고 이르는 자들은 비록 열등해도 영원히 귀하며, 상인이라 일컫는 사람은 비록 재덕이 있어도 영원히 비천하니 이 귀인 남자가 예를 만들고 법을 만들어 스스로 귀하고 편하게 한 것일 따름입니다.

만약 부녀와 비천한 자로 하여금 예법을 만들게 한다면 어찌 이와 같은 편파적인 것이 있겠습니까. 또한 사람으로 다른 사람을 타고 다녀 사람을 부리는 것을 짐승같이 하며 동류를 욕되고 하고, 타인의 첩이 되어 다른 사람으로부터 모욕을 받고 세속을 어지럽히니 이것은 의가 없고 부끄러움이 없는 것이니, 세상에서 소위 "야만인의 자유"라고 하는 것입니다. 이상의 몇 가지는 진실로 하늘의 이치를 손상하고 사람의 의로움을 잃는 것이니 비록 아주(亞洲)의 구풍과 고례와 관계되나 불가불 신속히 혁파해야 할 것입니다. 구미인이 항상 아주인을 모욕하는 것은 이와 같은 악풍이 있기 때문입니다. 어찌 치욕이 이처럼 심하지 않겠습니까. 신속히 그 나쁜 풍속을 개혁하여 좋은 풍속을 취하지 않으면 성조(聖朝)의 문명은 가히 기대할 수 없습니다.)

건백서는 남녀 부부의 균권(均權)을 언급한 최초의 문건으로 볼 수 있다. 여기서 말하는 균권(均權)은 균등한 권리, 즉 동등권을 의미한다. 이 동등권은 남녀뿐만 아니라 공사 귀천(公私貴賤)에 모두 적용되는 개념이다. 박영효는 이를 일컬어 '통의(通義)'라고 하였는데, '백성으로 하여금 직분에 따라 자유를 누리고 원기를 기르게 하는 것'을 건의하면서, "하늘이 백성을 내리셨으니 억조 백성들은 모두 동일하며 품성도 변동시킬 수 없으며, 통의를 갖고 있다(億兆皆同一, 而稟有所不可動之通義)."라고 주장하였다. 즉 "사람은 스스로 생명을 보호하고 자유를 구하며 행복을 바라는데, 그것이 통의(通義者 人之自保生命, 求自由, 希幸福是也)"라는 것이다. 축자적 의미로 '통의'는 세상에 널리 통하는 도리를 의미하는데, 통의에는 남녀 귀천의 구별이 있을 수 없다는 것이다.

이와 같은 의식의 변화는 1894년 갑오개혁 당시 문벌 타파, 신분제 철폐, 남녀 차별 금지 등과 관련한 진의안을 이끌어 내는 배경이 되었다. 이 의안은 『고종실록』 권31 고종 31년(1894) 6월 28일 기사에 잘 나타난다. 이 가운데 남녀 관련 조항을 살펴보면 다음과 같다.

[군국기무처 진의안(軍國機務處進議案)19)]

一. 嫡妾俱無子, 然後始許率養, 申明舊典事.

一. 男女早婚, 亟宜嚴禁, 男子二十歲, 女子十六歲以後, 始許嫁娶事.

一. 寡女再嫁, 無論貴賤, 任其自由事.

일. 처와 첩에게 모두 아들이 없을 경우에만 양자를 세우도록 그전 규정을 거듭 밝힌다.

일. 남녀의 조혼을 속히 금하며, 남자는 20세, 여자는 16세 이후라야 혼인을 허락한다.

일. 과비의 재가는 귀천을 물론하고 자신의 의사대로 한다.

군국기무처의 '진의안'에 등장하는 조혼 금지와 과부 개가와 관련된 항목은 이후 여성운동 차원에서 지속적으로 문제가 되었던 항목이다. 이 진의안에서는 '균권(均權)', '동등권(同等權)' 등의 용어를 사용하지는 않았지만, 혼인 문제에서 여자의 권리가 향상되어야 한다는 것을 항목으로 명시한 셈이다. 특히 과부 개가 허용안은 1894년 동학농민전쟁 당시 전봉준의 폐정개혁안에도 포함되었던 항목으로, 조선시

---

19) 『고종실록』 권31 고종 31년(1894) 6월 28일 계유 5번 기사.

대 대표적인 여성 억압의 메커니즘이었다.[20]

이처럼 여성 억압의 메커니즘을 해소하는 문제나 여자 교육의 당위를 인식하는 과정 등이 급작스럽게 균권, 동등권을 중심으로 한 여성관의 변화로 이어진 것은 아니다. 유길준의 『서유견문』제15편 '혼례의 시말(始末)'이나 '여자 대접하는 예모' 등도 이를 반영한다.

[婚禮의 始末[21]]

泰西 各國의 風俗에 男子의 年紀가 二十歲 以上에 至ᄒ 則 其父母가 成人이라 始許ᄒ야 凡百事爲가 正直ᄒ 時ᄂ 自主ᄒᄂ 權을 附與ᄒᄂ니 然ᄒ지라. 其 衣服 飮食 及 日用事物의 雜費ᄂ 皆自己의 營求로 擔當ᄒ며, 女子ᄂ 年紀의 定限이 無ᄒ고, 其有家ᄒᄂ 時 前은 其父母에게 依托ᄒ야 自身을 終ᄒ도록 求婚ᄒᄂ 者가 無ᄒ면 處子의 身世로 歲月을 經過호ᄃ 如何ᄒ 事爲든지 自己의 才能ᄃ로 男子와 無異ᄒ야 假令 學術이 豊裕ᄒ면 學校의 敎師나 性質이 穎敏ᄒ면 官司와 商賈의 書記의 職을 行ᄒᄂ 者가 多ᄒ지라. (…중략…) 其國의 男子와 女子의 知識과 交道와 權利가 彼此의 區別이 無ᄒ며 人生의 百年苦樂은 家室의 相逢에 在ᄒ다 謂ᄒ야 嫁娶ᄒᄂ 當者가 相合ᄒ 然後에 和應ᄒᄂ 意로 審究ᄒ면 如何홀디 我ᄂ 其實景을 記寫홀 ᄯ롬이니 大槪 媒約의 道가 不一ᄒ지라. 何道를 從ᄒ든지 男子가 先行ᄒ므로 禮節을 作ᄒ고 其許否ᄂ 女子에게 在ᄒ니.

이 기록에서 보이듯이 유길준은 '지식과 교도, 권리'에서 남녀의 구별이 없다고 하였지만, 그 자체가 동등권 개념을 의미하는 것으로

---

20) 이와 관련하여 김옥희(1983), 『한국천주교여성사』Ⅱ(한국인문과학원) 제4장 '장주교 윤시 제우서에 나타난 조선 천주교 여성관'을 참고할 수 있다.

21) 유길준(1895), 『서유견문』, 교순사, 제15편.

보이지는 않는다. 남자의 경우 20세 이상 자주권이 부여되지만 여자의 경우는 정해진 연기(年紀)가 없고, 결혼하기 전에는 부모에게 의탁한다고 진술한 점이 이를 증명한다. 그럼에도 결혼 약속의 경우 여자가 허부를 결정한다. 즉 남녀동등권 인식이라는 차원으로 볼 때, 『서유견문』에 나타난 여성관은 과도기적 상태에 있다는 뜻이다.

이와 같은 흐름에서 1880년대부터 갑오개혁까지의 여성관 변화와 여자 교육 담론은 근대 이전의 여성관을 토대로 점진적인 변화를 이룬 시기로 볼 수 있으며, 본격적인 여성운동과 여자 교육 담론은 갑오개혁 이후 근대식 학제의 도입과 각종 매체의 발달, 단체의 결성 등을 통해 활성화되기 시작했다고 볼 수 있을 것이다.

제6장 근대 계몽기 신문 소재 논설의 여성 문제와 여자 교육 담론의 분포와 의미※

1. 서론

사전적인 의미에서 여성은 성(性)의 측면에서 여자를 일컫는 말이다. 여기서 '성'이란 신체적 특징을 준거로 사람을 구분한 용어이며, 흔히 '남성', '여성', '중성' 등과 같은 용어가 사용된다. 이에 비해 '여자'라는 용어는 신체상 여성으로 태어난 사람을 의미한다. 학문적 차원에서 여성과 여자는 구별되는 용어로 볼 수 있다. 예를 들어 국립국어원 『표준국어대사전』에서는 '여성학'을 "기성의 학문을 여성의 입장에서 재평가하고 그 성적 편견을 지양하려는 학문"이라고 정의한

※ 이 글은 2021년 강원대학교 인문과학연구소의 『인문과학연구』 70집에 수록한 논문을 수정·보완한 것임.

다. 또한 이화여자대학교 여성학과 홈페이지의 '여성학 소개'에서는 "여성학은 기존의 지식 체계, 패러다임에 대한 도전에서 출발했다. 여성학이 제도화되기 시작한 1960년대 말 당시 기존의 지배적인 지식 패러다임은 남성들의 경험에 기초한 언어, 개념, 그리고 가부장적 관념에 의해 만들어진 것들이라는 인식에서 출발하였다."라고 하면서 여성학의 시작과 연구 대상, 지향하는 바 등을 소개하였다. 이를 고려할 때 학문으로서 '여성학'은 1960년대 이후 연구에서의 '성적 편견'이나 '여성에 대한 억압' 등에 주목하면서 발달한 학문임을 추론할 수 있다.

그러나 인류 성적 구분, 성역할 등은 인류가 존재하고 사회를 구성하면서부터 시작된 현상임은 틀림없다. 세계 각국의 신화나 설화에서 여성이 등장하지 않는 경우는 거의 없고, 세계 각국의 오래된 문헌이나 생활 풍습에서 여성과 관련된 것들을 발견하는 것은 어렵지 않다. 다만 그와 같은 현상을 성에 대한 편견과 억압을 인식하고, 성차별의 입장에서 연구한 것은 아니다. 그렇기 때문에 일상에서는 '여성'보다 '여자'라는 용어를 보편적으로 사용했던 것으로 추정된다. 이는 조선왕조실록에 쓰인 용어에서도 확인되는데, 실록에서는 보편적으로 여자를 나타내는 용어로 '여(女)', '여자(女子)' 또는 '부녀(婦女)'를 사용하고 있으며, '여성(女性)'이라는 용어는 그 용례를 찾을 수 없다.

우리나라에서 '여성(女性)'이라는 용어가 보편적으로 사용된 시기는 1920년대 전후로 보인다. 네이버 뉴스라이브러리에서 '여성'을 키워드로 검색할 경우 1920년 『동아일보』에 18회, 『조선일보』에 7회가 검색된다. 1921년은 21회, 40회로 증가하며, 1823년에는 46회, 64회로 급증한다. 그런데 한국 사회에서 성차별과 여성에 대한 억압 문제가 본격적으로 논의되기 시작한 1900년대까지는 이 용어가 사용된 예를 찾기 어렵다. 예를 들어『독립신문』,『제국신문』 등을 비롯한 근대 신문이나『독립협회회보』를 비롯한 다수의 근대 잡지에서도 이 용어는 사용되지 않는다. 그렇기 때문에 여성 문제와 관련된 초창기 연구서에 해당하는 이능화(1927)에서도 '여성'이라는 용어 대신 '조선 여속(朝鮮女俗)', '해어화(解語花)' 등에 주목했던 것으로 보인다. 이는 교육사의 관점에서도 비슷하다. 근대식 학제가 도입된 1895년 이후, 다수의 여성 단체가 조직되고, 여자에게도 교육이 필요하며, 여학교를 설립해야 한다는 논의가 지속되는 동안 '여자 교육'이라는 용어 대신 '여성 교육'이라는 용어를 사용한 예는 찾아볼 수 없다. 즉 교육사의 관점에서 여성을 대상으로 한 교육을 지칭하는 일반적인 용어는 '여자 교육'이었던 셈이다.

이 연구는 근대 계몽기 신문에 소재한 여성 문제와 여자 교육 담론을 대상으로 그 의미와 한계를 규명하는 데 목표가 있다. 이능화(1927)의 조선 여속에 관한 연구 이후, 한국 여성 운동사나 여자 교육과 관련된 본격적인 연구는 1950년대 이후에 이루어진 것으로 볼 수 있다. 예를 들어 최화성(1949)의 독본 형태의 여성해방운동사나 이태영(1957)의 한국 이혼 제도에 관한 연구, 정효섭(1971)의 일제치하 민족운동을 중심으로 한 여성운동사, 정창균(1974), 홍숙자(1975), 한국여성사편찬위원회(1972), 이현희(1978), 장병욱(1979) 등은 이른바 성차별과 여성해방 등을 전제로 한 대표적인 여성운동사 연구서들이다. 여자 교육의 차원에서도 손인수(1971)의『한국여성 교육사』를 비롯하여 김혜경(2002)의『한국여성 교육사상연구』등과 같은 저서가 나오기도 하였다. 이와 같은 흐름에서 '여자 교육'이라는 용어 대신 '여성 교육'이라는 용어를 사용한 예도 다수 발견되는데, 1900년대 전후의 근대 여자 교육에서는 이 용어를 사용한 예가 없고, 그 당시의 여성

문제나 여자 교육 담론의 대부분이 남성에 의한 여성의 차별이라는 관점보다 문명개화를 위한 여성의 자각이나 여자 교육의 필요와 관련된 내용이 중심을 이루고 있으므로, 이 연구에서는 그 당시 '여자를 대상으로 한 교육론'을 '여자 교육론'으로 지칭한다.

2. 신문 소재 여성 문제와 여자 교육 담론의 분포와 내용

2.1. 여성 문제 여자 교육 담론의 분포

한국 근대 여성운동에 관한 이효재(1972), 이현희(1978) 등의 연구에서는 우리나라의 근대적 여성운동이 시작된 요인으로 천주교의 전래와 일본 견문을 중시하고 있다. 이효재(1972)에서는 천주교의 전래와 동학운동을 중심으로 1860년대부터 새로운 가치관이 형성되고, 1880년대 개항과 더불어 본격적인 여성운동이 시작된 것으로 기술하고 있으며,1) 이현희(1978)에서는 천주교의 수용과 일본과의 교류가 여성운동을 일으키는 계기가 된 것으로 기술하였다.2) 그런데 선행 연구에서 제기한 천주교 문헌이나 1880년대 일본과의 교류 결과 산출된 문헌에서 전통적인 여성관의 변화를 보이는 자료를 찾기가 쉽지 않다. 예를 들어 『천주실의』를 비롯한 대부분의 천주교 문헌에서는, 하나님이 남자의 갈비뼈로 여자를 만들었다는 창세기의 구절과 같이, 보유

---

1) 이효재(1972), 「개화기 여성의 사회진출: 1860년 전후」, 『한국여성사: 개화기~1945』, 이화여자대학교 출판부.
2) 이현희(1978), 『한국근대여성개화사』, 이우출판사, 제2장 한국여성 백년사의 성격과 반성 참고.

론적(補儒論的) 관점3)에서 전통적인 여성관을 변혁시키는 담론을 제시하지 않았으며, 일본과의 교류 차원에서도 김기수의 『일동기유』에 등장하는 '아토미가케이(跡見花蹊)' 여사의 아토미 학교 관련 시4)나 1881년 조사시찰단 일원이었던 조준영의 『문부성소할목록』에 등장하는 일본의 '여자사범학교' 등을 제외하면 본격적인 여성관의 변화를 보이는 자료를 찾기가 쉽지 않다.

이러한 흐름에서 1883년 최초의 근대 신문으로 알려진 『한성순보』는 비록 한문으로 발행된 신문이지만, 남녀관계에 관한 서양 사정을 소개한 자료라고 할 수 있다. 예를 들어 이 신문 1884년 7월 21일자 '지구양민관계(地球養民關係)'에서는 구라파주의 각국 과장(科場, 과거)을 소개하면서 '근래 독일, 영국, 스위스, 러시아에서는 여자 역시 고시(考試)한다.'는 내용을 소개하였다. 그러나 이 신문에서도 남녀동등이나 여성의 지위, 사회활동 등에 대한 본격적인 담론을 찾아보기는 어렵다.

이와 같은 차원에서 한국사회에서 본격적인 여성 문제가 제기된 시점은 갑오개혁 전후라고 할 수 있다. 1894년 6월 28일 군국기무처의 설립과 함께 관제 개혁을 통해 '학무아문(學務衙門)'을 두었으며, 12월 12일자 이른바 '종묘 서고문(宗廟誓告文)'에서는 "국중 총명자제를 외국에 파견하여 학술과 기예를 전습하고"(제11조), "사람을 쓰기에 문법을 거리끼지 말고 선비를 구함이 두루 조야에 미쳐 인재 등용하는

---

3) 정광(2010), 『조선 후기 사회와 천주교』, 경인문화사, 259쪽.

4) 민족문화추진회(1977), 『국역해행총재』 10(일동기유), 민문고, 496쪽. 아토미카케이(跡見花蹊, 1840~1926)는 메이지 시대 교육자로 1875년 도쿄 칸다에 아토미 학교를 설립한 인물로, 1876년 수신사로 일본에 갔던 김기수가 '아토미카게이 여사에게 줌(贈跡見花蹊女史)'이라는 시를 남긴 바 있다. 이 시에서는 '동경 여자인 화혜 씨는 인간 영욕을 평등시하였다(東京女子花蹊氏 榮辱人間平等視)'는 구절이 등장한다.

길을 넓히는 일"(제14조)을 천명하였으며, 1895년 2월 2일자 조칙(詔勅)에서는 "학교를 광설(廣設)하고 인재를 양성하여 신민(臣民)의 학식으로 국가 중흥과 충군애국하는 심성을 양성하기 위해" 교육에 진력할 것을 밝혔다. 이와 같은 배경에서 1895년 4월 16일 '한성사범학교 관제', 7월 19일자 '소학교령(小學校令)'이 공포되면서 본격적인 근대식 학제가 도입되기 시작했다. 특히 '소학교령' 제2장 '소학교의 편제 급(及) 남녀 아동의 취학' 제8조에서는 소학교 교과목 설정과 함께, "여아(女兒)를 위(爲)하여 재봉(裁縫)을 가(加)함을 득(得)함"이라고 하여, 여아가 소학교에 입학할 수 있는 여지를 열어두었다.5) 그뿐만 아니라 1880년대 후반부터 본격화된 서양 선교사들의 입국과 교육활동, 유길준(1895)의 『서유견문』(교순사), 학부 편찬의 순국문 교과서의 보급 등과 같이, 갑오개혁 이후에는 본격적인 여성 문제와 여자 교육 담론이 전개되기 시작했다.

이와 같은 담론은 근대의 신문과 잡지를 통해 활성화되었는데, 매체의 성격에 따라 담론의 내용과 전개 방식에도 다소의 차이가 존재한다. 예를 들어 신문의 경우, 관련 사건이나 논설을 통한 담론 전개가 우세한 반면, 여성 담론이나 여자 교육의 내용과 관련된 것들은 교과서나 잡지를 통해 이루어지는 경우가 많았다. 따라서 신문은 여성 담론과 여자 교육론의 전개 과정과 내용을 파악하는 데 중요한 자료가 된다. 이를 고려하여 이 연구에서는 1897년 이후 1910년까지 국내에서 발행된 9종의 신문을 대상으로 여성 문제와 여자 교육 관련 자료를 최대한

---

5) 『구한국관보』, 1985.7.22, '소학교령' 제8조. 小學校의 教科目은 修身, 讀書, 作文, 習字, 算術, 體操로 홈. 時宜에 依ᄒ야 體操를 除ᄒ며 또 本國地理, 本國歷史, 圖畵, 外國語의 一科 或 數科를 加ᄒ고, 女兒를 爲ᄒ야 裁縫을 加홈을 得홈. 이에 따라 소학교에서 여학도를 별도로 교육한 사례도 있었던 것으로 추정된다.

조사하였다. 이를 통해 추출한 자료를 제시하면 다음과 같다.

〈표 1〉 근대 신문별 문제와 여자 교육 담론 자료 분포

신문명	논설	잡보	계
1. 독립신문	21	14	35
2. 매일신문	2	3	5
3. 협성회회보	1		1
4. 황성신문	8	95	105
5. 조선그리스도인회보	7	12	19
6. 제국신문	27	10	37
7. 대한매일신보(국한문본)	10	53	63
8. 경향신문	1	1	2
9. 만세보	8	11	19
계	85	199	284

이 표에 나타난 바와 같이, 9종의 신문에서 추출한 자료는 총 284편이다. 주목할 점은 여성 담론의 분포가 신문마다 편차를 보이는 점인데, 이는 발행 기간이나 매체의 성격과도 밀접한 관련을 맺는다. 예를 들어 『매일신문』, 『협성회회보』는 발행 기간이 매우 짧으며, 『황성신문』, 『제국신문』, 『대한매일신보』는 비교적 오랜 기간 발행된 신문들이다. 또한 『조선그리스도인회보』나 『경향신문』은 천주교 계통의 신문들인데, 두 신문 모두 3~4년의 발행 기간을 고려한다면 다른 신문에 비해 여성 담론의 분포가 많지 않다고 볼 수 있다.[6]

---

6) 천주교 계통의 신문에서 여성 담론이 적게 나타나는 이유를 추론하기는 어렵다. 『죠션그스도인회보』의 경우 전교 목적의 여성 활동을 소개한 기사나 구습 타파(축첩, 중국의 전족 문제 등)가 다수를 이루며, 『경향신문』에서는 여인들의 공부 모습을 소개하는 정도의 기사만 발견된다. 이는 천주교 신문의 경우 기독교적 여성관에 바탕을 둔 전교 목적이 강한 신문이었기 때문에, 성차별이나 성역할을 중심으로 한 여성 문제를 제기하지 않았

이 표에 나타난 '잡보'는 대부분 여성운동이나 여자 교육과 관련된 기사들이며, 논설은 필자의 주장을 담고 있는 글들이다. 다만 '여자 교육취지서'나 여자 교육과 관련된 연설 등이 잡보나 별보에 실려 있는 경우, 또는 기서(寄書) 형식의 글은 '논설'로 분류했다. 예를 들어 『대한매일신보』1909년 2월 21일자 정나헬의 '여자의 교육이 즉 사범 교육이라'와 같은 글은 잡보에 실려 있으나, 그 자체가 논설에 해당하 므로 논설에 포함하는 방식을 말한다.

이와 같이 추론한 논설은 근대의 여성 문제를 중심으로 주제별 분 류를 하고자 하였다. 예를 들어 여자 교육의 필요나 가정교육 등과 같이 교육문제를 다룬 논설은 '교육'으로 표시하고, 축첩제도나 악습 철폐 등과 관련된 논설은 '구습'으로 표시하였다. 또한 조혼의 폐단이 나 자유 결혼 등이 포함될 경우 '혼인'으로 표시하였으며, 남녀의 구분 과 성역할과 관련된 내용이 중심을 이룰 경우 '성역할', 남녀동등권에 기반한 여성의 지위 문제를 중심으로 한 경우 '지위', 여성 단체와 관련된 내용을 다룬 논설은 '단체', 여성 사회와 교제 등을 다룬 논설 은 '예법' 등으로 표시하였다. 이와 함께 위생 문제와 의복 문제, 여성 인물을 소개한 주요 논설 등을 별도로 표시하였다.[7] 이에 따라 85편 을 분류한 결과를 표로 제시하면 다음과 같다.

기 때문으로 추정된다.

7) 논설 가운데 여러 가지 주제가 섞여 있는 경우도 있다. 예를 들어 『독립신문』1899년 5월 31일자 '세 가지 우미한 일'은 '여인천대', '조상 산소에 고혹하는 일', '우상을 섬김' 등을 지적하면서 남녀동등 권리가 필요하다고 주장한다. 이 경우 '구습'에 포함할 것인 지, 아니면 여성의 지위에 포함할 것인지 모호한데, 이 연구에서는 중심 내용에 따라 '구습'으로 분류하였다.

〈표 2〉 근대 신문별 여성 문제와 여자 교육 담론 분포

분류 신문	교육	구습	기타	단체	성역할	예법	위생	의복	인물	지위	혼인	계
1. 독립신문	7	1		2		2			1	5	4	21
2. 매일신문	1									1		2
3. 협성회회보	1											1
4. 황성신문	6			2								8
5. 조선그리스도인회보	2	3				2						7
6. 제국신문	12		3			1			3	2	2	3	27
7. 대한매일신보	8			1							1	10
8. 경향신문	1											1
9. 만세보		1		2	1			1	2			1	8
계	38	5	3	7	4	2	1	5	3	9	8	85

이 표에 나타난 바와 같이 이 시기 가장 큰 문제는 여자 교육 문제(38 편)였다. 그 다음은 여성의 지위(9편), 혼인 문제(8편), 여성 단체(7편), 구습 타파(5편), 의복 문제(5편), 성역할 문제(4편) 등의 분포를 보인다. 이와 같은 분포에서 각 신문의 여성 담론과 여자 교육론을 좀 더 구체 적으로 살펴볼 필요가 있다.

2.2. 여성 담론과 여자 교육론의 내용 분석

근대 신문의 여성 담론과 여자 교육론의 성격을 이해하기 위해서는 각 논설의 내용을 좀 더 세밀히 분석할 필요가 있다. 주제별 분류에서 여자 교육 담론이나 여성 단체의 활동, 여성의 지위나 성역할 문제, 구습 타파와 혼인 문제 등은 유사성을 보일 경우가 많다. 이 점에서 이 연구에서는 '여자 교육 담론과 여성 단체', '여성의 지위와 성역할', '구습 타파와 혼인 문제', 그 밖의 주제로 나누어 살펴보고자 한다.

첫째, 이 시대 가장 많은 비중을 차지하는 것은 여자 교육 담론이다. 총 38편의 논설이 이에 해당하며, 찬양회나 순성회, 부인회, 여자 교육회 등과 같은 여성 단체 관련 논설 7편에도 여자 교육 담론이 포함된 경우가 많다. 38편의 논설을 제시하면 다음과 같다.

〈표 3〉 여자 교육론 관련 논설

신문명	연월일	제목	내용
독립신문	1896.05.21		학교론, 여자 교육, 남녀평등권
독립신문	1896.09.05		여학교 설립 필요
협성회회보	1898.02.05		교육, 학교 설립의 필요성/신문, 회보, 연설/ 서세동점 한어책: 교육 강조, 실상 교육(신룡진)
조선그리스도인회보	1898.07.27.~8.3(2회)	녀학교론	제2권 제30~31호: 기독교적 남녀관(여성이 남성을 도움/ 국가주의 여자 교육론―미국 남녀동등권과 일본의 여학교 확장)
독립신문	1898.09.13	녀인교육	동몽교육과 여인교육 필요(자녀교육 주체)
제국신문	1898.09.13		여자 교육 담론(북촌부인회/순성학교) 남녀 동등권/ 실효 있는 여자 교육을 위해 서양 여교사 초청 및 규칙 배울 것(이전 학문이나 가르치면 안 됨)
미일신문	1898.10.15		여학교 설립/남녀동등권
조선그리스도인회보	1898.11.16	학문국을 진보케 ᄒᆞᄂᆞᆫ글	제2권 제46호: 국문론과 여학교론
독립신문	1899.01.06	교육이 뎨일 급무	남녀 동몽 교육 필요: 다섯 가지 폐단(구습, 조직규칙 무지, 시비곡직 분간 못함, 편당, 사람을 용납하지 못함)
제국신문	1899.02.24.~27(2회)	어린 아히 기르는 규모	남의 어머니된 이의 가정교육 지식
제국신문	1899.04.27		여자의 자유권과 각종 학문 지식 필요(여학당 창설 운동)
독립신문	1899.05.26	녀학교론	여자 교육의 유조한 일(정치 진보, 가정 화목, 아이교육)
독립신문	1899.06.27	요긴흔 일	만국 역대사기와 지리 교육 필요, 일본 부인협회 창설과 여학교 확장
제국신문	1899.12.19		중국에서 활동하는 서양 부인(립덕부인): 천족회(전족금지운동)
황성신문	1900.04.09	女子亦宜敎育	남녀평등권, 전통적 여교, 문명발달을 위한 여자 교육 필요

신문명	연월일	제목	내용
제국신문	1901.01.22	(여자 교육)	여학교 교육 속에 자식 가르치는 교육 포함(가정교육, 모교)
제국신문	1901.04.05	(여자 교육)	송백거사와 매화노고의 대화: 여자 교육의 필요 (여자는 남자를 낳고 기르는 근본—문명기초)
제국신문	1903.3.20	긔셔(寄書), 답 안씨 연회	국내 여자 교육기관이 없으므로 해외 유학을 권유함
제국신문	1903.4.16	녀ᄌ교육의 관계	현모양처(외국서 배울 것이 아니라 본국 스승에게 배울 것)(운학관인 필자)
제국신문	1903.6.19.~20(2회)	국문녀학교에 관계	사립국문여학교 광고/여자에게 국문 필요/ 현모양처 및 가풍에 따른 행실(지석영 관련)
대한매일신보	1905.12.08	女學宜興	상풍패속 폐국병민을 치유하기 위해 여학교육 필요
제국신문	1905.4.22	부인의 교졔는 학식이 업스면 되지 못홀 일	외국 부인과 교제하는 일보다 여자 교육을 먼저해야 함
제국신문	1906.04.10	관립녀학교를 설치 안이치 못홀 일	어머니 교육 필요/동등권/ 일본 사정
황성신문	1906.05.15	申娘子 寄書	국가발전, 가정교육을 위한 여자 교육 필요
대한매일신보	1906.07.31~3(4회)	養閨義塾연설	여자 교육회 진학신 연설: 여자동등권, 문명단체(태교, 가정, 학교, 사회교육), 애국성 강조/ 여자 교육 3대 목적: 1) 태교와 가정교육(현모양처)+ 신지식, 신학문, 2) 여공과 실업, 3) 위생 교육/ 조혼 폐단, 일본 여자 교육가 下田歌子
제국신문	1906.12.21.~22(2회)	관립녀학교 업는 일이 가셕홈	여학교 필요/영미 사례와 여자 투표권/ 여학교 설립 국비 편성 없음/ 만주신보의 정장군 영양의 여자 교육 사례
황성신문	1908.02.06	女子의 敎育	여자 교육회와 여자학교 4~5처, 관립여학교와 숙경여학교/ 지식 도덕과 가정 교육 진취에 여자 교육 필요
경향신문	1908.06.12	녀인들이 공부홈	여인들의 공부를 위해 국문 보급이 필요함(과도기적 여성관/ 여학교 교복 비판/ 경종현 수녀원 설립 관련)
대한매일신보	1908.08.11	女子敎育論	국가흥망 기초(가정교육)/ 애국부인전, 라란부인전
대한매일신보	1908.08.26	安岳郡女學校贊成會趣旨書	안악군 여학교 찬성회 취지서(국민 생산 모, 가정을 이끄는 재상)
대한매일신보	1909.02.21	女子의 敎育이 卽師範敎育이라	사범교육, 충군애국, 독립, 부인의 가정교육, 여학교 설립
황성신문	1909.09.16	女子敎育界의 大缺點	여자 교육의 결점:허영심과 사치, 넉행 결핍에서 국한문자와 산술만 배우면 되는가

신문명	연월일	제목	내용
대한매일신보	1909.10.10	吊施蘭敦 氏 大夫人	1885년 도한한 시란돈(스크랜톤/이화학당) 부인/ 개교 시 병든 여학생 한 명만 입학 회고
대한매일신보	1909.10.28	女子敎育에 對ᄒ야	가정교육의 기초는 여자 교육
대한매일신보	1909.11.17	女子敎育에 對흔 一論	여자 교육의 목적과 신교육의 폐단(지덕체 신교육으로 건전한 인물 양성, 가정 교육 진흥, 가문의 복리 증장)
황성신문	1909.11.25	女子敎育界의 新光明	의복사치에 대한 경고와 풍속 개량(김원극이 양원학교에서 연설), 악습제거 미덕양성
황성신문	1910.07.16	婦人界의 模範的 事業	개성군 김정혜의 교육사업 선양: 자선사업, 학비부담, 노비 석방 등의 업적

이 시기 여자 교육 담론은 근본적으로 '여자 교육의 필요', '여학교 설립의 필요' 등으로 요약된다. 제목이 없는 논설이나 '여학교론', '여인교육', '여학의흥(女學宜興)' 등과 같이 여자 교육의 필요를 주장하는 논설은 1896년 『독립신문』부터 국권 상실 직전까지 지속적으로 주장되어 왔다. 다만 이들 논설에서 여자 교육의 내용과 방법을 구체적으로 제시한 경우는 많지 않은데, 상당수의 논설에서는 가정교육의 주체이자 충군애국의 인물을 양성하는 주체로서 여자 교육의 필요성을 강조한 예가 많다.

이뿐만 아니라 이 시기 결성된 다수의 여성 단체도 여자 교육과 관련을 맺는 경우가 많다. 『황성신문』 1898년 10월 13일자 '순성학교에서 상소한 소초'나 『독립신문』 1898년 11월 24일 '어떤 친구의 편지'는 순성학교 개설을 위한 찬양회 및 순성회와 관련된 논설이며,8) 『독립신문』 1898년 12월 2일자 별보에 등장하는 의사 김덕구 장례식에

---

8) 이때 결성된 찬양회에 대해서는 명확하게 알려진 것이 없다. 다만 한국여성사편찬위원회(1972)의 『한국여성사: 부록』(이화여자대학교 출판부) 62쪽 '한국여성사연표'에서는 '1898년 10월 11일 찬양회 부인들이 순성학교 관립을 상소함, 11월 22일 첫 여성단체 순성회가 조직됨'이라고 정리한 바 있다.

참석한 부인회 등과 같이, 이 시기에는 여성 단체가 출현하고,[9] 이들 단체에서 여자 교육의 필요를 주장한 예가 많았다. 이들 여성 단체의 활동에 대해서는 구체적인 자료를 찾기 어려우나, 순성학교를 비롯한 여학교 설립 운동을 적극적으로 추진했던 것으로 추정되며, 1906년 이후에는 '한국부인회', '여자 교육회', '진명부인회', '부인학회' 등과 같은 다수의 여성 단체가 출현하기도 하였다. 신문 논설 7편은 대부분 이들 단체의 여자 교육 담론과 관련을 맺고 있으나, 『황성신문』 1907년 6월 4일자 '관여회기념식유감(觀女會記念式有感)'과 같이 여성 단체의 활동을 비판한 논설도 등장한다.

둘째, 여성 문제에서 여성의 지위나 성역할과 관련된 논설을 살펴볼 필요가 있다. 이러한 논설은 남녀동등권을 표방하거나 여자의 권리를 주장하는 내용을 담고 있다. 다음과 같은 논설이 대표적이다.

〈표 4〉 여성의 지위와 성역할 관련 논설

신문명	연월일	제목	분류	내용
독립신문	1896.04.21		지위	여성의 지위, 부인권리, 남성교육
독립신문	1898.01.04		지위	남녀동등권, 정동예배당(노병선)
독립신문	1898.03.03	대한 인민의 직무	지위	남녀동등권(사농공상 동등)
믹일신문	1898.08.13		지위	남녀평등 개명부강(여성압제 폐단)
제국신문	1898.11.07		지위	여자 권리(첩을 두는 제도 비판: 여학교, 여회에 참여시키지 말도록 권고)
제국신문	1899.05.18	미국 부인	지위	서양 부인의 권리와 교제/ 미국 부인의 권리

---

9) 이 시기 여성 단체명으로는 '일본자선부인회'(『독립신문』, 1897.11.6, 잡보), '찬양회'(『독립신문』, 1898.10.7; 잡보, 1898.10.18, 잡보, 『황성신문』, 1898.10.13.; 『조선그리스도인회보』, 1898.10.19), '부인회'(『독립신문』, 1898.12.5, 잡보), '숭동 부인회'(『독립신문』, 1899.5.4, 잡보) 등이 나타난다. 이 가운데 '찬양회'는 '순성회'로 바뀐 것으로 보이며, '부인회'와 '숭동 부인회'는 양성당 이씨가 중심이 되어 결성된 단체로 보인다.

신문명	연월일	제목	분류	내용
독립신문	1899.09.07	부녀의 권리	지위	서양 여성의 지위와 여학교 설립의 필요성(프란씨스)
대한매일신보	1910.05.08	戒蓄妾者	지위	축첩제도 폐단/평등 자유를 위해 작첩 금지
독립신문	1899.04.25 ~26	사람은 일반	지위	평등론(반상 분별, 남녀 차등 폐지)
조선그리스도인회보	1897.08.04	부부론	역할	제27호 일부다처제 비판(전통적 남녀관 기반)
제국신문	1902.09.29 ~10.3(4회)	남녀 분별	역할	신체, 행실, 깨달음, 믿는 마음, 개과천선, 인애와 의리, 허물과 죄책, 도덕, 재주, 학문 종교(신구교와 여자 문제)
조선그리스도인회보	1897.03.03 ~03.17(3회)	만물의 근본	역할	제7호(3.17)에서 기독교적 남녀관(아담과 하와)
만세보	1906.11.14	婦人社會	역할	남자와 대립하는 개념으로 부인 설정. 남녀의 동등권(연구력, 기억력 차이), 태서 부인사회와 일본 부인사회, 애국부인회 설립 등(일본인이 만든 부인회임)

　　여성의 지위와 관련된 논설에서는 대부분 '남녀동등', '평등'을 주장한다. 이는 대부분 전통적인 남존여비 사상이나 축첩 관습과 일부다처제, 여성의 사회활동 억압 등을 비판하는 내용을 담고 있다. 그런데 주목할 점은 '남자'와 대립하는 개념으로 '여성'을 설정하는 것이 아니라 '부인'이라는 용어를 사용할 경우가 많다는 점이다. 『독립신문』 1896년 4월 21일자 논설이나 1899년 9월 7일자 논설에서 '여성의 권리'라는 용어보다 '부인' 또는 '부녀의 권리'를 내세웠으며, 『만세보』 1906년 11월 14일자 논설에서도 여성 단체를 포괄적으로 지칭하는 용어로 '부인사회'[10]라는 용어를 사용하고 있다. 비록 『제국신문』 1902년 9월 29일부터 10월 3일까지 4회에 걸쳐 연재된 '남녀 분별'과 같이, 성의 구별과 역할에 대한 논의가 없던 것은 아니지만, 이 시대

---

10) 이 시기 '사회'라는 용어는 '단체'라는 뜻으로 쓰일 경우도 많다.

논설의 주요 흐름에서 여성의 지위나 역할에 관한 논의는 여성의 자아 인식이나 성평등의 본질을 주장한 것은 아니었다. 또한 『독립신문』 1898년 5월 28일자 논설에 등장하는 '비숍 여사 여행기'나 『제국신문』 1901년 1월 30일자 영국 여황 서거와 영국 문명 발전에 관한 논설, 1902년 11월 8일부터 11월15일까지 5회에 걸쳐 연재된 '영국 전 여황 빅토리아의 성덕기 번역' 등의 자료는 서양 여성을 소개한 논설이지만, 여성의 지위나 역할에 대한 인식의 변화를 가져올 수 있는 중요한 논설에 해당한다.

셋째, 구습 타파와 혼인 문제 등은 조혼의 폐단이나 축첩 문제, 개가 금지 등과 같이 동질성을 띨 경우가 많다. 다음 논설이 대표적이다.

〈표 5〉 구습 타파 및 혼인 문제 관련 논설

신문명	연월일	제목	분류	내용
조선그리스도인회보	1898.03.02	전족론	구습	제2권 제9호: 가복초가 지은 전족론(중국 전족 폐해와 여학교 필요)
조선그리스도인회보	1899.04.19	혼인론	구습	제3권 제16호: 기독교적 남녀관/ 조혼의 폐해와 부모가 정하는 혼인 폐단(노병선)
조선그리스도인회보	1899.02.15 ~2.22(2회)	부인의 교휵이 뎨일 급무	구습	제3권 제7~8호: 남녀동등 축첩 악습 철폐, 부인교육 필요
독립신문	1896.06.06		혼인	혼인 구습과 축첩
독립신문	1896.06.16		혼인	축첩 폐해와 여성의 지위
독립신문	1898.02.12		혼인	혼인의 병통, 부인 대접, 세계의 대접을 받음
독립신문	1899.07.20	혼인론	혼인	혼인 구습 타파의 필요성
제국신문	1900.12.05	화계원경 민치헌 씨가 과부기가ᄒ기로 상소	혼인	과부개가 문제(개가하는 법률 제정 상소)(민치헌)
제국신문	1901.01.31		혼인	남녀동등권(여자의 신의. 진흥왕 때 백운 제후 고사/단형서사)
제국신문	1901.03.25		혼인	조혼 금시, 남녀차별 금지, 자유 결혼

				문제
만세보	1907.03.06	改嫁法	혼인	개가법: 정절 문제, 열녀 풍속, 개가 금지 풍속

　구습 타파와 관련된 논설은 '중국의 전족 폐해', '조혼의 폐단', '부모가 정해주는 결혼의 폐단', '축첩 문제', '과부 개가 금지의 폐단' 등을 논하는 경우가 많다. 이들 논설은 여성의 지위와도 밀접한 관련을 맺고 있지만,『독립신문』 1899년 7월 20일자 '혼인론'과 같이 '지위' 문제보다 혼인의 병통과 부인 대접 문제를 중심으로 할 경우 별도의 항목으로 분류하였다. 더욱이『만세보』 1907년 3월 6일자 '개가법'과 같이, 개가 금지는 '정절 문제', '열녀 풍속' 등의 풍속 문제와 결부된다는 점에서 구습 타파와 혼인 문제를 별도로 설정하고자 하였다.

　그 밖의 주제 가운데 주목할 것은 서양인과의 교제 예법이나 여성의 일상생활과 관련된 의복(복색) 문제 등이 등장한다는 점이다.『독립신문』 1896년 11월 14일자 논설에서는 서양 부인과의 교제에 필요한 예법을 강조하고 있으며,『제국신문』 1905년 6월 17일과 19일자 논설 '부인 교제는 학문의 근본됨'에서는 내외국 대관 부인들이 조직한 부인회의 교제 활동을 소개하면서 '학식의 부족'과 '사치로운 단장 풍습'을 비판하고 있다. 이와 같은 교제 예법 문제는 여성의 사회 활동과 서양인과의 접촉이 늘어나면서 자연스럽게 등장한 것이며, 여성 단체의 조직이 고관대작 부인이나 별실(別室)을 중심으로 이루어지면서 나타난 폐단에서 비롯된 것이기도 하다.11) 이와 같은 문제는 여성의

---

11)『제국신문』 1905년 6월 17일~19일 2회에 걸쳐 게재된 '부인 교제는 학문의 근본됨'에서는 내외국 대관 부인들이 중심이 되어 부인회를 설립한 사실과, 부인 교제 시 필요한 학식(지구 형세, 국가 지식 등)이 없어 상대방 부인의 연령이나 자녀에 관해 이야기하는 것의 무례함, 짧은 저고리와 긴 치마를 입고 화려하게 단장함으로써 노류장화처럼 보이

의복이나 복색 개량 논의로 이어지기도 하는데, 『제국신문』 1903년 3월 26일 '의복 빛을 일정하게 할 일'에서는 흰옷의 폐단과 염색 기술의 미발달에 따른 경제적 손해 문제를 중점적으로 제시하였거, 3월 31일자 '심색 옷 입는 관계'에서는 개명 진보를 위한 신구 세력의 충돌이 자연스러운 것이며, 복식 개량과 관련된 조변석개식 법령 개폐를 신랄하게 비판하고 있다. 또한 『제국신문』 1906년 5월 30일~6월 1일(3회)의 '의관 제도를 일정할 일'에서는 머리를 깎은 사람과 여자들의 활동에 편리한 의복 제도를 만들 것을 제안하는 논설이 게재되었으며, 『만세보』의 경우 1906년 11월 22일부터 27일(5회) '의(衣)의 개량', 12월 20일부터 21일까지(2회) '여자의제개량의(女子衣制改良議)'에서 저고리와 치마의 불편함이나 색채의 혼란스러움을 비판한 뒤 여자교육회에서 제안한 '의관 개량'에 대한 헌의서를 소개하고 있다. 이처럼 의관 제도와 복색 문제는 여성 문제에서 지엽적인 것처럼 보이나, 이 시기 여성 단체를 중심으로 한 여성 문제 가운데 대표적인 주제를 이루기도 하였음을 확인할 수 있다.

3. 여성 문제와 여자 교육 담론의 의미

3.1. 성역할과 여성관 변화의 의의

여성 문제의 주제별 분포에서 확인할 수 있듯이, 근대 여성 담론의 특징 가운데 하나는 근대 이전에 보이지 않던 '남녀동등권'이라는 개

는 실태 등을 중점적으로 비판하고 있다.

념의 출현이라고 할 수 있다. 이 용어는 『독립신문』 1896년 9월 5일자 논설을 비롯하여, 다수의 논설에서 사용되고 있다. 다음을 살펴보자.

[남녀동등권]

ㄱ. 셰샹에 불샹흔 인싱은 죠션 녀편네니 우리가 오늘날 이불샹흔 녀편네들을 위흐야 죠션 인민의게 말흐노라 녀편네가 사나희 보다 조곰도 나진 인싱이 아닌듸 사나희들이 쳔듸흐는거슨 다름이 아니라 사나희들이 문명 기화가 못 되야 리치와 인졍은 싱각지 안코 다만 즈긔의 팔심만 밋고 압졔흐랴는 거시니 엇지 야만에셔 다름이 잇스리요. (…중략…) 죠션 쳔흔 사나희 싱각에 즈긔 안히가 못 밋어워 문밧긔 임의로 나가지 못흐게 흐고 늬외흐는 풍속을 마련흐야 죄인곳치 집에 가두어 두고 부리기를 죵 곳치흐고 쳔듸흐기를 즈긔 보다 나진 사룸으로 넉이니 엇지 분치 아니흐리요. 안히가 죽으면 후취흐는 거슨 뎌희들이 올흔 법으로 쟈졍흐엿고 셔방이 죽으면 긔가흐여 가는거슨 쳔히 넉이니 그거슨 무슴 의린지 몰을너라. 가는흔 녀편네가 쇼년에 과부가 되면 긔가흐여도 무방흐고 사나희도 쇼년에 샹쳐흐면 후취흐는 거시 맛당흐니라. 죠션 부인네들도 ᄎᄎ 학문 놉하지고 지식이 널너지면 부인의 권리가 사나희 권리와 곳흔 줄을 알고 무리흔 사나희들을 졔어흐는 방법을 알니라.[12]

ㄴ. 학부에셔 사내 ᄋᄒ히들도 ᄀᄅ치련니와 불샹흔 죠션 계집 ᄋᄒ히들을 위 흐야 녀학교를 몃츨 셰워 계집 ᄋᄒ히들을 교휵을 식히거드면 몃히가 아니 되야 젼국 인구 반이나 내버렷던 거시 쓸 사룸들이 될 터인이니 국가 경졔학에 이런 리는 업고 ᄯᅩ 쳔히흐고 박듸흐던 녀인들을

---

12) 『독립신문』, 1896.4.21, 논설.

사나희들이 주청ᄒ야 동등권을 주ᄂ 거시니 엇지 의리에 맛당치 안ᄒ며 장부에 ᄒᄂ 일이 아니리요. 우리ᄂ 천ᄒ고 가난ᄒ고 무식ᄒ 사름들의 친구라. 죠션 녀인네들이 이러케 사나희들의게 쳔디 밧ᄂ 거슬 분히 넉여 언제 신지라도 녀인네들을 위ᄒ야 사나희들과 싸홈을 ᄒᆯ 터이니 죠션 유지각ᄒ 녀인네들은 당당ᄒ 권리를 셋기지 말고 아모쪼록 학문을 빅화 사나희들과 동등이 되며 사나희들이 못ᄒᄂ 수업을 ᄒᆯ 도리를 ᄒ여보기를 ᄇ라노라.[13]

이 시기 빈번히 쓰인 '동등권', '평등권' 등은 특별한 개념 정의가 이루어져 있지 않다. 다만 두 편의 인용문에 등장하는 '남녀동등권'은 여성을 규문에 가두어 두고, 남자는 축첩을 하며, 여성의 개가를 금지하는 등의 억압 상황을 비판하는 데 쓰이고 있다. 이를 고려할 때 『독립신문』에 등장하는 동등권은 규문을 벗어난 여성의 사회활동, 축첩과 개가 금지 등의 구습 타파 등을 촉구하기 위해 사용된 개념이다.

그런데 좀 더 자세히 살펴보면 동등권 개념에는 서양에서 비롯된 문명과 야만의 대립 관념과 국가 경제상 여성의 사회활동으로 얻는 이익을 고려해야 한다는 주장이 내포되어 있음을 확인할 수 있다. 즉 '전국 인구의 반'은 여성이며, 이들을 교육해야 문명 부강이 이루어질 수 있다는 논리이다. 이 점은 이 시기 동등권을 주장한 대부분의 논설에서 확인할 수 있는데, 이는 근본적으로 동등권 개념이 여성의 자의식 발견에서 비롯된 것이라기보다, 갑오개혁과 국권 침탈로 이어지는 시대적 환경에서 등장한 '교육 우선주의', '충군애국론'이 결합된 담론이 중심을 이룬 것이라고 볼 수 있다.

---

13) 『독립신문』, 1896.9.5, 논설.

이와 같은 차원에서 동등권보다 좀 더 주목되는 것이 성역할에 대한 인식 문제라고 볼 수 있다. 이와 관련하여『제국신문』1902년 9월 29일부터 10월 3일까지 4회에 걸쳐 연재된 '남녀 분별'은 주목할 만한 논설이다. 이 논설에서 필자는 서양 학사가 연구한 남녀 성질 분별론을 소개하고, 여성의 사회적 역할이 중요함을 역설하였다. 주요 내용을 간추려 보면 다음과 같다(〈표 6〉14)).

〈표 6〉 남녀 분별의 내용

연월일	주요 내용
1902.9.29	• 여자는 남자보다 연약하여 남자에게 매여 동등 권리가 없다 하여 압제와 구축이 심했으나 서양에 교화가 높아지면서 자유, 평등 권리를 중히 여기면서 동등권 개념과 여성의 사회 활동이 높아졌음 • 서양 학사가 제시한 남녀 성질 분별: 신체상 남자는 힘이 강장하고, 여자는 얼굴의 아름다움이 나으며, 마음과 재질상 격치와 문학·기예에서는 여자가 남자보다 못하나 사소한 일을 절묘하게 만들거나 서사 왕복·소설 짓는 재주는 부인이 남자보다 낫다고 함 • 행실 처사 면이나 마음먹은 분별(사리 분별), 담략 등에서 여인이 남자보다 나은 면이 많음 • 깨달음이 차원이나 사람 접대하는 태도에서 여인이 남자보다 나은 점이 많음
1902.10.1	• 믿는 마음이나 개과천선하는 행동, 인애와 의리 분별, 허물과 죄책을 대하는 태도에서 남녀의 차이가 있으며, 도덕상으로 볼 때에도 남녀의 특성이 있음
1902.10.2	• 세상을 폐하고 도를 닦는 데에 남녀의 경중이 없고, 빈곤한 자를 구제하고 착한 일을 하는 데 여인이 남자의 선진이 되는 것은 덕이 많은 까닭임 • 희랍, 로마, 기독교의 역사를 통해 알 수 있듯이, 여인의 재주가 부족한 것이 아니라 구습과 압제와 풍속에 매어 여인의 지위가 낮아짐
1902.10.3	• 구라파 각국에서 여인의 지위가 향상되는 과정은 교회로부터 시작되어 국법상 여인을 후대하는 과정으로 16세기 루터의 종교개혁으로부터 본격화됨 • 신구교의 여인 대접하는 태도가 동일하지 않으나 신교하는 모든 나라에서 여인 대접하는 예모가 극진하여 남자와 더불어 평등하고, 여인으로 하여금 임의로 하게 하며, 남자와 함께 못할 것이 없어 자주하는 능력이 최고에 이름

이 논설은 신체와 성질, 행실과 처사, 도덕 등 여러 방면에서 남자와 여자의 장단점을 비교하고, 여성의 억압과 천대가 역사적 맥락과 종

---

14) 『제국신문』 1902.9.29~10.3. '남녀 분별'의 주요 내용을 요약함.

교사적 관점에서 어떻게 전개되어 왔는가를 개괄하고자 한 데 특징이 있다. 이 점에서 성차별 문제의 근원과 성격을 좀 더 객관화하고자 한 시도를 보인다고 할 수 있다. 그러나 이 논설에서도 "서양 사람들이 여인을 너무 과히 높혀 내외가 바뀐 모양"이라는 동양 사람들의 비판에 대해, "실상은 여자가 잔약하고 연하여 능히 자유 권리를 찾지 못하므로 남자가 특별히 보호하지 않으면 영영 폐한 사람이 되기를 면치 못할 것이므로, 아이와 노인과 여자를 특별히 더 대접하는 것이 덕화의 지극함"이라고 결론을 내려, 여성이 여성으로 존재할 수 있는 당위성, 즉 여성으로서의 자의식 발견에까지는 이르지 못함을 보여준다. 이러한 한계는 『황성신문』 1900년 4월 9일자 '여자역의교육(女子亦宜敎育)'에서 "인류가 태어남에 남과 여가 있으니, 남자는 품성이 양인 까닭에 강직하고 강한 덕이 있으며, 여자는 품성이 음인 까닭에 유순한 뜻이 있다. 그러므로 음양이 서로 통하여 천지의 도를 이루며, 남녀가 서로 교제하여 천지가 조화하는 것은 만고에 바꿀 수 없는 이치이다. 이로 보면 남녀가 평등한 권리가 있음을 가히 알 수 있거늘, 동양 학문으로는 태서에서 남녀평등권이 있어 재덕을 교육하며 사무에 임용한다 하는 것을 이상한 별사건으로 돌리니, 나의 천견에는 비단 태서의 풍속뿐이겠는가. 동양에도 남자는 귀하고 여자는 천하다 하는 정해진 안은 본래 업지만 동양인이 동양 학문도 미분하고 평등권을 행하지 않은 것이다."[15]라는 주장과 유사한 셈이다. 즉 남녀동

<hr />

15) 『황성신문』, 1900.4.9. 女子亦宜敎育. 人種之生에 有男有女ᄒ니 男은 稟乎陽故로 有剛强之德ᄒ며 女ᄂ 稟乎陰故로 有柔順之義라. 以是로 陰陽이 相交ᄒᄒ야 成天地之道ᄒ며 男女ㅣ相濟ᄒᄒ야 生天地之化ᄂ 萬古不易之理라. 以此見之컨딕 男女有平等之權è 徒可知矣어ᄂᆯ 東洋學問으로ᄂ 泰西에 男女平等權이 有ᄒ야 才德을 敎育도 ᄒ며 事爲에 任用도 한다 함을 異常한 別件事로 歸ᄒ니 我의 淺見에ᄂ 非但 泰西 風俗이리, 東洋에도 男貴女賤이라 ᄒᄂ 定案은 本無ᄒ것마ᄂ 東洋人이 東洋學問도 未分함으로 平等權을 不行함이라.

등, 남녀평등의 개념이 여성의 자기 존재에 대한 자각보다는 서양의 문명론과 부국강병을 위한 애국론, 천지 자연의 조화론 등에서 비롯된 셈이다. 그렇기 때문에 이 시대 여성 담론에서는 '여성: 남성'의 관계 대신 '부인 또는 부녀: 남성'의 대립 관계가 빈번히 등장하고 있다.

그러나 이와 같은 한계에도 근대 신문에 등장하는 여성 담론은 여성이 중심이 된 여성 단체 결성과 여학교 설립 주장, 여성 독자와 여성 필자의 등장,16) 빅토리아 여황의 사적 등과 같은 여성 인물의 활동 등이 소개되면서 전통적인 여성관으로부터 주체적이고 자의식이 뚜렷한 여성관으로 변화할 수 있는 계기를 마련한 것으로 해석할 수 있다.

또한 근대 여성 담론에서 여성운동의 주체와 시대 상황, 주요 관심사를 주목해 볼 필요가 있다. 이 문제는 여성 단체의 출현이나 담론 제기의 주체, 내용 등을 종합적으로 고려하여 판단할 사항이다. 특히 여성 단체의 출현과 활동을 주목해 볼 필요가 있다. 이 시기 신문 매체와 기사와 한국여성사 편찬위원회(1972)의 연표를 종합할 때, 갑오개혁 이후 1910년까지 다음과 같은 단체명이 출현한다.

〈표 7〉 주요 여성 단체

연도	단체명	주요 인물	주요 활동	비고
1897	일본자선 부인회	일본공사 부인, 일본 부인	한성병원 부비 마련	일본인 중심 단체

---

16) 예를 들어 『제국신문』 1900년 3월 21일자 '유식흔 녀노인의 편지', 4월 12일자 '녀노인의 긔셔', 『대한매일신보』 1908년 8월 11일자 '여자 교육론', 1909년 2월 21일자 정나헬의 '여자의 교육이 즉 사범교육' 등의 논설은 여성 독자의 기고 형식으로 발표된 논설이다.

연도	단체명	주요 인물	주요 활동	비고
1898	찬양회	고관부인, 찬성원장 윤치호, 양성당 이씨, 이소사, 김소사	여학교 설시 운동	순성학교 설시 찬양회와 같은 단체로 추정(찬양회, 순성회, 부인회, 북촌 찬양회 등의 명칭이 사용됨)
1906	한국부인회	회장 홍경현 (이 내상 부인)	귀족여학교 설립 학부 청원	『한국여성사 연표』에서는 1906년 1월 한일부인회가 조직되었다고 하는데 같은 단체인지 알 수 없음
1906	애국부인회	일본 부인 300여 명, 아국 부인 수십 명	이토 통감, 하세가와 대장, 문무관인 출석 연설	한국 부인을 권유하여 사회적으로 인도하고, 공업 발달이 여자의 수중에 있음 강조. 여성의 사회생활과 국가 생산력 증대 강조 연설
1906	여자 교육회	총재 이각경, 대변 회장 김운곡: 진학신, 고희준, 진학주, 김호산, 김송암, 박주경 등	토론회 개최, 양규의숙 설립 유지, 의관제도 개량 청원, 공립병원 설립 등	의관 개량 문제와 김운곡의 여자 교육회 운영비와 관련된 분쟁이 있었음
1907	진명부인회	최화사, 신소담		진명회 명심 10조(사치를 금할 일, 재봉 존절, 언행 단정, 가장 공경, 자녀 지도, 친척 공경 가법 엄수, 여학 발달과 산업 흥왕, 자기 부귀를 믿고 빈한 한 자를 능모하지 말 것, 허망한 무속을 믿어 재물을 낭비하지 말 것
1910	보명여자 교육회	김혜경, 최성경(별실 신분)	보명여학교 설립. 여교사 오인성 씨 연빙	여교사 오씨는 국민 의무는 남자에게 양도할 수 없다고 강조함
1910	양정여지 교육회	김혜경, 최숙자		회원 민현사의 밀매 음녀 중개와 관련된 사회문제 유발

이 표에 등장하는 단체 이외에 각 지방의 여자 교육회 지회 또는 백천 군수 이용조의 부인이 조직한 부인회 평양 삼화항 유신부인회와 관련된 단편 기사도 확인되나, 그 활동 내용은 찾을 수 없다.

이 표에서 알 수 있듯이, 근대 신문에 등장하는 근대 계몽기 최초의 여성 단체명은『독립신문』1897년 11월 6일자 잡보의 '일본자선부인회'이다. 이 단체는 일본 공사 부인이 회장이며, 일본 사람 부인들이 회원으로, 한성병원의 부비를 마련하기 위해 영사관에서 시장을 여는 등 사회활동을 하였다. 그 후 등장하는 명칭으로 '찬양회', '황성 잔양회', '순성학교 부인회' 등이 등장하는데, 이는 모두 순성학교 창설을 주도한 여성단체를 지칭한 명칭들이다. 이 단체는 서양인과 고관대작 부인들이 주요 역할을 담당했던 것으로 보이는데, 『독립신문』 1898년 10월 7일 잡보 '부인회 연설'에서는, 찬양회 부인들이 승동 홍수사 집에 다시 모여 찬성원장 윤치호, 서양 부인들과 청국 부인 하나가 참석하고, 서양 부인 한 사람이 연설한 뒤 윤치호가 번역하여 부인들에게 돌리고 연설했다는 기록이 남아 있다. 또한 '외국인 의연'에서는 일본인 항옥성복이라는 사람이 찬양회의 여학교 설시 운동을 찬성하여 의연금과 함께 글을 지어 보냈다고 하였다. 이 단체의 활동은 박용옥(1971), 이현희(1978) 등의 선행 연구에서도 다루어진 바 있는데, 이현희(1978)에서는 독립협회 창설 때부터 4백여 명의 회원들이 양성원을 설립하고, 이들에 의해 '순성여학교' 설치와 관립여학교 설립 운동이 전개되었다고 기술하였다. 특히 여학교 설립 운동은 양성원이 반정부 세력에 기담히였기 때문에 학부가 주선한 '여학교 규칙'이 대신 회의에서 부결되었는데, 이는 "양반 세력의 전통사회 고수 내지는 주자학적인 고정관념 때문에 자주적 주장과 요구를 묵살당한 것"으로 해석하고 있다.[17] 그런데 신문 기사에 등장하는 여학교 설립과 단체 활동에서는 양성원 관련 기록이 등장하지 않는다. 예를 들어 『독립신문』 1898년 9월 9일 잡보의 여학교 설립 통문에 등장하는 인물은 '이소사, 김소사'이며, 『독립신문』 1898년 10월 27일 잡보에서는 찬양회를 부인회로 지칭하면서 양성당 이씨가 회장이었음을 밝히고 있다.[18]

---

17) 이현희(1978), 앞의 책, 19~20쪽.

18) 『독립신문』, 1898.10.27, 잡보, '부인회 스뮤쇼'. 이 기사에서는 "찬양회 사무소는 마동 사는 부인회장 양성당 이씨의 집으로 옮겨 정하고, 음력 9월 16일부터 이씨 집에서 회를 열기로 작정하였으니 각처 신문도 그곳으로 보내달라고 하였다는데, 그 집 문패는 이참

이를 참고할 때 양성당 이씨는 찬양회(부인회) 활동의 중심인물로, 여러 차례 부인회를 재건하고자 했던 인물로 추정된다. 이는 『독립신문』 1898년 12월 5일 잡보 '부인회 또 조직'에서 "서울 북촌 사는 점잖은 모모 재상 부인네와 별실네들이 개명에 유의하여 양성당이라 하는 이와 협의하여 부인회를 조직하고 찬성원도 연빙하려 한다."는 기사에서도 확인되는데, 이들 자료를 종합할 때 최초의 여성 단체로 일컬어지는 '찬양회'의 중심 인물은 재상 부인들과 별실이 중심이 되었음을 추론할 수 있다. 이와 같은 흐름에서 그 당시 신문 매체에서는 여학교 설립 운동을 적극적으로 지지하면서도 찬양회 부인들의 모임을 비판적으로 보도하기도 했는데, 그 이유는 회원들의 사치스러운 모습과 명예욕에 대한 것이라고 할 수 있다.

[찬양회에 대한 비판 기사]

ㄱ. 상목지란 사롬이 길에셔 셩인실이란 친구를 만나 반갑게 인스흔 후에 상목지 골아디 자녀가 텬하만국을 유람ᄒ더니 인물과 풍속이 엇더ᄒ던가 (…중략…) 뎌번에 종로에셔 만민이 공동회를 ᄒᄂᆫᄃᆡ 유지흔 부인 二十여분이 분면과 록받을 드러닉이고 만민 즁에 양연이 참셕ᄒ엿기로 셰샹 사롬이 말ᄒ기를 뎌 부인네가 슈千년 고막된 풍속을 젓쳐름 확연이 폐지ᄒ고 만인 조좌흔 총즁에 참회를 ᄒ엿스니 정부 졔공네도 응당 五百년 고막된 구습을 해지ᄒ고 동셔양 통용ᄒᄂᆞ 신식을 실시흘 것이니 우리 대한 정치 풍속이 날노 변ᄒ여 문명 진보를 슈 년에 볼 쑨더러 청국 부인도 얼마 아니되야 필연 대한 부인의 확실흔 셩졍과 기명흔 풍속을 흑앙ᄒ야 쏘흔 그 나라 슈百년 고막된 풍속을 변ᄒ리라

위 재롱 씨"라고 하였다.

ᄒ엿더니 급기 정회ᄒᆞᆫ 후에 그 부인네의 도라가는 힝식을 본즉 혹 쟝독교도 타고 혹 쟝옷도 쓰고 간즉 당쵸에 엇더ᄒᆞᆫ ᄆᆞ음으로 졍부 졔공과 젼국 남ᄌᆞ의 회좌ᄒᆞ신 밀밀 총즁에 얼골을 드러ᄂᆡ이고 참회를 ᄒᆞ여셔 연셜도 ᄒᆞ고 총ᄃᆡ도 가더니 집으로 가는 길은 사름도 맛치 안코 골목도 죵용ᄒᆞᄃᆡ 도로혀 젼일 ᄂᆡ외ᄒᆞ던 풍쇽을 복구례ᄒᆞ니 일노 보량이면 앗가 만인 총즁에 참셕 ᄒᆞ던 ᄆᆞ음은 본졍이 아니요 즉금 죵용ᄒᆞᆫ 골목에셔 ᄂᆡ외ᄒᆞᆫᄂᆞᆫ ᄆᆞ음은 슈百년 굿은 본졍인즉 빅셩된 사름이 오히려 구습을 직히고 신식을 실시ᄒᆞᄂᆞᆫ 풍쇽이 업고 졍부 다려ᄆᆞᆫ 구습을 바리고 신식을 실시ᄒᆞ여 달나ᄒᆞᆫ즉 엇지 렴우가 업다 ᄒᆞ지 안켓는가. 셩인싱이 글ᄋᆞ ᄃᆡ 향쟈에 찬양회에 부인들이 연셜ᄒᆞᆯ 째에 우리가 몸이 비록 녀ᄌᆞ이나 범사에 도략은 남쟈ᄆᆞᆫ 못지 안타 ᄒᆞ고 그 후에 인화문에 와셔 상쇼ᄒᆞ여 녀학교를 구쳥ᄒᆞ더니 오날늘 보건ᄃᆡ ᄂᆡ외법 폐지ᄒᆞ던 것이 ᄒᆞ로이 못 가셔 구습을 도로 힝ᄒᆞ여슨즉 녀학교는 셜시ᄒᆞᆫ 후에 폐지ᄒᆞ지나 아닐ᄂᆞᆫ지 (…중략…) 앗갑다 그 부인네가 ᄂᆡ외법 복구례ᄒᆞᄂᆞᆫ 것이 잠간 실슈가 업고 눌너 실시가 되얏던들 동양 대한에 四千년 고막된 풍쇽을 一죠에 곳치든 발긔인이 될 터이니 텬하 만국에 유지ᄒᆞᆫ 남녀로쇼들이 대한국 황셩 찬양회 일곱ᄌᆞ를 뉘 아니 울어러 보아스리오 ᄒᆞ더라.19)

ㄴ. 부인회 쇼문) 찬양회 부인들은 ᄆᆡ양 긔회ᄒᆞᄂᆞᆫ 늘을 당ᄒᆞ면 응장 셩식에 각식 금은 보픽들이며 비단 두루막이에 ᄉᆞ인교 쟝독교들을 타고 구름 ᄀᆞ치 모혀 연셜도 잘ᄒᆞ고 음식은 쥰비ᄒᆞ야 먹ᄂᆞᆫ 이들ᄆᆞᆫ 먹고 구ᄎᆞᆫ 회원들은 도라도 아니보며 회표를 ᄆᆞᆫ드러셔 돈량 잇다는 회원들은 의례히 갑을 내기 젼에라도 회즁에셔 츄앙ᄒᆞ야 치여 주고 구ᄎᆞᆫ 회원들은 갑을 몬져 내기 젼에ᄂᆞᆫ 회표 주기ᄂᆞᆫ 가망 밧기더라고 말이

---

19) 『독립신문』, 1898.11.24., 논설, 엇던 친구의 편지.

만타니 과연 그러흔지 그 부인 회원들이 기명에 대단히 유의흔다 ㅎ 기에 우리는 십분 흠모ㅎ얏더니 요ᄉ이 이 쇼문을 드른니 우리는 그 회의 명예을 위ㅎ야 대단히 이셕ㅎ노라.[20]

이 자료에는 찬양회 부인들이 분면과 녹반(족두리로 추정)을 드러내며 당당하게 참석했으나 돌아갈 때에는 내외하는 구습을 지키는 모습과, 찬양회 부인들의 사치스러운 모습 및 회원을 차별하는 태도가 나타난다. 이와 같은 모습은 그 당시 일부 회원의 행태일 수도 있으나, 1900년대 등장하는 다수의 여성 단체에서도 비슷한 모습이 발견될 경우가 많다. 예를 들어 『제국신문』 1905년 6월 17일~19일(2회)에 걸쳐 연재된 '부인 교제는 학문의 근본됨'에서 내외국 대관 부인들이 조직한 부인회에서 한국 부인들이 외국 부인들과 교제할 때, 상대의 나이를 묻거나 자녀가 몇인지 묻는 것 등의 무례함을 질타한 논설이나 『황성신문』 1907년 6월 4일자 '관여회기념식유감(觀女會記念式有感)'에서 여자 교육회가 입장권을 너무 많이 판매하고, 일본인 순사를 파수하는 사람으로 초빙하여 결국 회의가 중단됨을 비판한 기사 등은 이를 대표한다.

이와 같은 흐름에서 근대 계몽기의 여성 문제는 여성으로서의 자아 의식이나 정체성 문제보다는 남존여비의 관념 탈피, 축첩 문제, 개가 금지 등과 같은 구습 타파나 의복 개량문제 등에 더 많은 관심을 기울였던 것으로 보이며, 이 모든 문제를 해결하는 방책으로 여학교 설립과 여자 교육의 필요성이 강렬하게 제기되었음을 확인할 수 있다.

---

20) 『독립신문』, 1898.12.7, 잡보. 부인회 쇼문.

3.2. 여자 교육 담론의 특성과 한계

근대의 신문 논설에서는 여자 교육의 당위성과 필요, 여자 교육의 내용과 방법, 여자 교육의 문제점과 한계 등을 지속적으로 비판하고 있다. 이를 좀 더 구체적으로 살펴보자.

첫째, 여자 교육의 당위성과 필요와 관련된 논설로는 『독립신문』 1896년 5월 21일, 1896년 9월 5일, 1899년 5월 26일의 논설, 『매일신문』 1898년 10월 15일, 『제국신문』 1898년 9월 13일, 1903년 3월 20일, 『협성회회보』 1898년 2월 5일, 『황성신문』 1900년 4월 9일 '여자역의 교육(女子亦宜敎育)', 1908년 2월 6일 '여자의 교육' 등이 있다. 이들 논설에서는 문명개화를 위한 지식 보급과 학교의 필요, 남녀동등권에 따른 여자 교육의 필요, 여자 교육을 위한 여학교 설립의 필요 등을 담고 있으며, 이는 다수의 여학교 설립 취지서에도 반영되었다. 특히 1898년 순성학교의 관립어학교 설립 운동은 학부의 '여학교 관제' 제정의 기반이 되었는데, 비록 이 관제가 실행되지는 못했지만, 제도적인 차원에서 여학교를 운영해야 한다는 논의를 활성화한 점에서는 큰 의미를 찾을 수 있다. 『독립신문』 1899년 5월 26일에 게재된 관제 의안은 다음과 같다.

[녀학교 관뎨][21]
    학부에셔 녀학교 관뎨 十三됴를 쑴여 뎡ᄒᆞ야 의정부 회의에 졔츌흔 대개에 대범 교휵이란 것은 인민의 지식과 직예를 발달케 ᄒᆞᄂᆞ 바인듸 남녀가 일반이거늘 국즁에 각죵 각교ᄂᆞ 략간 베프럿스나 녀인학교를 지우금

---

21) 『독립신문』, 1899.5.26.

베풀지 못ᄒ엿더니 녀인 등이 샹쇼ᄒ야 비답을 무루왓기에 본년도 예산에 녀학교비를 임의 편입ᄒ야 쟝ᄎ 학교를 셜치ᄒ겟기로 회의에 졔츌ᄒ다고 ᄒ엿ᄂᆞᆫ딕 뎨一됴ᄂᆞᆫ 녀학교ᄂᆞᆫ 계집ᄋᆞ히의 톄신 발달ᄒᆞᆷ과 살님에 반다시 긴요ᄒᆞᆫ 보통 지식과 직죠를 ᄀᆞᆯᄋᆞ치ᄂᆞᆫ 것으로 써 본 ᄠᅳᆺ을 숨을 일, 뎨二됴ᄂᆞᆫ 녀학교에 쓰ᄂᆞᆫ 경비ᄂᆞᆫ 국고에셔 지츌ᄒᆞᆯ 일, 뎨三됴ᄂᆞᆫ 녀학교에 심샹과와 고등과를 논하 둘 일, 뎨四됴ᄂᆞᆫ 녀학교의 슈업년한은 심샹과인즉 三기년이고 고등과인즉 二기년으로 뎡ᄒᆞᆯ 일, 뎨五됴ᄂᆞᆫ 녀학교에 심샹과의 과목은 몸을 닥고(수신)[22] 글을 닑고(독서) 글시 익히고(습자) 산슐ᄒ고(산술) 바ᄂᆞ질ᄒ기(재봉)며 고등과의 과목은 몸을 닥고 글을 닑고 글시 익히고 산슐ᄒ고 글 짓고(작문) 바ᄂᆞ질ᄒ고 디리학 비호고(지리) 력ᄉ 비호고(역사) 리과학 비호고(이과) 그림 그릴(도화) 일, 뎨六됴ᄂᆞᆫ 녀학교 셔칙은 학부에셔 편집ᄒᆞᆫ 외에도 혹 학부대신의 검뎡ᄒᆞᆷ을 지낸 ᄌᆞ로 쓸 일, 뎨七됴ᄂᆞᆫ 녀학교에 계집ᄋᆞ히의 나은 아홉 살 이샹으로 열다셧 살ᄭᆞ지 뎡ᄒᆞᆫ 일, 뎨八됴ᄂᆞᆫ 녀학교의 ᄀᆞᆯᄋᆞ치ᄂᆞᆫ 과목에 가셰와 편급과 구별과 교슈의 시한과 일톄 셰칙은 학부대신이 뎡ᄒᆞᆯ 일, 뎨九됴ᄂᆞᆫ 녀학교 교쟝은 교원이나 혹 학부 판임관이 겸임도 ᄒᆞᆯ 일, 뎨十됴ᄂᆞᆫ 녀학교 교원은 샤범학교 졸업쟝이 잇ᄂᆞᆫ ᄌᆞ로 임용ᄒᆞᆯ 일, 뎨十一됴ᄂᆞᆫ 녀학교에 지금은 혹 외국 녀교샤도 고용ᄒᆞᆯ 일, 뎨十二됴ᄂᆞᆫ 각 디방에 녀학교를 공립으로도 셜시ᄒ고 샤립으로도 셜시ᄒ기ᄂᆞᆫ 맛당ᄒᆞᆯ 딕로 허락ᄒᆞᆯ 일, 뎨十三됴ᄂᆞᆫ 본령은 반포ᄒᆞᄂᆞᆫ 늘노브터 시ᄒᆡᆼᄒᆞᆯ 일

이 관제는 여학교 설립 목적과 경비, 심상과와 고등과의 구분, 수업 연한, 교과목과 교과서, 수학 연령, 세칙 규정, 교원과 자격, 외국 여교

---

22) 괄호의 교과목명은 연구자가 삽입한 것임.

사 고용, 지방 여학교 설립 등 여학교 설립에 필요한 필수 항목을 담고 있다. 특히 제1조의 취지에서 '여아의 신체발달과 살림에 필요한 긴요한 보통지식과 재주를 가르는 것'을 천명한 것은 근대식 학제가 처음 도입되는 상황에서 자연스럽게 설정된 목표로 볼 수 있다. 제5조 심상과의 '수신, 독서, 습자, 산술, 재봉' 교과나 고등과에 추가된 '작문, 지리, 역사, 이과' 등은 소학교령에 준하여 설정된 것이다. 그러나 이 관제는 이현희(1978)에서 밝힌 바와 같이, 실행되지 못했으므로 여아를 대상으로 한 보통교육기관은 여성 단체나 일부 개인에 의해 설립되는 처지였다. 이 점에서 여자 교육의 필요는 1910년 이후까지 지속적인 담론이 되었는데, 『황성신문』 1908년 2월 6일 '여자의 교육'에 따르면 그 당시 여자 교육기관으로는 여자 교육회와 4~5개의 여학교, 관립여학교, 숙경여학교 등 극소수의 기관만 존재했던 것으로 나타난다.

둘째, 이 시기 중시했던 여자 교육의 내용과 방법에 관한 논설을 살펴보자. 이 시기 여자 교육론의 핵심을 이룬 것은 가정교육의 주체로서 '어머니 교육론'이다. 『독립신문』에서는 1898년 9월 13일 '녀인 교육'에서 동몽교육의 주체로서 여자를 교육해야 한다는 주장을 펼치고, 1899년 1월 6일 '교육이 뎨일 급무'에서는 우리나라 사람들이 '구습을 지키고, 조직의 규칙을 무시하며, 시비곡직을 분간하지 못하고, 편당을 지으며, 사람들을 용납하지 못하는 폐단'이 있는데, 이를 고치기 위해서 남녀의 동몽교육과 아동을 가르치는 어머니 교육이 필요함을 역설하고 있다. 이 논리는 『제국신문』에서도 빈번히 찾아볼 수 있는데, 1901년 4월 5일 논설에서 송백거사와 매화노고라는 인물을 내세워 '여자는 남자를 낳고 기르는 근본이자 문명의 기초'라고 주장한 것이나, 1903년 4월 16일 '녀ᄌ교육의 관계'에서 운학산인이라는 필자가 현모양처를 양성하기 위해 본국 스승을 찾아 배울 수 있도록 해야 한다는 주장 등은 이를 뒷받침한다. 특히 이 신문에서는 1899년 2월 24일부터 27일까지 '어린아히 기르는 규모'라는 제목으로 2회에 걸쳐 논설을 연재했는데, 이는 모교(母敎)의 중요성뿐만 아니라 가정교육의 구체적인 내용을 제시했다는 점에서 의미 있는 자료라고 볼 수 있다.

이와 같은 가정교육론 속에는 전통적인 남존여비를 탈피하여 남녀 동등 개념을 실현해야 한다는 주장이 내포되어 있는데, 이 논리는 문명부강을 통한 애국담론과 결부된다. 예를 들어 『독립신문』 1899년 5월 26일 '녀학교론'에서 여자 교육이 이로운 점으로 '정치 진보', '가정 화목', '아이 교육'을 내세운 것이나, 『대한매일신보』 1908년 8월 11일 '여자 교육론'에서 여성 독자의 기고를 내세워 '국가흥망의 기초로서 가정교육이 필요하며, 어머니 교육을 통해 애국부인전이나 라란부인전에 등장하는 인물을 양성해야 한다.'라고 주장한 것 등은 이를 반영한다. 이 신문의 1909년 2월 21일 '여자의 교육이 즉 사범교육이라'에서는 충군애국과 독립을 위해 부인의 가정교육이 우선시되어야 하며, 여학교를 설립해야 한다는 주장을 펼치고 있다. 이와 같은 입장에서 '어머니 교육론'은 전통적인 '현모양처'의 여성관을 탈피하지 못한 한계를 지닐 수 있다. 이는 그 당시 여학교에서 전통적인 여훈서(女訓書)를 교재로 삼은 데서도 확인할 수 있는데, 『황성신문』 1906년 8월 5일 잡보 '여자 교육의 책자'를 참고할 경우, 당시 양규의숙의 주요 교재가 『소학』, 『오륜행실』, 『내칙』, 『명감』 등이었다. 비록 1906년 당시 '여자 교육회'가 발족하면서 진학신 등이 '신지식과 신학문', '여공(女工)과 실업교육', '위생교육' 등이 필요함을 역설하기도 했지만, 남녀동등의 이론이나 문명부강의 근원이 '태교', '가정교육'에서 비롯된다는 근본 관념을 획기적으로 변화시킨 것은 아니었다.

　이와 같은 차원에서 여자들의 공부를 위해 '국문 보급'에 힘써야 한다는 주장이 등장한 것도 흥미로운 일이다. 예를 들어 『조선그리스도인회보』 1898년 11월 16일자 엡윗청년회의 '학문국을 진보케 ᄒᆞᄂᆞᆫ 글'에서 국문과 여자가 밀접한 관련을 맺고 있음을 토대로 여학교 설립을 주장한 것이나, 『제국신문』 1903년 6월 19일~20일 '국문녀학교에 관계'에서 지석영이 현모양처 및 가풍에 따른 행실을 바르게 가르치기 위해 국문여학교가 필요함을 역설한 것, 『경향신문』 1908년 6월 12일 '녀인들이 공부홈'에서 국문이 여자 교육에 요긴함을 주장한 것 등은 이를 대표한다. 이들 논리는 국문의 편이함을 전제로 한 것이지만, 그 자체로는 현모양처론이나 전통적인 여훈(女訓)과 여덕(女德)을 교육해야 한다는 논리를 담고 있다는 점에서 여성의 자의식과 정체성을 바탕으로 한 여성운동의 본질을 찾는 데에는 일정한 한계를 보인다고 볼 수 있다.

　셋째, 이 시기 여자 교육의 문제점과 한계에 대한 비판적 논설을 살펴볼 필요가 있다. 이 문제는 그 당시 여성 단체나 여자 교육을 주도했던 사람들의 행태와 사유방식의 문제점을 비판한 논설을 의미한다. 『제국신문』 1905년 4월 22일 '부인의 교제는 학식이 업스면 되지 못홀 일'에서 서양 부인과 교제하는 대관 부인들의 사치나 대화의 저급함을 비판한 것이나, 『황성신문』 1909년 9월 16일 '여자 교육계의 대결점'에 등장하는 '허영심', '사치', '덕행 결핍'에 대한 지적, 1909년 11월 25일 '여자 교육계의 신광명'에 나타난 의복 사치에 대한 경고, 『대한매일신보』 1909년 11월 17일 '여자 교육에 대한 일론'에서 제기한 신교육의 폐단 등은 그 당시 여자 교육이 갖고 있던 한계를 신랄하게 비판한 논설들이다. 이와 같은 비판은 다음과 같은 풍자를 낳기도 하였다.

[여자 교육을 풍자한 신문 만평]

ㄱ. 紗窓花淚: ▲微月紗窓賞花室에 幾個藝妓相逢ㅎ야 握手랑랑酬酌ㅎ졔 來
頭事를 言念타가 滿面紅淚難禁ㅎ야 身勢自歎ㅎ는 말이 (…중략…) ▲
女子敎育漸就ㅎ니 學校에나 入參ㅎ야 開明事爲ㅎ랴ㅎ나 左右건달 沮
戱홀졔 百方으로 挽止ㅎ니 誤人壹生 이 아닌가 애고애고 내 八字야.
(사창화루: 은은한 달빛에 사창에서 화실을 감상하니 몇몇 기녀 상봉
하여 손잡고 낭낭하게 수작할 때, 앞으로 다가올 일을 생각하다가 만
면에 붉은 눈물을 금할 수 없어 신세 자탄 하는 말이… 여자 교육 점점
실행하나 학교에 들어가 개명 사업하려 하나 좌우 건달 막고 희롱할
때 백방으로 그만두니 잘못된 내 인생 이것이 아닌가. 애고애고 내
팔자야).23)

ㄴ. 大韓의 缺點: ▲器之不完謂之破요 國之不完亦云衰라 壹二處만 不完히
도 完全稱號不得인디 韓國何多缺點인가 (…중략…) ▲各書舖가 設立ㅎ
야 滿架書籍宏壯ㅎ니 民智從此發達이오 前途明可期언만 精神主義考察
ㅎ면 體裁性質錯亂ㅎ야 別無完備缺點이요 ▲女學校가 㭈起ㅎ니 此時代
의 最急務가 女子敎育이 아닌가 濟濟學生趨進홀졔 井井隊伍可賀언만
華麗物品粧身ㅎ야 窮奢極侈缺點이요. (대한의 결점: 그릇이 불완전한
것을 파라 일컫고 나라가 불완전하면 쇠라 하니, 한두 곳만 불완전해
도 완전하다 칭하기 어려운데 한국은 왜 이리 결점이 많은가. (…중
략…) 각 서포가 설립되어 서가에 가득찬 서적이 굉장하니 민지가 이
를 따라 발달할 것이며 전도가 가히 밝으련만 정신 주의 고찰하면 체

---

23) 『대한매일신보』, 1908.8.5, 紗窓花淚.

재 성질 착란하여 별로 완비된 것 없으니 결점이요, 여학교가 창기하니 이 시대 최급무가 여자 교육이 아닌가. 학생들을 가르치고 가르쳐 진보하게 할 때 질서정연 축하할 만하건만 화려한 물품 몸치장하여 사치가 이를 데 없으니 그것이 결점이요.)[24]

이 풍자에 등장하는 장면은 여자 교육의 어려움과 여학도의 사치 문제이다. 이와 같은 문제는 그 당시 여성 단체나 여자 교육을 주도했던 일부 인사들의 무감각에서 비롯된 것일 수도 있지만, 궁극적으로 여자 교육을 통해 건전한 인물을 양성하고, 가정교육을 진흥하며, 가문의 복리 증장과 애국성을 길러야 한다는 시대 담론을 뒷받침하기 위한 비판이었음을 확인할 수 있다.

4. 결론

이 논문은 근대 계몽기 신문 소재 여성 문제와 여자 교육 담론을 대상으로 그 의미와 한계를 규명하는 데 목표를 두고 출발하였다. 한국의 여성운동 차원에서 1895년 근대식 학제의 도입과 각종 신문의 발행은 여성운동뿐만 아니라 여자 교육의 발전에도 적지 않은 영향을 끼쳤다. 그러나 이 시기 여성 문제를 연구하는 데는 여러 가지 고민해야 할 과제가 있다. 예를 들어 '여자'와 '여성'이라는 용어를 어떻게 사용해야 할지, 여성 담론과 여성 단체의 출현 및 활동에 대한 객관적 평가가 가능할지 또는 여성 문제와 여자 교육 담론의 경계를 어떻게

---

24) 『대한매일신보』, 1908.9.1., 大韓의 缺點.

설정할지 등과 같은 문제가 대표적이다.

이 연구에서는 사전적 의미를 준거하여 성차별과 성역할을 중심으로 한 담론을 '여성'이라는 용어로 표현하고, 근대 계몽기에 '여성 교육'이라는 용어가 사용되지 않았음을 고려하여 '여자 교육'이라는 용어를 사용한 뒤, 이 시기 신문 9종에 나타난 관련 자료를 최대한 조사하고자 하였다. 그 결과 여성 담론과 여자 교육과 관련된 284편의 자료를 추출하고, 그 가운데 85편의 논설을 중점적으로 분석하고자 하였다. 논문의 주요 내용을 요약하면 다음과 같다.

첫째, 85편의 논문을 주제별로 분석한 결과, 여자 교육론 38편, 여성의 지위(9편), 혼인 문제(8편), 여성 단체(7편), 구습 타파(5편), 의복 문제(5편), 성역할 문제(4편) 등의 분포를 확인하였다. 이 분류를 바탕으로 각 논설의 내용을 주제별로 정리하고자 했는데, 유사성을 보이는 '여자 교육론'과 '여성 단체', '여성의 지위와 성역할', '구습 타파와 혼인 문제', 그 밖의 주제로 나누어 기술하였다.

둘째, 여성 문제와 여자 교육 담론의 의미와 한계를 규명하기 위해 '성역할과 여성관 변화', '여자 교육론의 특성과 한계'를 나누어 고찰하고자 하였다. 먼저 성역할과 여성관 변화에서는 남녀동등권의 개념에 주목하였다. 이 개념 속에는 서양에서 비롯된 문명과 야만의 대립, 국가 경제상 여성의 사회활동으로 얻는 이익 관념 등이 포함되며, 이 논리를 바탕으로 '교육 우선주의', '충군애국론'이 결합됨을 확인할 수 있었다. 따라서 남녀동등의 개념이 성역할에 대한 바른 인식이나 여성의 자아의식, 또는 정체성을 바탕으로 한 각성 등과 같은 여성운동의 본질과는 다소 거리가 있음을 알 수 있었다. 다음으로 여자 교육론을 주제로 한 논설을 대상으로 여자 교육의 당위성과 필요, 내용과 방법, 문제점과 한계로 나누어 그 내용을 살피고자 하였다. 그 결과

이 시기 대부분의 논설에서 여자 교육의 필요와 당위를 역설하였으며, 일부는 여학교 관제 제정 움직임까지 나타났으나 현실적인 성과는 미흡했음을 알 수 있었다. 또한 여자 교육의 내용과 방법을 대상으로 한 논설의 경우 전통적인 현모양처의 여성관과 어머니 교육을 강조한 논설이 다수를 차지하고 있으며, 실제 교육 내용에서도 전통적인 여훈서를 대상으로 한 경우가 많았다는 점에서 이 시대 여자 교육의 한계를 확인할 수 있었다. 아울러 이 시기 여자 교육의 문제점과 한계를 비판한 논설에서 허영심이나 사치 문제, 덕행 결핍 등과 같이 여성 운동과 여자 교육이 갖는 문제점이 다수 드러나 있음을 확인할 수 있었다.

이 논문은 근대 계몽기의 시대 상황과 각 논설 담론의 인과관계를 정치하게 분석하는 문제나 신문 이외의 잡지 매체나 교과서 등과의 관계를 고려한 분석 면에서는 일정한 한계를 갖고 있다. 이 문제는 이 연구의 후속 논문에서 좀 더 자세히 다룰 예정이다. 그럼에도 이 논문은 여성 담론과 여자 교육 문제가 통시적 차원에서 어떤 변화를 보이는지, 그 요인은 무엇인지를 규명하는 데 어느 정도 기여할 수 있을 것으로 기대한다.

제7장 근대의 가정학과 여자 교육※

1. 서론

역술(譯述)이란 번역하여 기술하는 것을 말한다. 시대와 사회를 막론하고 번역·편술은 지식 유통의 중요한 수단이다. 그런데 우리나라 근대 계몽기는 다른 나라에서 볼 수 없었던 독특한 역술 문화(譯述文化)를 갖고 있었던 것으로 생각된다. 1910년대 문학에서 번역과 번안이 두드러진 발전을 보였음을 주목한 박진영(2011)은 번역이나 번안이 시대의 산물이자 상상력의 산물이라고 결론을 내린 바 있다. 번역을 시대정신과 상상력의 산물로 본 그 지적은 정확하다. 더욱이 번역 작품이나 번안물일지라도 시대뿐만 아니라 상상력이 작용한 결과로

※ 이 글은 『인문과학연구』 제46호(2015, 강원대학교 인문과학연구소)에 게재한 논문을 수정한 것임.

보는 것은 오차가 없다. 그렇다면 문학 작품 이외의 번역은 어떠할까?

이 연구는『조양보(朝陽報)』제1호(1906.6)부터 7호까지 연재된 '부인의독(婦人宜讀): 가뎡학, 하던가ᄌ 뎌, 됴양보ᄉ 역', 박정동 역술(1907)의『신찬가정학』(우문관),『호남학보(湖南學報)』제1호(1908.6)부터 제9호까지 연재된 이기(李沂)의 '가정학설(家政學說)'을 연구 대상으로 이시기 번역·편술이 갖는 특징과 의미를 규명하는 데 목표를 둔다. 여기서 하나의 질문이 제기될 수 있다. 역술 문화를 따지는 데 왜 가정교육론을 대상으로 하는 것일까? 이에는 두 가지 답을 제시할 수 있다. 하나는 근대 지식이 도입되는 과정에서 교육 관련 담론이 활발했다는 점이며, 다른 하나는 교육 관련 지식 가운데 가정교육 지식은 다른 학문 분야에 비해 문체적 다양성을 보인다는 점이다. 이 시기 교육 관련 담론은 '교육의 필요성'이나 '학과 또는 학제'와 관련된 것이 절대적으로 많았으나, 사범학교 교과목에 '교육'이 포함되어 있고, 교육의 목적과 내용, 교수법 등에 대한 지식 수요에 따라 다수의 교과서가 출현하기도 하였다. 예를 들어 기무라 지치(木村知治, 1896)가 현토한『신찬교육학(新撰教育學)』, 유옥겸(1908)의 『간명교육학(簡明教育學)』(右文館), 김상연(1908)의 『신편보통교육학(新編普通教育學)』(東洋書院), 학부편찬(1910)의『보통교육학(普通教育學)』(학부) 등이 대표적인 교육학 교과서이다. 이뿐만 아니라『대한매일신보』1906년 6월 6일자 평양 종로 대동서관 주인의 서적 광고에는 저자를 알 수 없는『여자교육설(女子教育說)』,『가정학(家政學)』이라는 책명이 등장하며,『황성신문』1907년 7월 25일자 서적 광고에도 저자를 알 수 없는『가정교육학(家庭教育學)』이라는 책명이 등장한다.

이 시기 가정교육 지식은 학교의 교과와는 무관한 지식이었다. 그럼에도 가정교육 관련 지식이 교육 담론 가운데 많은 수를 차지한 까닭은 문명진보론과 국가주의의 영향 때문이다. 1905년을 전후로 일본의 유신 담론이나 국가주의와 관련된 다수의 서적이 직수입되고, 일부의 서적은 중국어 역술본으로 도입되었다. 예를 들어 일본 동문관 서적을 전문적으로 발매하는 서점이 등장하였으며, 이들 서적관은 경성뿐만 아니라 평양이나 대구에도 존재했다. 이러한 서적 유입으로 제국주의의 기반을 이룬 문명진화론, 국가주의 이데올로기가 더욱 강화되었으며, 장래의 국가 구성원을 양성하는 데 필요한 아동교육과 가정교육이 강조되었다. 이 시대적 분위기에서 다수의 가정학 역술 서적이 등장하는데 대표적인 것으로 박정동(1907)의 『신찬가정학(新撰家政學)』(우문관), 현공렴(1907)의 『신편가정학(新編家政學)』(일한도서인쇄주식회사), 『한문가정학(漢文家政學)』(일한도서인쇄주식회사)이 있었으며, 『황성신문』 1908년 10월 27일자의 서적 광고에는 저자와 출판사를 알 수 없는 『국문가정학』(박정동 역술서와 동일본일 가능성도 있음)이라는 책도 판매되었던 것으로 나타난다.

이뿐만 아니라 가정교육 관련 지식은 근대 계몽기의 신문이나 학회보에도 빈번히 등장하는데, 그 가운데 연재물 형태로 된 것으로는 다음과 같은 것들이 있다.

(1) 근대 계몽기 학술지에 연재된 가정교육론

연월일	학회보명	호수	필자	제목	문체
1906.06.15	조양보	제1호~제7호	됴양보스 역	婦人宜讀: 부인이 맛당히 일글 데일회라, 가정학	순국문
1906.11.01	소년한반도	제1호~제6호	李膺鐘	아모권면: 모든 아히 어머니를 권면	순국문
1906.06.01	가뎡잡지	제1호~제2호	량긔탁	가뎡교육론	순국문
1907.04.01	서우	제3호~제10호	金明濬	家政學	국한문

연월일	학회보명	호수	필자	제목	문체
1907.12.24	태극학보	제16호 ~제26호	金壽哲	家庭敎育法	국한문
1908.06.25	호남학보	제1호 ~제9호	李沂	[各學要領] 第二: 家政學說	국한문+일부 순국문 대조
1909.03.20	대한흥학보	제1호	金壽哲 譯述	家庭敎育法(前 太極學報 第二 十七號 續)	국한문

표에서 확인할 수 있듯이, 가정교육 지식 보급이 본격적으로 이루어진 시기는 1906년 전후로 보인다. 특히 학회보의 연재물 가운데 김수철(1907), 이기(1908)를 제외하면, 다른 연재물들은 순국문으로 역술하였는데, 그 이유는 가정교육의 대상 독자를 여성으로 하였기 때문으로 볼 수 있다. 특히 1906년 여성 독자를 대상으로 한 『가뎡잡지』가 출현한 점도 주목할 만한 일이다.

이들 연재물은 가정교육의 구체적인 내용을 담고 있는데, 이 가운데 됴양보ᄉ 역(1906)의 '부인의독'은 '하뎐가ᄌ(시모다 우타고, 下田歌子)'의 책을 역술한 것임을 밝혔다. 흥미로운 점은 이보다 늦게 발행된 박정동(1907)의 『신찬가정학』(우문관)과 이기(1908)의 '가정학설'도 내용이 동일한 점이다. 이에 대해서는 이미 전미경(2005), 임상석(2013)에서 논의된 바 있으나, 이 시기 역술 문화의 차원에서 세 자료를 대조한 것은 아니다. 따라서 이 논문에서는 근대 지식 보급 과정에서 역술이 중시된 이유를 밝히고, 세 자료를 대비하여 박정동(1907)과 이기(1908)의 가정학 역술이 갖는 의미를 밝히는 데 목표를 둔다.

2. 근대 지식 수용과 역술(譯述)의 필요성

학문사(學問史)에서 지식은 단순한 앎을 지칭하는 개념이 아니다. 학문의 체계와 이념에 관심을 기울였던 이성규(1993)에서는 "학문은 단순한 앎이 아니라 한 사회가 연구, 교육, 학습할 만한 가치가 있다고 설정한 지식의 체계적인 집합"이라고 규정한 바 있다.[1] 이 말과 같이 지식은 사회와 학문을 구성하는 주요 요인이 될 뿐만 아니라, 합리와 실증을 바탕으로 추출된 결과물이다. 지식이 학문 연구의 결과물이라는 점은 새삼 언급할 필요가 없다. 그러나 모든 지식이 탐구의 결과만으로 생성되는 것은 아니다. 특히 급속한 학문 발달이 이루어진 근대 이후에는 산출된 지식이 어떻게 보급·유통되는가가 더 흥미로운 연구 과제가 될 수 있다. 이 문제는 동서양 학문 교류의 역사를 연구한 여러 학자들이 각자의 전공 분야에서 빈번히 논의했던 과제이다.

우리나라에서도 17세기 이후 서양의 학문이 들어오기 시작한 것으로 알려져 있다. 강재언(1981)에 따르면 실학자 이수광이 『지봉유설』에서 마테오리치의 세계 지도를 가져온 것으로 알려져 있으며, 실학 시대에 이르기까지 22종의 서양 학술서와 13종 이상의 종교 교리서가 들어왔다. 개항 이후 신지식의 도입 과정에서 번역과 저술의 필요성이 본격적으로 제기되었는데, 이는 이광린(1979, 1986), 길진숙(2004) 등에서 살핀 바와 같이 개화사상 또는 문명론의 기반을 이루었다. 그러나 1880년대의 신지식 도입과 보급은 『한성순보』, 『한성주보』를 비롯한 몇 종의 신문과 헐버트가 저술한 『ᄉᆞ민필지』와 같은 극소수의

---

1) 이성규(1993), 「동양의 학문 체계와 그 이념」, 소광희 외(1993), 『현대의 학문 체계』, 민음사. 이 책에는 현대 학문의 분류와 체계를 대상으로 10편의 논문이 수록되어 있다.

교과서에 불과하였다. 그 이후 유길준(1892)의 『서유견문』의 출현이
나 1895년 신학제의 도입에 따른 학부 편찬 교과서[2]의 출현 등이
있었으나, 신학제에 충당할 만한 교과서의 개발과 보급조차 충분하지
못한 상황이었다.[3]

　신지식의 도입과 보급 과정에서 지식인과 학생들을 중심으로 등장
한 주요 이데올로기는 입지(立志), 권학(勸學), 분발(奮發), 문명개화(文
明開化), 부국(富國)과 애국(愛國), 경쟁(競爭)과 진화(進化) 등의 용어로
정리될 수 있다.[4] 특히 지식 도입과 보급 과정에서 신지식을 보급하여
개명을 이끌어야 한다는 개유신지(開牖新智)의 논리가 빈번히 제기되
었다. 다음 논설을 살펴보자.

(2) 著述書籍開牖新智

　世界列邦之開牖人智가 其在乎學問이오 學問之源이 在乎敎育이오 敎育
之具기 在乎書籍이라. 故로 有志學士家ㅣ 輒於諸般實業上學問에 或著專門
一書ㅎ며 或集述諸家ㅎ며 或備述先覺ㅎ고 演附私淑ㅎ야 以成全璧홈이 剞
劂而行于世ㅎ야 以爲開牖人智之繰鑄焉ㅎ니 才智者ᄂᆞᆫ 一見而輒有所得ㅎ고
愚昧者ᄂᆞᆫ 調究而頗有所解ㅎ야 人之鐘賚才機가 由是而日益彰明焉이라. (…
중략…) 我韓은 著述者ㅣ 未聞有一人焉ㅎ고 刊行者ㅣ 未聞有一帙焉ㅎ니 人

---

2) 1895년 신학제 도입 이후 학부 편찬 교과서는 지식 보급에서 중요한 의미를 갖는다. 1897
　년 발행된 학부 편찬의 『태서신사남요(泰西新史攬要)』에는 1896년 6월 학부 편집국 편찬
　서적명이 실려 있는데, 이에 따르면 이 시기까지 학부에서 편찬한 교과서는 모두 21종
　23책이 있다.
3) 이 시기 교과서에 대한 연구로는 이종국(1991), 허재영(2009) 등을 참고할 수 있다.
4) 최근 근대 계몽기의 학문론에 대한 관심이 높아지면서 이러한 이데올로기에 대한 연구
　성과도 축적되고 있다. 이광린(1986)에서 제기된 한국 개화사의 여러 문제나 2000년대
　이후 이화여자대학교 한국문화연구원(2004, 2006, 2007)에 수록된 논문들은 한국 근대
　계몽기와 일제강점기의 학문 경향과 이데올로기의 성격을 보여준다.

物之知覺이 可謂一頭於淸人이라 徜不愧哉아. 傍人이 哂之曰 文集之剞劂과 譜釋之印出이 種種有之ᄒ니 豈可謂著述이 無一人이며 刊行이 無一帙이리오. 曰如又集者ᄂ 疏箚 尺牘 墓誌 吟詠之陳覃오 譜釋者ᄂ 氏族派系名字之列錄이니 夫何益於開牖人智리오.

〈번역〉 세계 열방의 인지를 여는 것은 학문에 있고, 학문의 근원이 교육에 있으며, 교육의 도구가 서적에 있다. 그러므로 뜻있는 학사 전문가가 제반 실업상의 학문에서 빈번히 전문 분야의 책을 저술하며, 혹은 여러 전문가의 저술을 모으기도 하며, 혹은 선각자의 저술을 준비하기도 하고, 개인적인 연구에 몰두하기도 하여 완전한 성과를 이루어 이를 새겨 세상에 행함으로써 인지를 밝혀 사람을 개유하니, 지식이 있는 자는 한 번에 얻는 바가 있고, 우매한 자는 고루 탐구하여 이해하는 바가 있으니, 사람이 재주를 닦는 기구가 이로 말미암아 더욱 밝아질 따름이다. (…중략…) 우리나라는 저술자가 한 사람이라도 있다는 말을 듣지 못했고, 한 질이라도 간행한 것이 있다는 말을 듣지 못했으니 인물의 지각이 가위 중국의 한 사람의 머리밖에 안 되니 어찌 부끄럽지 않은가. 어떤 사람이 비웃으며 말하기를 문집을 새기고 족보를 해석하여 인출한 것이 종종 있으니, 어찌 가히 저술한 것이 한 사람도 없으며 간행한 것이 한 질도 없다고 하겠는가 하나 이 문집이라는 것은 소차(疏箚), 척독(尺牘), 묘지(墓誌), 음영(吟詠)을 진술한 것뿐이오, 보석(譜釋)이라는 것은 씨족(氏族) 파계(派系) 명자(名字)를 나열하여 기록한 것이니 어찌 인지를 개유하는 데 도움이 되겠는가.

—『황성신문』, 1901.7.23, 논설.

이 논선은 개유신지(開牖新智)를 위한 서적 출판의 필요성을 강조한 논설로, 1900년대 신문과 잡지에서 빈번히 발견할 수 있는 계몽 논설의 하나이다. 이러한 개유신지론은 이 시기 신문류에서 빈번히 발견되는데 최초의 국문 신문이었던 『독립신문』의 경우 지식을 전제로 한 '학문' 관련 논설만도 100여 회 이상 게재되었으며, 그 가운데 가장 빈도가 높은 것이 '학문 보급'과 '신문의 용도'에 대한 것이었다.[5] 다음 논설을 살펴보자.

(3) 오늘날 유지각 ᄒᆞᄂᆞ이들의게 고ᄒᆞ노니 이일을 쥬의ᄒᆞ야 듯고 시쟉ᄒᆞ기를 ᄇᆞ라노라 정부에셔 학교들을 시쟉 ᄒᆞ엿스나 ᄀᆞᄅᆞ칠 칰은 아죠 업ᄂᆞᆫ 셰음이고 ᄯᅩ 농ᄉᆞ ᄒᆞᄂᆞᆫ 빅셩과 샹민과 쟝ᄉᆞ들이 무엇슬 비호고 스프되 비홀 칰이 업슨즉 셜령 비호고 스푼 ᄆᆞᄋᆞᆷ이 잇드릭도 ᄀᆞᄅᆞ치ᄂᆞᆫ 사름도 업고 칰 가지고 비홀슈도 없스니 엇지 빅셩이 진보ᄒᆞ기를 ᄇᆞ라리요 남의 나라에셔ᄂᆞᆫ 칰 ᄆᆞᆫ드ᄂᆞᆫ 사름이 국즁에 몃 쳔명식이요 칰 회샤들이 여러 빅기라 칰이 그리 만히 잇시도 둘마다 새 칰을 몃 빅권식 ᄆᆞᆫ드러 이회샤 사름들이 부ᄌᆞ 들이 되고 ᄯᅩ 나라에 큰 ᄉᆞ업도 되ᄂᆞᆫ지라 죠션도 이런 희샤 ᄒᆞ나히 싱게 각식 셔양 칰을 국문으로 번역ᄒᆞ야 츌판 ᄒᆞ거드면 쳣지ᄂᆞᆫ 이칰들을 보고 농ᄉᆞ ᄒᆞᄂᆞᆫ 사름들이 농법을 비홀터이요 쟝ᄉᆞ ᄒᆞᄂᆞᆫ 사름들이 샹법을 비홀터이요 각식 쟝ᄉᆞ들이 물건 ᄆᆞᆫ드ᄂᆞᆫ 법을 비홀터이요 관인들이 정치 ᄒᆞᄂᆞᆫ 법을 비홀터이요 의원들이 고명ᄒᆞᆫ 의슐들을 비홀터이요

---

5) 『독립신문』 소재 학문론 분석은 '한국 근현대 학문 형성과 계몽 운동의 가치'라는 연구 과제를 수행하면서 별도로 진행하고 있다. 현재 조사한 자료에 따르면 신지식을 보급해야 한다는 논리를 담고 있는 『독립신문』의 논설류는 100여 편에 이른다. 이들 논설을 '학문(19), 신문(16), 언어(7), 정치(6), 교육(5), 법률(5), 의학(5), 종교(5), 지식유통(5), 개화(3), 국가(3), 애국(3), 국민(2), 군사(2), 위생(2), 인종(2), 지리(2), 경제(1), 과학(1), 기타(1), 민권(1), 생물학(1), 유학(1), 일본관(1), 자유(1)' 등의 키워드를 중심으로 분류하여 분석한 결과 가장 많은 분포를 보이는 논설은 '학문의 중요성'을 강조하는 것이었으며, 이를 실행하는 방편으로 신문의 역할을 강조하고 서적을 출판해야 한다는 논리였다. 이에 대해서는 별도의 논문으로 발표할 예정이다.

학교에 가는 사름들이 각국 긔스와 산학과 디리와 텬문학을 다 능히 비홀
지라 문명 기화 ᄒᆞᄂᆞᆫᄃᆡ 이런 큰 스업은 다시 업슬터이요 쟝스 ᄒᆞᄂᆞᆫ 일노
보드리도 이보다 더 리 눔을거시 지금은 업ᄂᆞᆫ지라 유지각흔 사름 멧치
이런 회샤 ᄒᆞ나를 모화 놉흔 학문 잇ᄂᆞᆫ 죠션 말 ᄒᆞᄂᆞᆫ 셔양 사름 ᄒᆞ나를
고립 ᄒᆞ야 이런 칙들을 모도 번역ᄒᆞ여 츌판 ᄒᆞ거드면 일년 ᄂᆡ에 큰 리가
눔을거슬 밋고 이화샤 ᄒᆞᄂᆞᆫ 사름들은 죠션에 큰 스업 ᄒᆞᄂᆞᆫ 사름들노 싱각
ᄒᆞ노라 이런 일을 정부에다 밀고 아니 ᄒᆞᄂᆞᆫ거시 어리셕은 일이니 경향간
에 나라와 ᄇᆡᆨ셩도 스랑 ᄒᆞ고 큰 쟝스도 ᄒᆞ랴ᄂᆞᆫ 사름들은 이일 시쟉 ᄒᆞ기
를 ᄇᆞ라노라.

―『독립신문』, 1896.6.2, 논설.

이 논설은 서양책을 국문으로 번역해야 할 필요성을 강조한 논설이
다. 근대식 학제 도입 직후 절대적으로 부족한 서적 출판 문제를 해결
하는 방책으로 서양 서적 번역이 시급한 문제였음을 강조하고 있는
데, 이러한 상황은 1900년대 이후에도 별반 나아지지 않았다. 그렇기
때문에 『황성신문』이나 『대한매일신보』에서도 개유신지를 위한 역
술의 중요성을 끊임없이 강조하고 있다.

(4) 書籍이 爲開發民智之指南: 方今世界 列國의 情形을 觀察ᄒᆞ건ᄃᆡ 彼開明
富强흔 國民은 皆愛國熱心이 有ᄒᆞ야 國家事를 自己事로 擔着ᄒᆞ야 活潑進取
ᄒᆞ기로 爲主흠이 若其自國의 勸力은 他人에게 不讓ᄒᆞ기로 人民의 義務를
슴ᄂᆞ니 此ᄂᆞᆫ 無他라 知識이 開明ᄒᆞ야 國家榮辱이 곳 自己 榮辱됨을 認知ᄒᆞ
ᄂᆞᆫ 緣故라. 今에 大韓人民은 此日를 當ᄒᆞ야 果然 如何흔 境遇에 臨迫ᄒᆞ얏
ᄂᆞ뇨 他人의 奴隷와 獸畜이 되미 卽 月下必至之勢라. (…중략…) 然則 大韓
人民으로 ᄒᆞ야곰 愛國熱心을 養成코져 ᄒᆞ면 民智를 開牖흠에 在ᄒᆞ고 民智

를 開牖코져 흘진딕 書籍이 緊要흔지라 目今 大韓 國中에 諸般 社會가 稍稍 成立흐얏스니 其發起倡立흔 人員은 皆有志者라. 各其 社會 中에셔 一般 會員을 愛國熱心으로 一致 養成코져 흐면 先히 東西各國 近世史記와 有名흔 人物의 史蹟과 各種 學業의 文字를 或 國漢文을 交用흐야 譯述흐며 或 純國文으로 以흐며 或 歌謠로 以흐야 曉解흐기를 便易케 흐며 感觸흐기를 深切케 흐야 一般 會員이던지 其他 人民이던지 廣爲授讀흐야 作業之暇에 或 朗讀흐며 或 討論흐야 其滋味를 得흐게 흐면 不過 十種 內外間에 感化力이 滋長흐야 知識의 開發도 되고 愛國熱心이 一致奮發흐야 一等 開明흔 人類가 되리니 諸般 社會는 此事에 注意勉力흠을 十分 切望흐노라.

〈번역〉 서적이 민지 개발의 지남이 됨: 지금 세계 열국의 정형을 관찰하면 저 개명 부강한 국민은 모두 애국하는 마음이 뜨거워 국가의 일을 자기의 일로 생각하고 활발히 진취하기를 위주함에 만약 그 국가의 권력은 타인에게 양도하지 않는 것을 인민의 의무로 삼으니 이는 다름이 아니라 지식이 개명히여 국가 영욕이 곧 자기의 영욕됨을 인지하는 까닭이다. 지금 대한 인민은 이때를 당하여 과연 어떠한 경우에 임박하였는가. 타인의 노예와 짐승 가축이 됨이 곧 지금에 도달한 형세이다. (…중략…) 그러므로 대한 인민으로 하여금 애국하는 뜨거운 마음을 기르고자 한다면 민지를 개유(開牖)하는 데 있고, 민지를 개유하고자 한다면 서적이 긴요한지라, 지금 대한 국중에 제반 단체가 점점 성립되었으니 그 발기 창립한 사람들은 모두 유지한 인사라, 각기 사회(단체)에서 일반 회원을 애국 열심히 일치 양성하고자 하면, 먼저 동서 각국의 근세 역사서와 유명한 인물의 사적과 각종 학업의 문자(서적)를 혹 국한문을 교용하여 역술하며 혹 순국문을 사용하여 혹 가요로 쉽게 이해하고 편히 알게 하여 접하기 쉽게 하여, 일반 회원이든지 기타 인민이든지 널리 구하여 읽도록 하여 일할 겨를에 혹 낭독하고 혹 토론하여 그 재미를 얻게 하면 불과 십종 내외간에 감화력이 점차 자라서 지식의 개발도 되고 애국하는 뜨거운 마음이 일치 분발하여 한층 개명한 인류가 되리니, 제반 단체는 이러한 일에 주의하고 힘써 함을 매우 희망하노라.

—『대한매일신보』, 1905.10.12, 논설.

이 논설에서는 민지 개발이 애국 열성을 위한 일이며, 개유의 방편으로 국한문 또는 순국문 역술 작업이 필요함을 강조하고 있다. 이러한 논리는 『대한매일신보』뿐만 아니라 『황성신문』에서도 빈번히 발견되는데,6) 이들 주장의 공통된 논리는 개유신지를 위해 외국 서적을 번역 편술해야 한다는 것이다. 이러한 배경에서 근대 계몽기의 다양한 역술 논저가 출현하였다.

3. 근대 계몽기 역술·인포(印布)의 특징

근대 계몽기 역술 논저 가운데는 번역 대상물이 어떤 것인지, 어떤 경로로 번역을 하게 되었는지 밝혀져 있지 않은 것들이 매우 많다. 됴양보ㅅ 역(1906)에서 밝힌 '하뎐가즈'는 일본 가정학자인 시모다 우타고(下田歌子)이다. 시모다는 1854년 일본 이와무라(岩村) 번주의 장녀로 태어나 1882년부터 본격적으로 여성 교육에 참여하였으며, 1893년에는 구미 각국의 여자 교육을 시찰하고 귀국 후에는 '제국부인협회(帝國婦人協會)'를 창설한다. 시모다는 일본뿐만 아니라 중국과 한국의

---

6) 『황성신문』 1902년 4월 30일자 논설 '宜廣布新書'나 1903년 2월 28일 '宜廣編書籍', 1905년 4월 4일자 '書籍印布爲開明之第一功業' 등은 개유신지를 위한 서적 역술을 주장한 대표적인 논설이다.

여자 교육에도 관심을 기울였던 것으로 알려져 있는데, 한웨이(韓韡, 2014)에 따르면 1899년 제국부인협회 부속 실천여학교를 설립한 뒤, 다수의 중국 유학생을 수용하여 이들을 위한 가정교육과정(家政教育課程)을 두었다. 시모다는 가정 관계 서적을 많이 출판했는데, 1893년 『가정학(家政學)』, 1898년 『부녀가정훈(婦女家庭訓)』, 1899년 『가사요결(家事要訣)』, 1900년 『신선가정학(新選家政學)』 등의 저서를 출판했다.[7]

조양사 역(1906) 이후 박정동(1907), 이기(1908) 등이 역술 대상으로 삼았을 것으로 추정되는 원저작물은 시모다의 『신선가정학(新選家政學)』이다. 이 책은 1900년 일본 도쿄의 긴코우도(金港堂) 주식회사에서 초판이 발행되었으며, 비슷한 시기 중국어로 역술되었다.[8] 원본과 역술본은 구성상 다소의 차이가 있는데, 한웨이(韓韡, 2014)에서 정리한 것을 소개하면 다음과 같다.[9]

(5) 『신선가정학』의 중국어 번역판 비교

卷	章	新選家政學	家政學	新編家政學	新撰家政學	聶氏重編家政學
		下田歌子	錢单士釐	作新社	湯釗	曾紀芬

---

7) 시모다의 가정학 관련 저서에 대해서는 전미경(2005)을 참고할 수 있다.

8) 전미경(2005)에서는 중국어로 역술한 『신선가정학』은 우루룬(吳汝綸)이 역술하였다고 밝힌 바 있다. 또한 한웨이(韓韡, 2014)에서는 이 시기 시모다 우타고의 『신선가정학』을 중국어로 역술한 것이 쿼안단시리(錢单士釐, 1902), 『가정학(家政學)』(출판사 불명, 중국 국가도서관 소장), 역술자 미상(1902), 『신편가정학(新編家政學)』(作新社, 上海図書館藏), 탕자오(湯釗, 1905), 『신찬가정학(新撰家政學學)』(廣智書局, 中國首都図書館藏·上海図書館), 쳉졩분(曾紀芬, 1903), 『섭씨중편가정학(聶氏重編家政學)』(浙江官书局, 中國國家図書館藏·東京大學東洋文化研究所藏) 등의 4종이 있었음을 고증하였는데, 내용과 편제가 대동소이하므로 국내에서 역술한 대상 서적은 일본 긴코우토(金港堂)에서 발행한 것이었거나 중국에서 역술한 것 가운데 하나였을 것으로 추정된다.

9) 韓韡(2014: 20~21), 淸末における下田歌子著『新選家政學』の飜譯·出版について, 『言葉と文化』 15, 名古屋大學院國際言語文化科 日本言語文化專攻. 日本.

卷	章	新選家政學	家政學	新編家政學	新撰家政學	聶氏重編家政學
上卷	一	總論	總論	第一編 總論		總論
	二	家內衛生	家內衛生	第二編: 家人之監督(教育幼兒, 家庭教育, 小學教育, 養老, 病者之看護)		教育初基
	三	家事經濟	家事經濟			教育漸次
	四	飲食	飲食			教育總義
	五	衣服	衣服	第三編 一家之風範(家庭習慣, 兒女儀範, 溫良之德, 規則秩序習慣, 早起利益, 家庭之陳設, 戶內快樂, 交際)		家庭表率
	六	住居	住居			理財
下卷	一	小兒教養	小兒教養		小兒教養	養老
	二	家庭教育	家庭教育		家庭教育	治病
	三	養老	養老	第四編: 衛生(光線空氣土地, 室內運動, 身體之清潔, 飲食, 衣服, 住宅, 避難)	養老	衛生
	四	看病	看病		看病	交際
	五	交際	交際		交際	避難
	六	避難	避難	第五編: 一家之財政(財政之要旨, 出納, 貯蓄, 購求物品)	避難	奴僕使役
	七	奴僕使役	奴僕使役		奴僕使役	

이 표에서 확인할 수 있듯이, 시모다의 저서 가운데 중국어 역술본은 13장의 체제를 유지한 것과 5편으로 재구성한 것 두 종이 있음을 알 수 있다. 이는 국내에서 역술된 자료도 비슷한데 전미경(2005)에서 밝힌 현공렴의 『신편가정학(新編家政學)』(1907, 일한도서인쇄주식회사)과 『한문가정학(漢文家政學)』(1907, 일한도서인쇄주식회사), 『신정가정학(新訂家政學)』(1913, 유일서관)은 작신사(作新社)의 『신편가정학(新編家政學)』을 대상으로 한 것이다. 이처럼 현공렴이 중국 역술본을 대상으로 역술 작업을 진행한 데에는 한어 역관(漢語 譯官) 출신이었던 아버지 현채(玄采)의 영향이 적지 않았을 것으로 보인다.

그런데 비슷한 시기에 역술된 조양사 역(1906), 박정동(1907), 이기(1908)의 역술 자료는 현공렴의 역술과는 다소 차이가 있다. 세 자료를 구체적으로 비교해 보면 다음과 같다.

(6) 역술 자료 비교

제목	필자	내용	비고
(부인의독) 가정학	대한 됴양보 샤	제1호: 가정의 관계//가계의 필요/가정의 척임/가정의 되강/가인의 감독 제2호: 유아교육의 되요/티육의 관계/잉부의 위싱/잉부의 동졍/포육[졋먹여 키운ᄂᆞᆫ 말이라]/유모의 쥬의 제3호: 유모의 션틱/인공 포육/포유 시각/단유긔/소아의 의 식 슉/의복의 종류/의복의 졔조/의복의 증감 제4호: 음식의 분량/음식의 쥬의/거쳐를 가려셔 할 일/실닉의 졍결/아희들의 이 나고 마마할 씌의 질병/동두ᄒᆞᄂᆞ거시 필요한 일/동두시키는 기한 제5호: 동두시키는 경역/아희덜의 각식병/병증세에 되단이 쥬의할 일/병 구완ᄒᆞᄂᆞ 방법 제6호: 소아의 동졍과 밋 유회ᄒᆞᄂᆞ 일/졔일은 잠ᄌᆞᄂᆞ 일이니/졔이는 운동ᄒᆞᄂᆞ 일이나/졔슴은 함양ᄒᆞᄂᆞ 일/졔ᄉᆞᄂᆞ 목욕 시긔ᄂᆞ 일이니 제7호: 졔오ᄂᆞ 유회ᄒᆞᄂᆞ 일이니/ 졔뉵은 작난감이니/ 뎨칠은 보모이니/졔이장 가졍교휵/ 졔일은 가졍교휵의 요지 〈조양보〉 제8호 이하에는 연재되지 않았음.	ㄱ. 원저자를 밝힘. ㄴ. 역술자가 누구인지 드러나지 않음. ㄷ. 연재물. ㄹ. 순국문.
신찬가정학 (新撰家政學)	박정동 (朴晶東)	第一章 어린 아히 교양: 一. 태중에셔 교육/二. 졋 먹여 길음/三. 어린 아히의 복과 음식과 거쳐/四. 어린 아히의 니 늘ᄯ ᆷ 종두함/五. 어린 아히의 동졍과 희롱/ 第二章 가졍 교육: 一. 가졍 교육의 필요/二. 가졍 교육의 목젹/三. 가졍 교육의 방법 第三章 늙은이 봉양: 一. 로인 동졍과 봉양/二. 로인의 병환 第四章 병보음: 一. 병남/二. 쥬장ᄒᆞ야 치료ᄒᆞᄂᆞ 의원/三. 병실/四. 병 구원 第五章 교례: 一. 방문/二. 티객/三. 양응/四. 셔신/五. 졍표 第六章 피난: 一. 화지/二. 풍지/三. 진지/四. 수히/五. 적환 第七章 하인을 부림: 一. 하인을 역ᄉ ᆞ 식힘/二. 하인을 취함	ㄱ. 원저자를 밝히지 않음. ㄴ. 단행본 교과서. ㄷ. 〈조양보〉 제1호 번역본이 없으며, 제1장 전체와 제2장 1절이 조양보와 겹침
가정학설 (家政學說)	이기 (李沂)	제1호: 家政學說(서론에 해당하는 부분임)//家政學 總論 第一: 家庭의 關係/家庭의 必要/家庭의 責任/家庭의 大綱//家人監督 第二: 幼兒를 敎育ᄒᆞᄂᆞ 大要/胎育의 關係 제2호: 姙婦의 衛生/姙婦의 動靜/哺育/母乳의 注意/母乳의 選擇/人工哺育/乳ᄅᆞᆯ 哺ᄒᆞᄂᆞ 時刻/乳ᄅᆞᆯ 斷ᄒᆞᄂᆞ 期 제3호: 小兒의 衣食宿/衣服의 種類/衣服의 製造/衣服의 增減/衣服의 淸潔/飮食의 種類/食物의 調理/飮食의 分量/食時의 注意/居ᄒᆞᄂᆞ 室의 選擇 제4호: 室內의 整頓/小兒의 生齒 種痘 疾病/生齒를 徵候/種痘의 必要/種痘의 期/種痘의 經歷/小兒의 疾病/病徵과 看護의 方法 제5호: 小兒의 動靜과 遊戱/睡眠/運動/涵養/入浴/附記/遊戱/翫具[一名 戱具]/保姆[一名 乳母] 제6호: 第一 家庭敎育의 要旨/一. 品格/二. 習慣//第二. 家庭敎育의 準備 제7호: 一. 大成을 期ᄒᆞᆷ이라/二. 先哲을 則ᄒᆞ라.//第三. 家庭敎育의 方法/一. 敎育의 次序/ 二. 敎育의 程度 제8호: 三. 賞罰의 寬嚴//第四. 家庭敎育의 戒則(10가지 계칙) 제9호: 第三章 小學敎育/第一 小學敎育의 要旨/第二. 兒童을 敎育ᄒᆞᄂᆞ 主腦//第四章 養老	ㄱ. 원저자를 밝히지 않음. ㄴ. 연재물. ㄷ. 제1호 가정학설 부분은 다른 번역물에 없음. ㄹ. 제1호 총론은 〈조양보〉와 겹치며, 제2호부터 제8호까지는 〈조양보〉, 박정동(1907)과 겹침. ㅂ. 제9호의 소학교육은 다른 번역물에 없음.

표에서 확인할 수 있듯이, 시모다의 가정교육론을 처음으로 역술한 자료는 됴양보스 역(1906)이다. 전미경(2005)에서 밝혔듯이, 이 자료는 우룬룬(吳汝倫)의 역술본을 대상으로 한 것이다.[10] 이에 비해 박정동 (1907)은 시모다의『신선가정학』하권과 장절 체계가 동일한 것을 쉽게 확인할 수 있으므로, 일본어판을 원본으로 역술한 것임을 알 수 있다. 이 점에서 두 자료는 번역 과정에서 어휘 선택이나 문장 진술은 동일하지 않다. 이는 역술 대상 서적과 역술자가 다름을 의미한다. 다음을 살펴보자.

(7) 조양사 역(1906)과 박정동(1907)의 비교

ㄱ.『조양보』제3호: 유모의 션튁

싱모가 만일 연고 잇셔, 능히 졋슬 먹이지 못ㅎ면 부득이 유모를 졍ㅎ야 먹일지니, 반다시 그 신체 강건ㅎ고 셩질이 온량ㅎ고 병이 업셔, 나이 이십이나 삼십스오 셰 되니를 기리되, 그 나와 및 히산흔 날이 싱모로 더부러 상등흔 사람이 더욱 맛당ㅎ니라. 다만 자녀를 유모의 게만 맛기지 말고 반다시 셕셕로 간찰ㅎ고 또 유모를 디졉ㅎ되 관유ㅎ고 자이흠으로 쥬장을 삼고 그 음식과 의복을 반다시 위싱에 젹당케 ㅎ고 또 니집으로 ㅎ여금 셔로 화합케 흘 거시나, 그러나 그 오릭된 버르슬 속키 변코작ㅎ면 혹 건장흠이 손히 잇실 터이니, 인도ㅎ기를 차차로 흠이 맛당ㅎ니라.

ㄴ. 박정동(1907) 第一章 어린 아히 교양 15~16쪽

---

10) 우룬룬(吳汝倫, 1840~1902)은 중국 안휘성 출생으로 중국 근대의 정치가이자 학자였던 쳰구오판(曾國藩, 1811~1872)의 문하생이었다. 『조양보』제1호의 '반도야화(半島夜話)'에는 우룬룬의 인물됨과 학문 세계가 소상히 소개되어 있는데, 됴양보스 역(1906)의 부인의독을 역술하면서 우룬룬의 학문 세계를 소개했음을 알 수 있다.

생모가 만일 그 아해를 젓먹이지 못ᄒ고 부득이ᄒ야 유모에게 맛길진
딕 맛당히 유모의 체격과 혈분과 나흘 볼지니 반다시 신체가 강건ᄒ
고 셩질이 온량ᄒ며 견렴될 병도 업스며 나혼 이십셰로 삼십사오세까
지 생모의 나와 갓ᄒ며 그 생산혼 날 수가 생모와 만히 어긔지 아니혼
자이라야 가흘지니 생모가 그 어린아해를 유모의게 부탁흘진딕 그
직분은 부득불 다 줄지나 항상 유모의 거동에 쥬의ᄒ야 딕졉홈을 넉
넉히 ᄒ며 의복 음식을 극히 졍결케 ᄒ미 위생에 젹당케 ᄒ야 유모로
ᄒ야곰 우리 가정의 규칙에 무드러 골육과 갓게 흘지니 오직 이 법을
씀에는 반다시 졈졈 화ᄒ게 흘지오 갑자기 그 습관을 변코쟈 ᄒ면
유모의 마음과 몸에 히가 될 넘여가 잇슬지니라.

두 자료에서 중심 내용은 동일하나 번역상의 차이를 확인할 수 있
는데, 이는 역술자의 차이에서 비롯된 것으로 볼 수 있다. 여기서 주목
할 것은 조양사 역(1906)의 역술자가 누구인가인데, 이는 구체적으로
밝혀져 있지 않다.

그런데 주목할 것은 이기(1908)의 역술이다. 이 자료에는 앞의 두
자료에 없는 '가정학설'과 관련된 일반론이 실려 있다. 그러나 『호남
학보』 제1호의 '가정학 총론'부터 제8호의 '상벌의 관엄'까지는 박정
동(1907)과 동일한 체제를 유지하고 있다. 그럼에도 박정동(1907)과
이기(1908)에는 다소의 차이가 나타나는데, 이기(1908)에서는 국한문
역술을 기본으로 일부 내용만 국문을 부가하였다. 이때 부가된 국문
은 국한문을 직역한 것이 아니라, 박정동(1907)에 수록된 내용을 거의
그대로 옮겨 놓은 상태이다. 앞에 인용한 부분을 이기(1908)과 대조하
면 다음과 같다.

(8) 이기(1908)의 '乳母의 選擇' 『호남학보』 제2호

生母가 만일 有故ᄒ야 自哺치 못ᄒ고 不得已 乳母를 雇ᄒ야 哺케 ᄒ즉 乳母를 選定ᄒ기를 가장 留意ᄒ되 반다시 其身體가 强健ᄒ고 性質이 溫良ᄒ고 遺傳ᄒᄂ 病이 無ᄒ고 年이 二十至三十四五歲되ᄂ 者를 擇ᄒ되 其年齡과 分娩ᄒ 期가 生母로 더부러 相等ᄒ면 尤宜ᄒ고 但 子女를 乳母에게 委ᄒᆯ진딘 此時로부터 母의 職을 卸ᄒᆷ이 不可ᄒ고 반다시 時時로 監督ᄒ고 部署에 留意ᄒ고 또 乳母를 遇ᄒ기 寬柔慈愛로 爲主ᄒ야 其衣服飮食을 반다시 衛生에 適케 ᄒ고 또 我家로부터 相化成風케 ᄒᆯ지라. 然이나 其積習을 速變코저 ᄒ면 或 其健康을 損ᄒ기 反易ᄒ니 漸次引導ᄒᆷ이 宜ᄒᆯ지라.

싱모가 만일 그 아히를 졋먹이지 못ᄒ고 부득이ᄒ야 유모에게 맛길질딘, 맛당히 유모의 체격과 혈분과 나흘 볼지니 반다시 신쳬가 강건ᄒ고, 셩질이 온량ᄒ며 젼렴될 병도, 업시며 나흔 이십셰로 삼십사오셰까지 싱모의 나와 갓ᄒ며 그 싱산ᄒ 날슈가 싱모와 만히 어기지 아니ᄒ 자이라야 가ᄒᆯ지니 싱모가 그 어린아히를 유모의게 부탁ᄒᆯ진딘, 그 직분은 부득불 다 줄지나 항상 유모의 거동에 쥬의ᄒ야 딘졉ᄒᆷ을 넉넉히ᄒ며 의복 음식을 극히 졍결케 ᄒ며 위싱에 젹당케 ᄒ야 유모로 ᄒ야곰 우리 가졍의 규칙에 물드려, 골육과 갓게 ᄒᆯ지니 오직 이 법을 씀에ᄂ 반다시 졈졈 화ᄒ게 ᄒᆯ지오, 갑자기 그 습관을 변코져ᄒ면 유모의 마음과 몸에 히가 될 념녀가 잇실지니라.

이기(1908)에서는 국한문이 부가되었을 뿐, 국문 대조는 박정동 (1907)의 역술본과 표기상의 차이만 있을 뿐이다. 그뿐만 아니라 '人工哺育, 乳를 哺ᄒᄂ 時刻, 乳를 斷ᄒᄂ 期'에는 국문 부가가 없고, 제3호의 '衣服의 製造, 衣服의 增減, 衣服의 淸潔, 飮食의 種類'는 네 개 항목을 하나로 묶어 국문을 부가하였다. 이는 이기(1908)의 역술 자료가 잡지에 게재되었기 때문에 박정동(1907)과 달리 편집상 불완전한 상태로 보이며, 부가된 국문이 박정동(1907)의 역술 자료를 그대로 옮겨 놓았기 때문으로 추정된다. 그러나 됴양보수 역(1906), 박정동(1907), 이기(1908)의 역술 자료를 대상으로 누가 최초의 역술자인가를 추정하는 것은 쉽지 않다. 왜냐하면 조양보에서 역술한 사람은 밝혀져 있지 않으나 이기(李沂)는 조양보 제1호에 발간 서문을 썼을 정도로 조양보와 밀접한 사람이었기 때문이다. 이에 비해 박정동은 조양보와는 직접적인 관련을 맺은 일이 없는 것으로 보이므로, 조양보에서 시모다의『신선가정학』을 역술할 때 직접적인 관계를 맺었다고 추론하기 어렵다.

이 점에서 같은 저작물에 대한 세 가지 역술 자료가 등장한 과정은 이 시대 보편적으로 퍼져 있던 '개유신지'를 위한 '변용아문(繙用我文)'에서 찾아야 할 것으로 보인다. 달리 말해 신지식 보급을 위해 어떤 형태로든 우리글(국한문과 국문 모두)로 번역하여 다양한 형태로 보급하는 것이, 이 시대 지식인들의 사명으로 간주되었기 때문에, 번역물에 대한 소유 개념보다 공유 개념이 강했을 것이라는 뜻이다. 이러한 의식은 이 시기 지식인들의 학술 활동과도 깊은 관련이 있었을 것으로 추측되는데, 서우학회, 호남학회, 기호흥학회 등과 같이 지역에 기반을 둔 학회가 창립되었으나, 각 학회마다 회원들과 회보 찬술원(纂述員)들은 학술적인 차원에서 빈번히 교류했던 것으로 보인다. 가정학과 관련하여『소년한반도』에 '아모권면'을 연재한 이응종(李應鐘)은 박정동과 함께 이 잡지의 찬술원으로 일했을 뿐만 아니라, 기호흥학회 회원, 일영문(日英文) 옥편 개간[11] 등의 작업을 함께 하였으며,

---

11)『황성신문』1908년 4월 28일 잡보.

이기(李沂)는 박정동과 함께 일한 경험은 없으나,[12] '개유신지'의 차원에서 됴양보스 역(1906)과 박정동(1907)을 폭넓게 참고했을 것으로 추정된다.

4. 역술문화상(譯述文化上)으로 본 이기(1908)의 '가정학설'

시모타의 저술을 대상으로 한 역술 자료 가운데 가장 늦게 발표된 것이 이기(1908)의 '가정학설'이다. 이기(1908)은 앞에서 밝힌 바와 같이 조양보 사(1906)의 '부인의독'과 박정동(1907)의 『신찬가정학』을 종합한 형태에 해당한다. 이 점에서 이기(1908)의 '가정학설'이 폄훼(貶毀)되는 것은 아니다. 그 이유는 비록 발표가 늦었을지라도 이기(1908)에서는 앞의 두 자료에 새로운 것들이 부가되어 있고, 또 '개유신지'를 목표로 번역·편술을 중시하는 시대 상황에서 기존의 발표를 다시 사용한 것이 큰 문제가 되지 않았기 때문이다. 이 점에서 이기(1908)의 역술이 갖는 의미를 좀 더 살펴볼 필요가 있다.

이기(1908)에서는 앞의 두 자료에 없는 '가정학'의 성격에 대한 설명이 부가되어 있다. 그 내용은 다음과 같다.

(9) 家政學說

近世 敎育에 其別이 有三ᄒ니 而家庭이 居一焉이라. 人在幼稚之時ᄒ야 敎育이 爲最易ᄒ니 蓋其身體未長ᄒ고 知慮未成ᄒ야 惟其父兄母姉之是聽

---

12) 이기(李沂)는 1906년 대한자강회 창립 당시 평의원으로 선임되었으며, 1907년 호남학회 창립 당시에는 회원으로 활동하였다. 박정동은 1906년 소년한반도사 찬술원으로 활동하였으며, 1908년 기호흥학회 창립 당시 평의원으로 선임되었다.

이라. (…중략…) 此家政學之所以爲教育之始ᄒ야 而非獨是士農商工通共之
學也오 又男女老少共之學也라. 東洋 古書에 如戴記之内則과 管氏之弟子職
等 篇이 皆其法也라. 然其衣服飲食과 名物度數ㅣ 與今懸殊ᄒ야 有非童幼之
所可曉解라. 故로 遂取家政學書ᄒ야 照騰於此ᄒ고 又以國文으로 次于其下
ᄒ니 幸諸公開時에 向燈一覽ᄒ고 而且使家中婦人으로 每以炊擧針繭之暇
로 必加讀習ᄒ고 其不解國文者는 其家長이 爲之演說ᄒ야 面從傍聽講ᄒ면
則其爲益이 復何如哉아.

〈번역〉 근세 교육에 세 가지 구분이 있으니, 가정에 있는 것이 그 하나
이다. 사람이 어렸을 때 교육이 가장 쉬우니 신체가 자라지 않고 생각이
성숙하지 않아 오직 그 부형 모자의 말만 듣는다. (…중략…) 이 가정학이
교육의 시작이 되는 것은 비단 선비뿐만 아니라 농공상 공통의 학문이요,
또 남녀노소 공통의 학문이다. 동양 고서에 대기 내칙 편(예기의 세자법
가운데 한 부분)과 관씨의 제자직 등이 모두 이 법이다. 그러나 의복 음식
과 명물 제도가 지금과 매우 다르니 아동과 유아를 가히 깨우치기 어렵다.
그러므로 가정학의 책을 모아 여기에 등조하고, 그 아래 국문을 붙이니,
다행히 제공들이 한가한 시간에 등불을 밝혀 일람하고 가정의 부인들로
하여금 매번 불 땔 때나 침선할 때 겨를이 있거든 반드시 읽고 익히도록
하며, 국문을 이해하지 못하는 사람은 그 가장이 연설하여 얼굴을 맞대고
곁에서 들으면 그 이로움이 다시 어떠하겠는가.

— 이기(1908), 「가정학설」, 『호남학보』 제1호.

이 글에서는 가정학의 성격과 역술자의 태도를 추론할 수 있다.
가정학이 신분과 남녀를 초월한 공통의 학문이라는 사실을 강조하고,
가정학 서류를 모아 편술하며 국문을 부가하는 이유를 밝혔다.[13] 흥
미로운 것은 역술자 이기가 가정학에 대해 처음 언급한 것은 『조양보』

제1호의 발간 서문에서인데, 그 내용은 다음과 같다.

(10) 朝陽報 發刊 序

近日論我韓急務者莫不以敎育爲先 然敎育亦有三種 一曰家庭敎育 父母言行是也. 二曰學校敎育文字政法是也 三曰社會敎育新聞雜誌是也 夫人幼則習於家庭而父子夫婦之倫 孝悌忠信之德 由以立矣 少則習於學校而修濟治平之道 性命氣化之理 由以明矣. 壯則習於社會而天下成敗之勢 人物興衰之機 由以著矣. 凡東西洋 號稱第一等國者 皆以是而來文明焉 亦以是而致富强焉. 嗚呼 我韓自數百年來 以詞賦取人 學術政事分途背馳 士習日趨於浮華 民俗日墮於野昧 至於近代世界 各國新學問新知識 未嘗有一日之工竟不免乎受人羈絆 (…중략…) 以若人而居家庭則必誤其子姪 居學校則必累其徒弟 卽不得不以社會敎育爲急務中之尤急務 此朝陽報社諸公之所以發刊月報 以供朝野士君子秉燭之學 而其言則卽一種敎科書也.

〈번역〉 근일 우리나라의 급무는 교육보다 우선하는 것이 없다고 말하나 교육에는 세 종류가 있으니 하나는 가정교육으로 부모의 언행이 그것이며, 둘은 학교교육으로 문자 정법이 그것이며, 셋은 사회교육으로 신문과 잡지가 그것이다. 대저 사람은 유아 시절에 가정에서 부자와 부부의 윤리를 익히며 효제충신으로 덕을 확립한다. 어린 시절에 학교에서 수신 제가 치국 평천하의 도를 익히며 성명기화로 이치를 밝힌다. 장년이 되면 사회에서 천하 성패의 형세를 익히며 인물의 흥쇠 기제를 드러낸다. 무릇 동서양에서 제일등이라 불리는 나라들은 대개 이로써 문명한 것이니 이 또

---

13) 박정동(1907)과 이기(1908)의 역술 과정이 구체적으로 드러나지 않기 때문에 어느 것이 먼저인지 단언하기는 어려우나, "遂取家政學書ㅎ야 照騰於此ㅎ고 又以國文으로 次丁其下ㅎ니"라는 표현을 고려할 때, 이기(1908)을 역술하는 과정에서 박정동(1907)을 참고했을 것으로 추정된다.

한 부강에 이르는 길이다. 오호라. 우리나라는 수백 년 이래로 시부취인이 학술 정사와 배치되어 선비는 날로 부화(浮華)한 데 치우치고 민속은 날로 야만 몽매함에 떨어져 근대에 각국이 신학문과 신지식에 이르나 하루라도 타인의 기반(羈絆)을 면하지 못하는 지경에 이르렀다. (…중략…) 이로써 사람이 가정에 거하면 곧 그 자질(子姪)을 잘못 이끌고, 학교에서는 곧 그 문하생에게 누를 끼치니 부득불 사회교육으로써 급무를 삼음이 더욱 급한 일이다. 이 조양보사 제공의 월보 발행은 조야 군자들에게 배움의 촛불을 잡게 하니 그 말은 곧 일종의 교과서이다.

됴양보ᄉ 역(1906)의 '부인의독'이 역술된 시점에 실린 이 글에서 이기(李沂)는 교육을 '가정교육, 학교교육, 사회교육'으로 구분하고, 부화몽매의 상태를 벗어나기 위해 신문·잡지를 이용한 사회교육을 급무로 삼아야 함을 역설하였다. 이러한 의식은 『대한자강회월보』제1호의 서문에도 나타난다.

(11) 『대한자강회월보』제1호 '序'

會之有報ᄂ 何歟오. 曰使會員讀之也라. 其使會員讀之ᄂ 何歟오. 曰欲其求自强之道也니라. 其不許非會員讀之ᄂ 何歟오. 曰否라. 讀之를 自會員始오, 費不許非會員也라. 苟求自强之道면 則普天下仁人君子ㅣ 皆將讀之니 而況爲我韓人者哉리오. (…중략…) 然則會報之行이 是豈得己者耶아. 吾己勉吾自强ᄒ고 而又復勉公者ᄂ 誠恐志不一而力分故耳라. 吾己自强ᄒ고 公又復自强이면 則是得二人之自强이오 又復勉公之傍人ᄒ고 公之傍人이 又復勉其傍人이면 則是得四人之自强也니 由此而至於得二千萬口之自强이면 則國家之政治를 可以改善이오 世界之羈絆을 可以出脫이니

〈번역〉 회에 회보가 있는 것은 무슨 까닭인가? 회원이 읽도록 함이다.

회원이 읽도록 하는 것은 무슨 까닭인가. 자강의 도를 구하도록 함이다. 비회원이 읽는 것을 허락하지 아니하는 것인가? 그렇지 않다. 읽는 것은 회원이 시작하고, 비회원이라도 불허하지 않는다. 진실로 자강의 도를 구하고자 한다면 천하 인인 군자에게 보급하여 모두 읽도록 할지니, 하물며 우리 한인이겠는가. (…중략…) 그러므로 회보 발행이 이 어찌 자기만의 일이겠는가. 우리 자신이 힘써 자강하고 또 다시 그대가 면려하는 것은 진실로 뜻이 하나같지 않음을 두려워 힘을 나눌 따름이다. 자기 스스로 자강하고 그대 또한 자강하면 이는 곧 두 사람이 자강하는 것이오, 또 그대가 곁 사람을 면려하여 곁 사람이 다시 그 곁 사람을 면려하면 곧 4인의 자강을 얻을 것이니, 이와 같은 것이 2천만의 자강에 이르면, 곧 국가의 정치를 가히 개선할 것이오, 세계의 기반(羈絆)을 벗어날 수 있을 것이니

—이기(1906), 「대한자강회보 서」, 『대한자강회월보』 제1호.

이 글은 이기(李沂)의 애국계몽사상과 그 실천 방법을 잘 나타내 준다. 이 점은 그가 쓴 글 가운데 빈번히 등장하는 '자강, 면려, 국가'라는 단어들은 그의 계몽사상이 애국을 위한 것이었음을 보여준다. 이는 이기(1908)의 역술에도 나타나는데, 그의 역술에는 됴양수 역(1906), 박정동(1907)에 들어 있던 "일본에셔 만근 우유 즁에 우인(牛印)과 응인(鷹印)과 이제(飴製)와 연유(煉乳)로 쎠 흔 거시 가장 맛당ㅎ니라."(인공 포유)라는 내용이 삭제되어 있으며, 박정동(1907)에 나타나는 "어린 아히를 우유를 먹일 쌔에는 그 아히의 강ㅎ고 약홈을 보와 먹일지며 흔졍은 못홀지오 졋통으로 아히의게 먹일 쌔에 십오 분 동안으로 쟉졍ㅎ얏스나 그 젹당히 가감ㅎᄂᆞᆫ 법은 삼도 의학사가(일본 사람이라) 자셔이 말ㅎ얏나니라."(乳를 哺ㅎᄂᆞᆫ 時刻)라는 번역에서도 '삼도 의학

사'의 말은 번역하지 않았다. 이처럼 역술상의 차이를 보이는 것은 역술자 이기의 계몽적인 면뿐만 아니라 그의 사상이 애국을 바탕으로 했기 때문으로 추정된다.

애국계몽가로서의 이기는 신지식의 수용과 보급을 통해 완고한 선비를 계몽해야 한다고 생각했으며, 그러한 사상은 다양한 분야의 역술 작업으로 나타났다. 그는 가정학뿐만 아니라 '정치학, 법률학, 국가학, 농학, 교육학'과 관련된 다수의 역술 작품을 남겼다.14) 그의 글에는 대부분 '학설(學說)'이라는 용어가 사용되었는데, 이는 그가 남긴 대부분의 글이 역술 작품임을 의미한다. 이기(李沂)는 애국계몽가이자 다분야의 역술가(譯述家)였다. 가정학설이 선행 역술 작품을 종합하여 새로 번역·편술된 것도 애국계몽의 차원에서 개유신지를 목표로 한 것이었다.

5. 결론

이 연구는 『조양보(朝陽報)』 제1호(1906.6)부터 7호까지 연재된 '부인의독(婦人宜讀): 가뎡학, 하뎐가즈 뎌, 됴양보스 역', 박정동 역술(1907)의 『신찬가정학』(우문관), 『호남학보(湖南學報)』 제1호(1908.6)부터 제9

---

14) 이기(李沂)는 『대한자강회월보』에 '본국방언'(제1호~9호), '소설'(제1호~9호)을 연재했으며, '대한지도설'(제3호), '회지원의론(會之原義論)'(제5호), '습관성 애련 애련생 완고(習慣性愛戀 愛戀生完固)', '호고병(好古病)'(제9호) 등의 논설을 게재하였다. 또한 『호남학보』에 교육 관련 논설 '일부벽파(一斧劈破)'(제1호~제3호), '양씨학설 교육차서의(梁氏學說 教育次序義)'(제1호), '교육변론(教育辨論)'(제4호~8호), '가정학설(家政學說)'(제1호~제9호), '국가학설'(제1호~제4호), '정치학설'(제2호~제4호), '법학설(法學說)'(제4호), '농학설: 농학초계(農學說: 農學初階)'(제6호~제9호) 등과 같은 다양한 글을 남겼다.

호까지 연재된 이기(李沂)의 '가정학설(家政學說)'을 연구 대상으로 이 시기 번역·편술이 갖는 특징과 의미를 규명하는 데 목표를 두었다. 이 세 역술 자료는 시모다 우타고의 『신선가정학』을 역술한 것으로, 개유신지(開牖新智)의 중요성에 따라 역술·인포된 것들이다. 이 글에서 논의한 바를 정리하면 다음과 같다.

첫째, 이 연구에서 대상으로 삼은 세 자료와 같이 동일 원저를 대상으로 한 다수의 번역·편술 저작물이 등장하는 까닭은 근대 계몽기 개유신지를 위해 서적 저술·인포가 중시된 시대 상황 때문이었다. 이러한 사상은 1895년 근대식 학제 도입과 『독립신문』의 출현 이후 1910년대까지 보편화되었는데, 개유신지와 서적 인포 자체가 애국계몽의 주요 활동의 하나였다.

둘째, 근대 계몽기 역술, 인포에 나타나는 특징 가운데 하나는 대상 서적, 또는 역술자가 드러나지 않는 경우가 많다는 점이다. 됴양스 역(1906)은 번역자를 알 수 없으며, 박정동(1907), 이기(1908)은 대상 서적이 밝혀져 있지 않다. 그러나 세 자료를 대비하면 모두 시모다 우타고(1900)의 『신선가정학』을 대상으로 하였거나 그의 중국어 역술본을 대상으로 하였음을 확인할 수 있다. 특히 이기(1908)에서 부가된 국문 역술은 박정동(1907)과 내용과 표기에서 거의 일치하여 역술상 중복된 것으로 보인다. 이처럼 다른 사람의 역술 자료를 그대로 사용할 수 있었던 데에는 '개유신지'를 위한 지식 공유의 개념이 강했기 때문으로 추정할 수 있다.

셋째, 이기(1908)의 역술 작업이 앞의 자료를 종합한 것처럼 보일지라도, 역술문화의 차원으로 볼 때 그 가치가 적지 않음을 규명하고자 하였다. 특히 됴양스 역(1906)과 박정동(1907)의 역술과 비교해 볼 때, '가정학'의 성격을 설명하거나 어휘 및 문장 사용, 일본과 직접적인 관련을 맺고 있는 표현 삭제 등을 고려하면, 앞의 두 자료에 비해 이기(李沂)가 갖고 있는 역술자로서의 태도가 단순한 지식 보급에 있지 않았음을 확인할 수 있다. 이 점에서 이기(1908)의 가정학설은 됴양스 역(1906)이나 박정동(1907)을 단순 종합한 것이 아니라, 신지식 수용과 보급을 통한 애국 운동의 산물이라고 볼 수 있다. 이기(李沂)는 가정학뿐만 아니라 정치학, 법률학, 언어, 교육학, 농학 등의 다양한 방면의 역술 작업을 진행했는데, 이 또한 그의 애국계몽 활동을 나타내 준다.

이처럼 근대 계몽기 역술 문화가 활성화된 데에는 여러 가지 요인이 작용하고 있다. 박정동이나 이기는 모두 정도의 차이는 있지만 개유신지를 목표로 신지식의 번역·편술에 깊은 관심을 갖고 있었다. 이 두 사람뿐만 아니라 이 시기의 다른 계몽가들도 유사한 면을 보인다. 이 시기를 전후로 전문적인 교과서 저술가가 등장하기도 하고, 서적업자가 등장하였다. 여기에는 애국계몽 이외의 경제적인 이유와 같은 또 다른 요인이 작용하는 경우도 있다. 전문적인 교과서 저술자나 서적업자의 문제에 대해서는 지속적으로 연구할 과제로 남겨둔다.

제8장 근대 지식 형성에 따른 여성 인물 발굴의 의의와 한계

1. 서론

이 글은 한국 근대 지식 형성에 따른 여자 교육의 실상을 연구하는 데 목적이 있다. 논자에 따라 다양한 의견이 개진될 수 있지만, 일반적으로 '근대'라는 용어에는 '평등 사회'와 '합리적 사상', '민족주의' 등의 특성이 내재되어 있는 것은 공통된 의견이라고 판단된다. 남성과 대등한 입장에서 여성의 권리를 인식하고 그 지위를 보장해야 한다는 사상이 등장한 것은 분명 '근대'라는 용어의 본질과 부합하는 일일 것이다. 이 전제 아래 한국 근대 여성사를 연구한 이현희(1978)의 『한국 근대 여성 개화사』(이우출판사)에서, 1860년대 동학도의 '내수도문

※ 이 글은 『어문논집』 제85호(2021, 중앙어문학회)에 '장지연의 『여자독본』·『일사유사』를 통해 본 근대 지식과 여성 인물 발굴의 의미'라는 제목으로 발표한 논문을 수정한 것임.

(內修道文)'이나 1888년 박영효의 '건백서'에 포함된 여성관의 변화에 주목한 것은 당연한 일로 보인다. 왜냐하면 이 두 역사적 사실은 근대 이전에 보이지 않던 여성의 지위를 직접 언급하고 있기 때문이다. 그렇지만 1895년 근대식 학제 도입 이후에도 여자 교육이 전면적으로 실시되지 못했고, 다수의 여학교가 설립되었음에도 남녀평등을 기반으로 하는 근대적 여성관이 확립되지 못했던 것은 부인할 수 없는 사실이다.

그러나 사실 한국의 근대 학제 도입과 지식 형성 과정에서 나타나는 불완전성은 여자 교육이나 여성관에 국한되는 것은 아니다. 초·중·고등교육과 전문 교육이 처음부터 체계화될 수 없었고, 교육 목표나 내용을 담고 있는 교육과정(교육령이나 규칙)과 교과서가 불완전했으며, 가르치는 방법에 관한 연구도 불완전할 수밖에 없었다. 그럼에도 1900년대 이후 교육 분야에서 '여자 교육'을 주장하는 담론이 활성화되고, 다양한 교과서 개발이 이루어지면서 여자 교육의 내용도 점차 변화하기 시작했음을 확인할 수 있다.

근대적 여성관의 형성에 따라 여자 교육의 내용 차원에서 변화한 것 가운데 하나는 역사적 여성 인물의 발굴이다. 이는 국권 침탈기 애국계몽의 차원에서 영웅을 중시한 풍토와도 밀접한 관련이 있을 것으로 추측되지만, 여성 인물 발굴 및 보급이라는 차원에서 1900년대는 그 이전의 시대와 비교적 뚜렷한 변화를 보여준다. 그 가운데 대표적인 자료가 장지연(1908)의 『여자독본』(광학서포)이다. 상하 2책으로 구성된 이 교과서에는 한국과 중국, 서양의 여성 인물 68명이 등장한다. 그 가운데 하권의 중국과 서양 인물은 역사를 주도해 간 여성 인물로, 근대 이전의 여성관에서는 찾아보기 어려운 인물들이다. 이처럼 여성 위인을 발굴·소개한 것은 "녀즈는 나라 빅성된 쟈의 어머니될 사름이라. 녀즈의 교육이 발달된 후에 그 즈녀로 ㅎ여곰 착ㅎ 사름을 일울지라. 그런고로 녀즈를 가르침이 곳 가뎡교육을 발달ㅎ야 국민의 지식을 인도ㅎㄴ 모범이 되ㄴ니라."라고 한 제1과의 진술에서 확인할 수 있듯이, 국민 지식의 인도자로서 여성의 중요성을 인식했기 때문이다. 이 책의 여성 인물에 관해서는 일찍이 박용옥(1993)의 연구가 있었고, 애국부인에 초점을 맞춘 문혜윤(2013), 여자 교육에 중점을 둔 김경남(2014) 등의 연구가 있었다. 그러나 여성 인물 발굴이라는 차원에서 좀 더 천착해야 할 것들이 많다.

또한 여성 인물 발굴 차원에서 장지연의 활동은 1923년 그의 아들 장재식(張在軾)이 발행한 『일사유사(逸士遺事)』에도 나타난다. 이 책은 겸산 홍희(洪憙)의 서문, 필자 자신의 서문, 장재식의 발문과 함께 6권 1책으로 구성된 위인전으로, 그 가운데 권5와 권6이 여성 위인전에 해당한다. 이 책은 조선사편수회에 참여하고 필자보다 스무살이나 어린 겸산 홍희의 서문이 앞에 들어 있다는 점에서 장지연의 작품이 아니라 장재식의 작품이라는 주장도 있으나, 무오년(1918) 봄에 쓴 필자의 서문이 들어 있고, 장재식의 발문에서도 여러 차례 '선군(아버지)'의 저작임을 밝혔듯이, 일제강점기 장지연이 지은 저작물임에 틀림없다. 이 책의 권5~6에는 대략 77명의 여성 인물이 등장한다. 이와 관련하여 시대적 의미를 고찰하고자 한 서신혜(2004), 이 책의 저본이 된 조선시대 여항문학 서적에 주목한 안영훈(2007), 인물 수록 양상을 고찰한 조지형(2018) 등의 선행 연구가 존재한다.

이 맥락에서 이 연구는 근대 지식 형성에 따른 여성관의 변화 차원에서 『여자독본』과 『일사유사』 권5~6의 여성 인물 발굴이 갖는 의미를 규명하는 데 중점을 두고자 한다. 이를 위해 이 연구에서는 근대적 여성관의 변화와 여성 인물의 의미를 고찰하고, 두 텍스트에 등장하는 여성 인물을 유형화하며, 이러한 인물 발굴·보급이 갖는 의의와 한계를 규명하고자 한다.

2. 근대적 여성관의 형성과 여성 인물의 역할

오늘날 여성학자들은 남성과 여성의 조화를 이루는 상호작용을 중시하여, 성역할과 여성운동을 종합한 여성학을 정립하고 있다. 예를 들어 김옥희(1991)에서는 여성학의 주요 주제를 '성역할', '여성운동', '여성과 가정', '여성과 태교', '여성과 예절', '여성의 자아실현' 등으로 대분류하고, 궁극적으로 여자 교육의 본질이 여성으로서의 자아실현을 목적으로 하고 있음을 드러낸다. 이는 여성한국사회연구소(1993), 『여성과 한국사회』(사회문화연구소)의 편찬 의도도 비슷한데,[1] 이 책에서 다룬 주제는 '여성과 사회', '여성과 사회화', '여성과 가족', '여성과 일', '여성과 성 그리고 문화', '여성과 정책', '여성과 사회운동' 등이다. 이를 종합할 때 한국 사회에서 여성 문제는 '성역할', '가족과 가정(혼인제도나 가정교육 등)', '일', '사회적 역할(법적 문제 포함)', '여성운동', '여성문화' 등이 주된 관심사로 보인다.

이와 같은 관심사는 여성의 지위와 권리에 대한 과학적 인식을 바탕으로 한다. 성역할에 대한 근대 이전의 인식은 생물학적 차원이나 사회·문화적 차원에서 근대의 평등관과는 거리가 먼 상태였다. 예를 들어 명의로 일컬어지는 허준(許浚)이 편찬한 『태산집요(胎産集要)』에

---

1) 이 책에서는 "우리나라에 여성학이 소개된 지도 벌써 20여 년이 되어"라고 하여, 본격적인 여성학의 출현이 1970년대 이후로 기술하고 있다.

는 '변남녀법(辨男女法)'과 '전녀위남법(轉女爲男法)'이 들어 있다. 즉 부인이 잉태한 뒤 남녀를 분간하는 방법[2]과 잉태 후 3개월 내에 태아의 성을 여자에서 남자로 바꾸는 방술[3])을 의미한다. 근대 이전 남성 위주의 사회에서 태아의 생물학적 성을 바꾸어 남아를 출산하고자 했던 시대 상황을 반영한 셈이다. 그뿐만 아니라 근대 이전의 각종 규범(閨範)에서도 여성의 성역할을 '현모양처(賢母良妻)'의 어머니와 아내로서의 역할을 강요받았다. 예를 들어 이덕무(李德懋)의 『사소절(士小節)』 제6 '부의(婦儀)'에서도 여성은 "『역경』의 건곤(乾坤)은 이의(二義, 즉 음양)가 고르고, 『시경(詩經)』의 관저(關雎, 주문왕 부인의 덕행을 칭송한 편)는 이륜(二倫)을 이루었다. 정숙(貞淑)이 아니면 어떻게 몸을 지키며, 완순(婉順)이 아니면 어떻게 남을 섬기며, 성결(誠潔)이 아니면 어떻게 신(神)을 흠향하겠는가. 근검(勤儉)하면 길상(吉祥)이 집중되니 부의(婦儀)를 찬(撰)한다."[4]라고 하였다. 즉 여성은 '수신(守身)'과 '사인(事人)', '향신(饗神)'의 책임을 맡은 존재일 뿐이며, 여성으로서의 자아나 사회적 역할이 주어진 것은 아니었다.

이러한 상황에서 사회적으로 남녀동등(男女同等)의 개념이 등장한

---

2) 한국학연구원(1985), 『諺解胎産集要』, 대제각 영인본. 辨男女法. 脈經曰 婦人有孕令人摸之 如覆盃者則男也. 如肘頸參差起者女也(믹경의 굴오듸 겨집이 잉틱ᄒ엿거든 사ᄅᆞᆷ ᄒᆞ여 문지리 잔 어픈 듯ᄒᆞ니ᄂᆞ 스나히오 폴 고븐듸マ티 머흐러 내와 ᄃᆞ니ᄂᆞ 겨집이라). 又曰遭姙 婦面南行邊復呼之 左回首是南 右回首是女(또 굴오듸 ᄌᆞ식 빈 겨집을 남다히로 가라 ᄒᆞ고 도로 브르면 왼 녁크로 머리 도ᄂᆞ니ᄂᆞ 스나히오 올ᄒᆞ 녁크로 머리 도ᄂᆞ니ᄂᆞ 간나히라) 등과 같이 과학적 근거를 찾을 수 없는 남녀 분별법이 들어 있다.

3) 한국학연구원(1985), 『諺解胎産集要』, 대제각 영인본. 轉女爲男法. 得效方曰 懷孕三月名曰 始胎血脈不流象形而變是男女未定 故服藥方術轉令生男(득효방의 굴오듸 ᄌᆞ식 빈 석 둘을 일홈을 굴온 틱니혈믹이 흐르디 아니ᄒᆞ야 얼골ᄋᆞᆯ 샹ᄒᆞ야 변ᄒᆞᄂᆞ니 이 저긔 남녀ㅣ 뎡티 몯ᄒᆞ여시모로 약과 방술로 두루혀 스나히 되게 ᄒᆞᄂᆞ니라) 등과 같이 태아의 성을 바꿀 수 있는 방술이 있다고 기술하였다.

4) 민족문화추진회(1980), 『국역 청장관전서 Ⅵ 士小節』, 민족문화문고. 易乾坤二儀均 詩關 雎造彜倫 匪淑貞曷守身 匪順婉曷事人 匪潔誠曷饗神 勤曁儉吉咸臻撰婦儀.

것은 1888년 박영효의 건백서로 추정된다. 이 건의문에는 인민의 자유를 누리게 하고 원기(元氣)를 기르는 방책을 제시하면서 "남녀·부부는 그 권리가 균등하다(男女 夫婦 均其權也)."라는 표현을 사용하고 있다.5) 물론『한성순보』와『한성주보』에 등장하는 교육 담론에서도 귀천 남녀를 가리지 않고 모두 가르쳐야 한다는 논의가 없었던 것은 아니다. 또한 김옥희(1983)에서 밝힌 바와 같이 초기 한국 천주교 전교 과정에서 활동한 이벽의 부인 유한당 권씨(柳閑堂 權氏)와 같이, 남성과 동등한 전교 활동을 펼친 사람이 없었던 것도 아니다.6) 그렇지만 천주교 전래 과정에서도 '남녀동등'이라는 개념이 등장한 것은 아니며,7) 성서가 번역 보급되는 과정에서 다소의 성역할에 대한 인식 변화가 이루어졌을지라도 '권리'라는 차원에서 남녀의 동등 문제가 대두된 것은 1890년대에 이르러서도 볼 수 있다.

---

5) 朴泳孝(1888), 建白書(상소문의 본 제목은 아니었으나 후대에 건백서로 명명함),『日本外交文書』제21권, 事項 10 朝鮮國 關係 雜件, 문서번호 106; 국사편찬위원회(2013),『한국 근대사 기초 자료집 2: 개화기의 교육』, 탐구당문화사 인쇄 수록본; 김갑천(1990), 건백서 번역문,『한국정치연구』2, 서울대학교 한국정치연구소, 245~295쪽. 臣愚謂尙有數事, 可使人民, 得其通義者, 一曰「男女, 夫婦, 均其權也」, 凡男女嫉妬之心一也, 而男能有妻娶妾, 或疎其妻, 或黜其妻, 而婦不能改嫁, 亦不能離緣, 此於法律(八日. 使民得當分之自由, 而養元氣).

6) 김옥희(1991),『한국천주교여성사』, 한국인문과학원. 이 책에서는 천주교 전래 과정을 대상으로 여성사를 연구하였으며, 그 중 하나로 정조 연간의 천주교 신자 이벽(李檗)의 부인 유한당 권씨(柳閑堂 權氏) 등에 주목하고 있다.

7) 경향신문사(1906), 대한셩교스긔,『보감』권1, 경향신문사(태학사 영인본 101쪽). 천주교사와 관련한 이 기록에서도 남녀동등권이라는 용어는 등장하지 않는다. 특히 1791년 이른바 신해박해와 관련된 기록에는 10계와 7극이 나타나는데, 10계에서는 "일은 ᄒᆞ나히 신 텬쥬를 만유 우희 공경ᄒᆞ야 놉히고, 이는 텬쥬의 거룩ᄒᆞ신 일홈을 불너 헛딍셰를 발치 말고, 삼은 쥬일과 첨례를 직희고, ᄉᆞ는 부모를 효도ᄒᆞ야 공경ᄒᆞ고, 오는 사름을 죽이지 말고, 륙은 사음을 힝치 말고, 칠은 도적질을 말고, 팔은 망녕된 증참을 말고, 구는 ᄂᆞᆷ의 안히를 원치 말고, 십은 ᄂᆞᆷ의 직물을 탐치 말나."라고 하였으며, 칠극(닐곱가지 츄덕)은 "ᄒᆞ나흔 교오를 디뎍ᄒᆞᄂᆞᆫ 겸덕이오, 둘흔 질투를 졔어ᄒᆞᄂᆞᆫ 이덕이오, 세흔 분노를 방비ᄒᆞᄂᆞᆫ 인내오, 네흔 간린을 억졔ᄒᆞᄂᆞᆫ 너그러온 시샤오, 다ᄉᆞᆺᄂᆞᆫ 탐도를 이긔ᄂᆞᆫ 졀덕이오, 여ᄉᆞᆺᄂᆞᆫ 샤특ᄒᆞᆫ 일을 물니치ᄂᆞᆫ 조촐ᄒᆞᆫ 덕이오, 닐곱은 히티를 업시ᄒᆞᄂᆞᆫ 근실ᄒᆞᆫ 덕이라."라고 하였다.

이 같은 맥락에서 1895년 갑오개혁 이후 『독립신문』, 『제국신문』, 『황성신문』 등에서는 남녀동등권에 관한 담론이 활성화되기 시작한다. 다음 논설도 그 중 하나이다.

[론셜]

　북촌셔 부인네들이 녀 학교셜시 홀 쯧스로 리김 두소소가 입학 권면ㅎ 는 말과 학교 셜시ㅎ는 쥬의로 통문을 지어 돌넛다는 말 시지는 본신문에 이왕니엿거니와 이런 일을 되ㅎ야셔는 다만 보아 넘기기만 홀거시 아니 기로 대강다시 셜명ㅎ노라 그 통문에 ㅎ엿스되 셰상에 남녀가 다를거시 업거늘 엇지 남즈의 버러다 주는 것만 먹고 심규에 안져 남의 압졔만 밧 으리오 문명흔 나라에셔들은 녀즈가 어려셔 붓허 학교에 다니며 각종 학 문을 빅화 학문이 남즈만 못ㅎ지 안은고로 남녀가 동등권이 잇스되 슬프 다 우리는 그럿치 못ㅎ야 셰상 형편을 모로고 병신 모양으로 지니엿스니 유지ㅎ신 동포 형뎨들은 녀아들을 우리 시로 셜립ㅎ는 학교에 보니여 각 항 학문을 공부 식이라고 ㅎ엿는지라.

ㅡ『제국신문』, 1898.9.13.

순성학교 설립과 관련한 이 논설에서 주목할 것은 '세상에서 남녀 가 다를 것이 없음', '(여성이) 각종 학문을 배워 남자만 못하지 않음', '남녀동등권이 있음'이라는 표현이다. 즉 여자 교육의 당위성이 전통 적인 부덕(婦德), 현모양처(賢母良妻)를 위한 것이 아니라 '동등권'에 기반한 당위적인 요구로 인식된 셈이다. 이러한 주장은 다음 논설에 서도 확인된다.

[女子亦宜敎育事爲]

人種之生에 有男有女ᄒ니 男은 稟乎陽故로 有剛强之德ᄒ며 女ᄂ 稟乎陰 故로 有柔願之義라. 以是로 陰陽이 相交ᄒ야 成天地之道ᄒ며 男女ㅣ 相濟ᄒ 야 生天地之化ᄂ 萬古不易之理라. 以此見之컨디 男女有平等之權은 徒可知 矣어늘 東洋學問으로ᄂ 泰西에 男女平等權이 有ᄒ야 才德을 敎育도 ᄒ며 事爲에 任用도 한다 함을 異常한 別件事로 歸ᄒ니 我의 淺見에ᄂ 非但泰西 風俗이라. 東洋에도 男貴女賤이라 ᄒᄂ 定案은 本無ᄒ것마ᄂ 東洋人이 東 洋學問도 未分함으로 平等權을 不行함이라. (…中略…) 現今에도 女士가 種 種히 有ᄒ음은 可知ᄒ걸이 養賢堂 金氏ᄂ 女學校를 設立ᄒ야 女子의 敎育을 熱心ᄒ고 原州 林氏ᄂ 經史를 博習ᄒ고 時勢를 占宜ᄒ야 論議가 綜明ᄒ니 女子도 學問이 若是ᄒ면 邦家文明ᄒ 氣像이 十分 發達ᄒ 것이니 女子의 敎育을 實施ᄒ고 事爲를 責備ᄒ여 天地之道를 並行不悖케 ᄒ지어다.

〈번역〉 인간으로 태어나 남녀가 있으니 남자는 양기를 받은 까닭에 굳 세고 강한 덕이 있고, 여자는 음기에서 난 까닭에 유순한 의기가 있다. 그러므로 음양이 서로 교차하여 천지의 도를 이루며 남녀가 서로 가지런 하여 천지가 조화되는 것은 만고에 바꿀 수 없는 이치이다. 이로 보면 남녀가 평등한 권리를 가진 것은 가히 알 수 있거늘, 동양의 학문은 태서 에 남녀평등권이 있어 재덕을 교육하며 사무에 임용한다 하는 것을 이상 한 사건으로 돌리니 나의 천견에는 비단 태서의 풍속만 그런 것은 아니다. 동양에도 남자는 귀하고 여자는 천하다는 정해진 안은 본래 없었지만 동 양인이 동양 학문도 분간하지 못하기 때문에 평등권을 행하지 않은 것이 다. (…중략…) 지금도 여사(女士)가 종종 있음은 가히 알겠으니 양현당(養 賢堂) 김씨는 여학교를 설립하여 여자 교육을 열심히 하고 있고, 원주 임 씨는 경사를 널리 배워 시세를 마땅히 하여 의논이 밝으니 여자도 학문이 이와 같으면 우리나라 문명의 기상이 충분히 발달할 것이니 여자에게 교육을 실시하고 일도 맡겨 준비하여 천지의 도리를 아울러 어긋나지 않게 행하도록 할 것이다.

— 『황성신문』, 1900.4.9.

여자 교육의 당위성을 주장한 이 논설에서도 전통적인 부덕(婦德)과 부의(婦儀)를 가르치기 위한 교육이 아니라 '남녀평등권'을 전제로 한 교육에 힘써야 한다고 주장하고 있음을 알 수 있다. 특히 평등권이 태서에서 비롯된 것이나 비단 그들뿐 아니라 동양에서도 '남귀여천'이라는 정안(定案)이 본래 없었음을 강조하면서, 여성으로서 뛰어난 능력을 발휘했던 사람이 많았음을 강조한 것8)은, 이 시기부터 전통적인 '부덕의 소유자로서의 여성'이 아니라 '위인으로서의 여성'을 중시하는 가치관의 변화가 나타나고 있음을 의미하는 것이라고 할 수 있다.

여성 위인 발굴은 여자 교육뿐만 아니라 국권 침탈의 위기 속에서 애국 계몽의 차원으로 자연스럽게 강조된 역사의식의 산물이라고 할 수 있다. 이러한 예는 『제국신문』 1901년 4월 10일자 논설에서도 찾아볼 수 있는데, "근일에 엇더흔 손님이 와셔 고금 력딕 스긔 즁에 치란 득실과 인물셩쇠를 강론ᄒ다가 ᄯᅩ 우리나라 ᄉ젹을 말ᄒ여 굴ᄋᄃᆡ 우리나라ᄂᆞᆫ 디형이 불과 삼쳔리오 광이 빅리 되ᄂᆞᆫ 들이 업스매 인물도 ᄯᅩ흔 큰 영웅 호걸이 만히 나지 아니ᄒᆫ다 ᄒ거ᄂᆞᆯ 우리가 웃고 딕답ᄒᄃᆡ 손님이 즁원 스긔ᄂᆞᆫ 널니 보와 당우 이후로 명쳥ᄭᅵ지 언의 ᄶᅦ 언의 일이던지 료연ᄒ게 손바닥 ᄀᆞᆯ치듯ᄒ되 본국 스긔ᄂᆞᆫ 아즉 ᄌᆞ세

---

8) 이 논설에서는 주나라 십란 당시 읍강(邑姜), 춘추시대 조나라 희부기(僖負羈)의 처(返璧 고사), 제나라 무염(無鹽), 전국시대 조나라 조괄(趙括)의 어머니, 당나라 목란(木蘭), 당 고조를 도운 평양공주 시씨의 낭자군(娘子軍), 당나라 여성 시인 설도(薛濤), 소매(蘇妹), 신라의 덕만(德曼), 승만(勝曼) 등을 여성 위인으로 거론하고 있다.

히 샹고ᄒ지 아니ᄒ고 ᄒᄂ 말슴인듯 ᄒ오이다 우리나라 영웅 호걸을 의론ᄒᆯ진ᄃᆡ"라고 하면서 '을지문덕, 양만춘, 김유신, 강감찬, 이순신, 최치원, 목은 이색, 최간' 등의 영웅이 있었음을 강조한 것도 같은 맥락으로 볼 수 있다. 그뿐만 아니라 1900년대에 이르러 『을지문덕전』, 『강감찬전』 등이나 『대한매일신보』에 연재된 '최도통전'(1909, 신채호), '이순신전', 번역물인 『미국독립사』, 『법국혁신전사』, 『월남망국사』, 『피득대제』, 『이태리건국삼걸전』, 『애국부인전』 등은 국권 침탈기 영웅 사상의 배경에서 출현한 전기물들이다.9) 이 시기 '영웅 숭배주의'의 의미는 다음 논설에도 잘 나타나 있다.

[嗚呼, 英雄崇拜主義]

新史子ㅣ 孤窓寒燈에 焚香獨坐ᄒ야 伊太利三傑傳을 讀ᄒ다가 讀至半途에 拍案大叫曰 今是昨非를 忽然 自覺이로다. 余가 平日伊太利中興大業을 評論ᄒᆯ 時에 口 理想家 瑪志尼 曰 軍人家 加里波的 曰 外交家 嘉富洱라 ᄒ야 頂拜之ᄒ며 心祝之ᄒ며 手捫之ᄒ며 夢想之ᄒ야 崇拜가 無所不至터니 今者에 至誠至意로 三傑傳의 眞面을 觀破ᄒ니 中興大業의 眞原動力은 彼三傑에 不在ᄒ고 彼三傑을 從ᄒ야 彼赴湯焉 我赴湯ᄒ며 彼蹈火焉我蹈火ᄒ며 彼粉骨焉我粉骨ᄒ며 彼碎身焉我碎身ᄒ야 始終이 如一토록 彼의 服從者가 되야 伊太利에 獻身ᄒ던 伊太利 國民 全體에 在ᄒ다 ᄒ노라. (…中略…) 英雄이 造時勢라 ᄒ며 時勢가 造英雄이라 ᄒ니 何是何非오. 第一說을 取컨ᄃᆡ 英雄崇拜ᄂ 英雄의 自業이오 時代國民의 責任이 아니며, 第二說을 取컨ᄃᆡ 英雄崇拜ᄂ 時代國民의 所業이오 英雄의 責任이 아니라. 然이ᄂ 此等言論은 但知其一 未知其二ㅣ라. 天然底公理ᄂ 其中間에 在ᄒ도다. 時勢가 如何

---

9) 한국학문헌연구소 편(1979), 『한국개화기문학총서 2: 역사·전기소설』 1~10, 아세아문화사.

히 良好ᄒ더라도 英雄을 不遇ᄒ면 活劇을 演치 못ᄒ고 人物이 如何히 偉大
ᄒ더라도 時代를 不遇ᄒ면 花役을 行치 못ᄒᄂ니 칼다고國의 絶世英雄 한
니발의 歷史와 合衆國 建國 鼻祖 와셩톤의 歷史를 見ᄒ면 昭然치 아니ᄒ
가. 同胞諸君이여. 韓國은 時勢를 能造ᄒᄂ 英雄을 要求乎아, 英雄을 能造
ᄒᄂ 時勢를 要求乎아. 曰 兩者에 不可無一이니 吾儕ᄂ 時代의 英雄이 不出
ᄒᆷ을 罵罵ᄒᄂ 權利만 主張치 말고 英雄이 出角ᄒᆯ 만ᄒ 社會를 造成ᄒᆯ 義
務가 잇지 아니ᄒᆫ가. 然而 我韓民族은 從來로 英雄 崇拜心이 無ᄒ더니 至
于 今日ᄒ야ᄂ 半生半熟ᄒ 外國思想을 輸入ᄒ야 自由와 自慢과 自信과 自
尊을 區別치 아니ᄒ고 如何ᄒ 卓說이라도 自說이 아니면 罵倒ᄒ고 如何ᄒ
確見이라도 自見이 아니면 排斥ᄒᄂ 惡風潮가 滔滔流行ᄒ니 如是코 國民
統一을 可以言乎며 國家光復을 可以期乎아. 嗟홉다 吾儕가 國家的 自覺心
을 起ᄒ야 瀕亡中에 處ᄒ 韓國의 將來 國運을 挽回ᄒ야 晝夜로 希望ᄒ고
夢想ᄒᄂ 自由獨立을 完成코져 ᄒ면 統一的 人物을 要求ᄒ야 支眦零落ᄒ
民族을 統一ᄒᆷ이 先決問題니 英雄崇拜가 時代의 精神이라 可謂ᄒ리로다.

〈번역〉 신사(新史)가 고창한등에 향을 피우고 홀로 앉아 『이태리 건국
삼걸전』을 읽다가 반 정도에 이르러 박수를 치며 소리쳐 말하기를 지금
옛날의 잘못을 문득 깨달았다. 내가 평일 이태리 중흥 대업을 논할 때
이상가 마치니를 말하고, 군인 가리발디, 외교가 가부이라고 말하며 그를
지극히 숭배하고 마음속으로 축원하며 손을 모아 읍하고 그것을 꿈꾸어
숭배가 이르지 않는 곳이 없더니 지금 정성껏 세 영웅전의 진면을 이해하
니 중흥 대업의 참된 원동력은 이 세 영웅에 있지 않고, 저 영웅을 좇아
저들이 물불을 가리지 않으면 나도 물불을 가리지 않고, 저들이 불속에
뛰어들면 나도 불속에 뛰어들며, 저들이 분골하면 나도 분골하고 저들이
쇄신하면 나도 쇄신하여 시작과 끝이 하나같이 저들의 복종자가 되어 이
태리에 헌신하던 이태리 국민 전체에 있다고 하겠다. (…중략…) 영웅이

시세를 만든다 하며, 시세가 영웅을 만든다 하니 어느 것이 옳고 어느 것이 그른가. 제1의 설을 취한다면 영웅숭배는 영웅이 스스로 얻은 업적이며 시대 국민의 책임이 아니고, 제2설을 취하면 영웅숭배는 시대 국민이 만든 업으로 영웅의 책임이 아니다. 그러나 이러한 말들은 단지 하나는 알고 둘은 모르는 것이다. 자연스러운 기본 공리는 그 중간에 있다. 시세가 얼마나 좋더라도 영웅을 만나지 못하면 활극을 연출할 수 없고, 인물이 얼마나 위대하더라도 시대를 만나지 못하면 좋은 역할을 행하지 못하니 카르타고의 절세 영웅 한니발의 역사와 합중국 건국 시조 워싱턴의 역사를 보면 분명하지 않은가. 동포 제군이여. 한국은 시세를 능히 만들어 가는 영웅을 요구하는가, 영웅을 능히 만드는 시세를 요구하는가. 말하기를 양자가 둘이 아니니 우리는 시대의 영웅이 나타나지 않음을 매도하는 권리만 주장하지 말고, 영웅이 두각을 나타낼 사회를 조성할 의무가 있지 않은가. 그러므로 우리 한민족은 종래로 영웅 숭배심이 없더니 지금에 이르러 반생반숙의 외국 사상을 수입하여 자유와 자만과 자신과 자존을 구별하지 않고, 어떤 두드러진 이론이라도 자기의 설이 아니면 매도하고, 어떤 확고한 견해라도 자기의 견해가 아니면 배척하는 나쁜 풍조가 도도히 유행하니 이러하고서 국민 통일을 가히 말하며 국가의 광복을 가히 기대하겠는가. 아, 우리들이 국가적 자각심을 일으켜 망해가는 중의 한국의 장래 국운을 만회하여 주야로 희망하고 몽상하는 자유 독립을 완성하고자 한다면, 통일적 인물을 요구하여 흩어지고 몰락한 민족을 통일하는 것이 선결문제이니 영웅 숭배가 시대의 정신이라고 가히 말할 만하다.

—『황성신문』, 1909.7.29.

이 논설에서 알 수 있듯이, 국권 침탈기 영웅 숭배주의는 '국민 통일', '국가 광복'의 방편이었으며, 시대의 정신으로 통일적 인물의 출현을 갈망하는 사상의 하나였다. 특히『이태리 건국 삼걸전』[10]에서 '마치니, 가리발디, 가부이'가 영웅이 아니라 그들을 따른 '이태리 국민 전체'가 영웅이었다는 논리는 영웅 발굴과 교육을 국운 회복을 위한 시대정신이자 의무로 여기는 애국계몽가들의 중심 사상이었음을 의미한다.

3. 『여자독본』과 『일사유사』의 여성 인물 분포 및 유형

장지연의『여자독본』은 1908년 광학서포에서 발행한 여자용 교과서로 상권 64과, 하권 56과 전체 120과로 구성되었다. 여성 위인을 주제로 한 각 과의 구성은 상권 제1~2과의 총론에 이어 과별로 인물을 소개하는 형식을 취한 점이 특징이다. 상하권에 등장하는 주요 인물은 다음과 같다.

[등장인물]

제2장 모도(母道)	김유신 모친, 정일두(정여창) 모친, 이오성(이항복) 모친, 이율곡 모친, 홍학곡(홍서봉) 모친, 김유신 부인 김씨
제3장 부덕(婦德)	소나 처, 온달 처, 유응규 처, 인렬왕후 쟝시(신풍부원군 장유의 딸), 윤부인(신숙주 부인), 이부인(이세좌 부인), 김부인(은은당 조린의 부인), 이부인(상촌 신흠의 부인), 권부인(월사 이정구의 부인), 장부인(여현광 증손녀)
제4장 정렬(貞烈)	석우로 처(내해왕의 아들), 박제상 처, 도미 처(개루왕 때 사람), 설씨, 영산 신씨, 안동 김씨(유천계의 처), 군위 서씨, 정부인(포은 정몽주 손녀, 문효공 조지서의 처), 권교리 부인(권달수의 처), 윤부인(나계문의 처, 윤기의 누이), 임의부(박조의 처), 송열부(송상 고준실 처), 김열부(송상 차상민 처), 박효랑 형제(성주사족의 여자)

10) 이 논설은 『이태리 건국 삼걸전』을 읽은 뒤 쓴 것이라는 논설 내용으로 볼 때, 신채호가 쓴 것으로 추정된다.

제5장 잡편(雜編)	의기 논개(진주 기생 논개), 계화월(평양 기생), 금섬·애향(송상현의 첩·정발의 첩), 야은비 석개(야은 길재의 여종), 약가(선산군 병사 조을생의 처), 향랑(선산 촌가 여자), 목주곡(목주 효녀), 회소곡(신라 유리왕대), 무녀 일금(숙종대), 허란설헌(허엽의 딸)
하권	맹모(孟母), 제영(緹縈: 한나라), 방아가녀(龐娥賈女: 당나라 가녀), 이기(李寄: 동월), 목란(木蘭: 양나라), 순관(筍灌: 진나라 순숭의 딸), 부인성(夫人城: 진나라 부인성의 유래), 양부인(梁夫人: 송나라), 안공인(晏恭人: 송), 세부인(洗夫人: 수나라 고량태수 부인), 진양옥(秦良玉: 명나라), 양향(楊香: 한나라)과 동팔나(童八娜: 송나라), 적량공 이모(狄梁公 姨母: 당 고종), 반소(班昭: 한나라 반표의 딸), 황숭가(黃崇嘏: 당), 위부인(衛夫人: 위), 사로탈(沙魯脫: 프랑스 사를로트), 마리타(馬利他: 이탈리아), 로이미셰으(路易美世兒: 프랑스 루이스 미셸), 여안(如安: 프랑스 잔다르크), 라란부인(羅蘭夫人: 프랑스 롤랑 부인), 루지(縷志: 영국), 부란지사(扶蘭志斯: 미국 프란체스카) 류이설(流馬設: 프로이센 왕후), 비다(批茶: 미국 비처스토), 남정격이(南丁格爾: 이탈리아 나이팅게일)

    이 책은 한 과에 한 인물을 소개한 경우도 있지만 여러 과에 걸쳐 같은 인물을 소개한 경우도 있다. 또한 상권 제5편 64과 '허난설헌'과 같이, 주요 인물을 소개한 뒤, '이옥봉, 송도 황진, 부안 기생 이계생과 추향, 취선, 안동 권씨 집 여종 취죽과 양사언 소실' 등 다수의 인물을 거론한 경우도 있다. 그러나 각 과에서 소개한 인물은 총 68명으로 볼 수 있다.[11]

[여자독본 인물 분포]

장별 \ 상하 국적	상 한국	하 서양	중국	계
제2장 모도(母道)	6			6
제3장 부덕(婦德)	10			10
제4장 정렬(貞烈)	14			14
제5장 잡편(雜編)	10(11)[12]			10(11)
과별 편제		10	16(17)	26(27)
총합계	40(41)	26(27)		66(68)

---

11) 상권 55과에는 금섬과 애향 두 인물이 등장하며, 하권 18~19과에는 양향과 동팔나가 등장한다. 따라서 소개한 주요 인물 수는 68명이다.

표에 나타난 바와 같이, 상권은 제1장 총론(總論), 제2장 '모도(母道)', 제3장 부덕(婦德), 제4장 정렬(貞烈), 제5장 잡편(雜編)으로 구성되었으나, 하권은 장별 편제를 취하지 않은 채 과별 편제로만 구성하였다. 내용상 상권은 우리나라의 인물을 대상으로 하였으며, 하권은 중국과 서양 여성 인물을 대상으로 하였다.

이 책은 상권 제1장 총론에서 밝힌 바와 같이, "가정교육을 발달시켜 국민 지식을 인도하는 모범"(제1과)으로서의 역할과 "어머니 된 자로서 여자의 학문"(제2과)을 갖추게 하는 데 목표를 두었다. 이 점은 『여자독본』의 여성 인물관이 이 시기 시대적 사명으로 거론되었던 남녀동등권13)보다 국민 또는 어머니로서의 역할을 강조하는 데 중점을 두고 있음을 의미한다. 그렇기 때문에 '현모(賢母)' 또는 '여사(女史: 여성으로서의 스승)'로서의 기능을 중시하고 있는 셈이다. 특히 상권은 제2장 '모도(母道)'는 "이 쟝은 ᄌ고로 어머니 도를 잘ᄒ 부인을 긔록홈이라", 제3장 '부덕(婦德)'은 "이 쟝은 ᄌ고로 어진 부녀의 덕힝을 긔록홈이라", 제4장 '정렬(貞烈)'은 "이 쟝은 ᄌ고로 절개 잇ᄂ 부녀의 힝실을 긔록홈이라"라고 하여, 수록 인물이 전통적인 규범(閨範)의 질서에서 예찬한 인물로 한정되었음을 드러낸다. 비록 제5장 '잡편(雜編)'에서 "이 쟝은 유명ᄒ 부녀의 힝실을 셕거 긔록홈이라"라고 하여, '논개(진주 기생), 계화월(평양 기생), 금섬(임진왜란 때 송상현의 첩)과 애향(정발의 첩), 야은의 비(婢) 석개, 악가(선산 조을생의 처), 향랑(산유화곡과

---

12) 괄호 안의 숫자는 두 인물이 소개된 것을 나타냄.

13) 홍인숙(2009), 『근대계몽기 여성담론』, 혜안. 이 책에서 밝힌 바와 같이 근대 계몽기 유교 지식인들에 의해 제기된 여성 담론은 여성의 역할을 국민 교육을 위한 매개자로서 '현모(賢母)'를 강조하는 경향이 있었다. 비록 남녀동등권이 제기되기는 하였으나, 그것이 정치적·경제적·사회적·법적 차원에서 동등권 실현 방안을 제시한 것은 아니었다.

향랑 연못의 유래), 목주곡의 효녀, 회소곡의 왕녀' 등이 등장하지만, 남녀동등권의 차원과는 거리가 먼 인물들이다.

그러나 『여자독본』 하권의 경우 '맹모(孟母)'의 교자(敎子), '적량공 이모'의 충의(忠義), '방아가녀(龐娥賈女)'의 아버지를 위한 복수와 효 등과 같이 전통적인 규범(閨範)의 미덕과 관련된 과도 있지만, '목란(木蘭), 황숭가'와 같은 여장부를 수록한 점이나 '부인성(夫人城), 양부인, 안공인, 세부인, 진양옥, 류이설(프로이센 왕후), 여안(잔다르크), 로이미 세아(루이스 미셸)' 등과 같이 나라(또는 군왕)를 위해 자신을 희생한 여성들과 여성 노예해방운동가 비다(미국 비처스토), 부부애와 남녀평 등의 삶을 실천하고자 했던 영국 여성 루지, 여자 교육에 헌신한 미국 인 부란지사(프란체스카), 여성 혁명가 프랑스의 사로탈(샤를로트) 등 을 수록한 것은 이 시기 '남녀동등권' 담론과 여성의 국가적·사회적 역할에 부합하는 인물 발굴 사례라고 할 수 있다. 이는 각 과마다 객관적 서술 태도를 유지하면서도 일부 인물에 대한 평을 삽입한 저 자의 태도에서도 확인된다.

[여성 인물에 대한 저자의 태도]

- 하권 제37과 여안: 여안이 임의 죽으매 법국 젼국이 다토아 조본을 내 여 화려ᄒᆞ고 굉장흔 긔렴비를 세우고 국민의 숩비홈이 부모 굿치 ᄒᆞ야 이 쌔ᄭᅵ지 쇠ᄒᆞ지 아니ᄒᆞ더라.

- 하권 제49과 비다 1: 수만명 흑노의 구셰쥬가 되어 미쥬의 뎨일 녀셩(女聖)으로 닐크러 이제 니르도록 쇠ᄒᆞ지 아니ᄒᆞ더라.

- 하권 제53과 비다 3: 그 지아비 가히 녁여 가산(家産)을 팔고 홀노 깁혼 산 가온ᄃᆡ 거ᄒᆞ야 칙(冊) 한 권을 지여 셰계(世界)에 공리를 발명ᄒᆞ야 부귀와 빈쳔(貧賤)이 업시 다 평등(平等)인즉 결단코 인류를 우마와 굿

치 리치기 압다 ᄒ야 칙을 발힝ᄒ매 미인(美人, 미국인)이 비로소 흑노를 부림이 인리(人理)에 합ᄒ지 아니흠을 황연(慌然)이 씨ᄃ라셔 열겹 운무(雲霧)를 헷치고 다시 하늘을 본듯ᄒ야, 그 칙을 일홈ᄒ디 오월화(五月花)라 ᄒ야 모든 대학가(大學家)에셔 슝비(崇拜)ᄒ고 천고에 썩지 아니ᄒᄂ 글노 닐ᄏ러 아홉 나라히 번역(飜譯)ᄒ야 빅여만 부(百餘萬部)에 니르며, 구미(歐美) 대극장(大劇場)에셔 연희(演戲)ᄒ더니 일년이 못 되여 흑노를 맛춤내 금(禁)ᄒ니 수빅만 우마(牛馬)를 ᄒ 손으로 써 고히(苦海) 가온디셔 건져내여 다시 인류에 도라오게 흠은 다 비다의 공이니라.

이와 같이, 저자는 '여안(잔다르크)'에 대한 평에서 '국민의 숭배'라는 표현을 사용하고, '비다(비처스토)'에서 '평등'이라는 용어와 함께 '비다의 공'임을 평가하고 있다. 엄밀히 말하면 이 두 인물은 서양에서 활동한 인물이자 이 시기 장지연이 스스로 찾아낸 인물은 아니다. 이재선(1972)을 비롯한, 이른바 '개화기 소설'에 대한 다수의 연구에서 규명한 바와 같이, 1895년 근대식 학제 도입 이후 『태서신사』, 『법국혁신전사』, 『만국사기』 등의 역사책과 저자가 역술한 『애국부인전』 (1907, 광학서포) 등이 유포되던 시대적 산물로서 혁명적 여성 인물이 이 교과서에 선정된 것이라고 할 수 있다. 그럼에도 『여자독본』에는 여전히 '남녀동등권'을 설파한 여성 인물이 등장한 것은 아니다.

또 하나의 여성 인물 발굴 사례로서 장지연이 일제강점기에 편찬한 것으로 알려진 『일사유사(逸士遺事)』의 여성 인물을 살펴볼 필요가 있다. 이 책은 "세상을 등지고 숨어 사는(드러나지 않은) 선비의 전해오는 이야기"라는 책 제목과 같이, 교과서가 아니라 대중 독자를 위한 독서물로 저작된 것이다. 그러나 저자의 서문에서 "이조(李朝)는 고려말의 폐단을 계승하여 사람을 가려 쓰는 것이 극히 협소하고 체영 세족(簪纓世族) 가문의 자손은 비록 녹을 받고 벼슬을 세습하나, 한준(寒畯)의 선비는 영재 준걸일지라도 산속에 흩어져 숨어 사는 경우가 많았다. 또한 품별로 볼 때 중인 서인과 일상 천인은 벼슬길에 오르지 못하고 서북 양도에 흩어졌으니 앞길이 꽉 막혔다. 아, 이러한 원통한 기운으로 민중의 한이 하늘을 찌르게 했으니 이와 같이 사백 여 년을 내려와 드디어 국가가 망했다. 내가 서항(西巷)에 머문 다음 해, 촌중 인사들이 나를 따라 서촌 고사를 말하며 내게 책 한 권을 써서 일사(逸士)에 관한 것을 남기게 했으니, 매몰되지 않고 세상에 전해지면 그 어둔 혼백이 실로 중천(重泉)의 아래에서 감읍하게 할 것이라 하였다."[14]라고 하였듯이, 일사(逸士)의 숨은 이야기를 발굴하여, 그들을 기념하기 위한 목적을 갖고 있다. 물론 이 책은 서문에서 "『희조일사(熙朝逸事)』, 『침우담초(枕雨談草)』, 『추재기이(秋齋記異)』, 『어우야담(於于野談)』의 위항 쇄문, 『진조속기(震朝續記)』, 『호산외기(壺山外記)』, 『앙엽기(盎葉記)』, 『겸산필기(兼山筆記)』, 『숭양지(崧陽志)』 및 기타 여러 선배의 문집을 모아 채록하고 초록에 근거하여 수년 동안 6책을 편성"했다고 하였듯이, 패관 소설류(稗官小說類)나 야담(野談)에서 채록한 자료가 다수를 이룬다. 또한 각 인물을 소개하고 '외사씨왈(外史氏曰)' 또는 '야담씨왈(野談氏曰)'과 같이 전해오는 평이나 저자의 평을 곁들이고 있다.[15]

---

14) 張志淵 著, 張在軾 發行(1923), 『逸士遺事』, 滙東書舘. 逸士遺事序. "李朝承麗季之弊 用人之路極狹 簪纓世族之家 子孫雖庸碌 世襲淸宦 寒畯之士 英才儁傑 多沉崛閒散 又品別中庶常賤 而淸宦不及 地分西北兩道而前程梗塞. 嗚呼 使寃氣干和 衆恨澈穹 如是垂四百餘年 而國遂以亡矣. 余寓居西巷之明年 村中人士 多從余遊 爲言西村故事 要余編一書 使遺彦逸士 不至埋沒 而傳諸世 其冥魂幽魄 實有感泣於重泉之下矣."

15) 조지형(2018), 「〈일사유사〉의 편찬 의식과 인물수록 양상」, 『동양고전연구』 70, 동양고전학회, 495~524쪽; 안영훈(2007), 「〈일사유사〉의 〈호산외기〉, 〈이향견문록〉 수용 양상」, 『어문연구』 35(4), 한국어문교육연구회, 337~359쪽.

따라서 이 책의 여성 인물은 '숨은 이야기'를 발굴하여 그 의미를 부여하는 차원에서 기존의 전승되어 온 인물을 다시 찾아내고자 한 의도를 갖는다고 볼 수 있다.

6권 1책으로 구성된 이 책에서 여성 인물은 권5, 권6에 나타나는데 주요 인물의 숫자는 77명으로 모두 한국 사람들이다. 수록 인물을 살펴보면 다음과 같다.

[『일사유사(逸士遺事)』의 수록 인물]

권수	인물
권5	金翠梅, 禹孝婦(김유정의 처), 吳氏婦, 林孝婦(안동 권영의 처), 朴孝婦(진사 조형온의 처), 安峽孝婦(안협 민가), 李孝女(평양 이화의 딸), 玄家婦(현석기 처 김씨), 河節婦(개성인 하씨의 딸), 金烈婦, 黃烈婦(박석주의 처), 宋烈婦(고준실의 처), 嚴烈婦(엄재회의 딸), 高節婦(한성 양가녀), 裵節婦(사인 동환의 딸), 張娘子, 韓氏(사인 정영준 처), 鄭娘子, 朴孝婦(울산군 장세량 처), 崔烈女(울산 김익수 처), 朱節婦(사인 김웅범 처), 徐節婦(군위현 도운봉 처), 黃烈婦(김광식 처), 貞夫人張氏, 允摯堂 林氏, 金鶴聲母, 崔戍母, 嶺樓貞娘, 井邑寃女, 嶺東義婦, 賣粉嫗聖哥(명재잡기), 江南德母(어우야담), 鄭生妻 紅桃(어우야담), 北關烈女, 宋婦人 悔改(묵재 홍언필 부인), 金判院 夫人, 廉烈婦(초계군 양가녀), 柳家忠婢, 香娘, 春娘 洪娘
권6	夫娘 又 附稗說一通(정충신 소실), 梁夫人(김천일의 처), 柳夫人 洪鶴谷母夫人(고흥 유딩의 딸), 羅夫人 金文谷 大人(문곡 김수형의 부인), 崔夫人(백천 군수 시립의 딸), 許夫人(허종 누이로 신영석의 처), 鄭氏(이기축의 처), 崔夫人, 尹夫人, 沈夫人, 鄭夫人, 成夫人, 李夫人, 金氏, 南氏(남주의 누이), 許氏蘭雪軒, 李夫人, 沈夫人, 申汾厓子婦, 郭氏晴窓, 申師任堂, 南夫人, 李梅軒, 趙玄圃, 鄭府夫人, 鄭文榮妻 柳氏, 柳氏(남구만의 별실), 金林碧堂(유여주 후실), 宋夫人(유희춘 부인), 韓影響堂, 永興金氏, 海西士人妻, 金夫人(잠곡 김육의 딸), 徐夫人(홍인모의 부인), 鄭氏, 鄭夫人(이희지 부인 정씨), 李媛玉峯(조강원의 부실)

이 표에서 확인할 수 있듯이, 수록 인물은 대부분 '○○부인' 또는 '○○모' 등과 같이 여성 자신의 이름이 없이 아버지나 아들 또는 남편과 관련지어 전해오는 이야기가 다수를 차지한다. 엄밀히 말하면 근대 이전 여성의 이름이 전혀 없었는지는 알 수 없으나,16) 『일사유사』

---

16) 이는 조선시대 여성의 이름을 부르지 않는 관습에서 비롯된 것으로 추정된다. 이능화 (1926), 『조선여속고(朝鮮女俗考)』(한남서림) 제17장 '여자 권리·명호 급 지위 계급'에서

에 등장하는 여성 인물은 자신의 성이나 특정인 남편의 부인, 또는
어머니로 존재해 온 것이다. 이 책에 등장하는 인물을 주제별로 분류
할 경우 다음과 같은 분포를 보인다.

[주제별 여성 인물 분포]

주제	고사 (故事)	부덕 (婦德)	설원 (雪冤)	여성지식인 (知識人)	여장부 (女丈夫)	열부 (烈婦)	재덕 (才德)	현모 (賢母)	효녀·효부 (孝女孝婦)	효열 (孝烈)	계
분포	1	3	6	2	3	11	35	6	8	2	77

표에 나타난 것과 같이, 『일사유사』의 여성 인물은 대부분 현모양
처를 미덕으로 하는 전통적 여성관과 부덕(婦德), 효열·효부(孝烈孝婦)
로서의 인물이 다수를 차지한다. 비록 설원(雪冤)과 '강남덕의 어머니',
'정생의 처'와 같이 남장을 하고 남편을 찾으러 가는 여장부의 모습을
갖춘 여성 인물이 등장하기도 하나, 이 또한 넓은 의미에서 종부형(從
夫型)의 인물이다. 이 점에서 『일사유사』의 여성 인물은 『여자독본』의
여성 인물에 비해 '남녀동등권'이나 '여성 운동가'로서의 성격이 현격
히 떨어진다고 볼 수 있다. 이는 전래하는 서적의 특성에서 비롯된
것도 있겠지만, 일제강점기 근대적 여성 인물 발굴이 어려운 시대

는 "我朝鮮俗에 子女初生ᄒ면 卽爲起名ᄒ야 謂之兒名ᄒ고 而女兒其名은 從順字ㅣ 十居八
九"라고 하여 여아의 경우 '순자'를 많이 썼다고 하였다. 이는 『조선여속고』를 집필할
당시의 상황을 말한 것으로 추정되며, 다시 '朝鮮女子俗常稱號'에서 "朝鮮女子ㅣ 兒時稱號
는 呼其名字ㅣ 卽其常也오 亦不名而但稱阿只之事 此則父母及尊長者ㅣ 在家庭上ᄒ야 對其
兒女之稱號也ㅣ오 若女子己筭 (出嫁)則更不以兒名行世ᄒ고 而別有稱號ᄒ니 大槪從夫之姓
ᄒ야 而稱某室某宅ᄒ니(조선 여자의 어릴 때 호칭은 이름자를 부르는 것이 예사이나 혹
이름으로 부르지 않고 '아기'라고 부르니, 이것은 부모나 존장자가 집안에서 그 여아를
대하여 일컫는 이름이다. 만약 여자가 출가하여 머리를 올리면 다시 아명을 부르지 않고
별도 칭호가 있으니 대개 남편의 성을 따라 모실 모댁이라고 한다.)"라고 하여, 조선시대
여성의 이름이 전해지지 않는 이유를 밝히고 있다.

상황과 흥미 위주의 대중 독서물로서 『일사유사』가 갖는 성격에서 비롯된 것일 수도 있다.

그럼에도 이 책에 등장하는 여성 인물 가운데, '정부인 장씨', '임윤지당' 등과 같은 여성 지식인이 소개되고, 재덕(才德)을 갖춘 여성 인물 35명이 등장한 것은 여성사나 문학사 연구에서 중요한 의미를 갖는 것으로 볼 수 있다. 예를 들어 나부인(羅夫人, 문곡 김수항의 부인으로 김창집, 김창협 등의 6형제 어머니)의 '규범지의(閨範之懿)', 백천 군수 최사립의 딸 최부인(崔夫人)의 '내치유범(內治有範)' 등은 조선시대 '견외견학(肩外見學)'의 가풍을 통한 여성 지식인 탄생17)의 배경을 보여주며, 충정공 허종(許宗)의 누이 허부인(許夫人, 신영석의 처)의 '박통경사(博通經史)', 사적을 자세히 정리하지는 않았지만 "홍율정(洪栗亭)의 부인 유씨(柳氏), 이수찬(李修撰守) 정부인 신씨(貞夫人 申氏), 김퇴우(金退憂) 부인 윤씨(尹氏), 유병사 준(柳兵使濬) 부인 이씨(李氏), 교리 이영부(李校理英符) 부인 이씨(李氏), 찬성 이계맹(李贊成 繼孟) 부인 채씨(蔡氏), 봉원부 부인(蓬原府 夫人) 정씨(鄭氏), 신광유(申光裕) 부인 윤지당 임씨(允摯堂 林氏), 임노촌 부인(林老村 夫人) 박씨(朴氏), 이오리(李梧里) 대부인(大夫人) 정씨(鄭氏)"18) 등의 지식인 역할을 담당했던 여성 인물들이 존재했음을 서술한 것도 의미 있는 일이다.

이와 함께 안귀손의 부인 최씨의 한시, 장씨 부인으로 병석에서 시를 읊었다는 윤부인(尹夫人), 심앵도로 일컬어지는 이득(李得)의 부

---

17) '견외견학(肩外見學)'은 '어깨 너머로 보고 배움'을 뜻하는 말로, 이능화(1926)의 『조선여속고』(한림서원)에서 사용한 용어이다.

18) 장지연 지음, 장재식 발행(1923), 『일사유사』권6, 224~225쪽. "我鮮婦人之以文字學術로 著稱於世者 如洪栗亭 夫人 柳氏, 李修撰 守貞夫人 申氏, 金退憂 夫人 尹氏, 柳兵使濬 夫人 李氏, 李校理 英符 夫人 李氏, 李贊成 繼孟 夫人 蔡氏, 蓬原府 夫人 鄭氏, 申光裕 夫人 允摯堂 林氏, 林老村 夫人 朴氏, 李梧里 大夫人 鄭氏의 諸夫人은 皆賢淑有文識".

인 심부인(沈夫人)의 시 등 35명의 재덕을 갖춘 여성 인물과 시를 수록한 점이나 '영루정랑(嶺樓貞娘, 선산 아랑사의 유래)'의 '산유화곡', '영동의부(嶺東義婦)'의 신원(伸冤), 『어우야담』에서 찾아낸 '강남덕 어머니'와 '정생의 처' 이야기 등은 1920년대 이후 여성 문학 연구의 선구적 역할을 담당했던 것으로 보인다.19)

4. 결론

한국 사회에서 1900년대는 국민 의식과 남녀평등의 근대 지식이 형성되면서, 근대 이전의 부덕(婦德)이나 현모양처(賢母良妻)를 지향하는 규범(閨範)이 점차 완화되고, 이를 대신하는 여성 위인이 등장하는 시대였다.

이 글은 장지연의 『여자독본』과 『일사유사』 권5~6의 인물을 통해 근대적 여성 인물의 발굴·보급이 갖는 의미를 규명하는 데 목표를 두고 출발했다. 이를 위해 근대적 여성관의 변화, 두 텍스트의 인물 유형과 분포, 여성 인물 발굴·보급이 갖는 의미를 고찰하고자 하였다.

---

19) 근대 계몽기 여성 인물사와 관련하여 1906년 탐인사에서 홍양호(洪良浩, 1724~1802)의 『동국명부전(東國名婦傳)』을 발행한 사례가 있다. 그러나 이 책은 홍양호의 저술을 다시 간행한 것으로, '남녀동등권', '여성운동' 등과 관련한 근대 지식 형성 이후 여성 인물을 발굴한 사례는 아니다. 이 점에서 『여자독본』과 『일사유사』(1918년 서문으로 볼 때, 그 이전의 작품)는 근대 이후 여성 인물 발굴 사례의 선구적인 것으로 평가할 수 있는데, 1920년대 이후에는 다수의 여성 위인과 여류 문학 관련 연구서가 출현하기도 하였다. 그 중 이능화의 『조선여속고』(1926, 한남서림), 『조선해어화사』(1927, 한남서림), 야담사 (1938), 『역대여류명음(歷代女流名吟)』, 신구현(1939), 『역대여류시가선』(학예사), 김안서 (1940), 『(조선역대) 여류한시선역집 꽃다발』, 박문서관 등은 일제강점기 대표적인 여성 문학 연구 결과물들이다. 이 시기 여성문학 연구 성과물에 대해서는 별도의 연구 논문을 준비 중이다.

이 글에서 논의한 바를 요약하면 다음과 같다.

첫째, 근대적 여성관은 근대 이전의 규범(閨範)이 완화되면서 '남녀 동등권' 개념이 도입되었다는 데 특징이 있다. 그러나 이때 등장한 남녀동등권은 정치, 경제, 사회, 문화, 법적 차원에서 남녀가 동등한 권리를 갖고 있다는 구체적인 방향을 제시하지 못한 채, 가정이나 사회(국가)에서 여성이 어떤 역할을 해야 하는가, 또는 여성에게 어떤 역할을 부여해야 마땅한가라는 논의로 이어졌다.

둘째, 여성관의 변화는 여자 교육과 함께, 남성과 동등한 여성 위인이 존재함을 인식하는 데 영향을 미쳤다. 그렇기 때문에 여자 교육 차원에서 여성 인물을 발굴하고 보급하는 작업이 이루어졌는데, 장지연의 『여자독본』과 『일사유사』는 그 대표적인 성과이다.

셋째, 『여자독본』의 여성 인물은 상권의 경우 근대 이전 한국의 여성 위인을 대상으로 하였으나, 그들의 행적은 대부분 '현모양처', '부덕'을 지킨 위인들이 대부분이었다. 그러나 하권의 중국과 서양 여성 인물 가운데 '여장부'로서 활동했거나 국민 의식과 평등사상을 실천하고자 한 인물들이 포함된 것은 근대적 여성관에 부합하는 인물 소개에 해당한다고 볼 수 있다. 이에 비해 일제강점기 집필된 것으로 추정되는 『일사유사』는 조선의 인물만을 대상으로 하여, 근대적 여성관을 드러내는 데 한계가 있었던 것으로 보인다. 그럼에도 이 책에 수록된 '정부인 장씨'나 '임윤지당' 같은 여성 지식인과 재덕(才德)을 갖춘 여성 문인들을 정리한 것은 1920년대 이후 한국 여성사 연구와 여성 문학사 연구의 기반이 되었을 것으로 추정한다. 이와 관련한 연구는 후속 연구 과제로 돌린다.

여자 교육사 관련 기초 데이터

1. 문헌 중심 여성 교육 자료

번호	책명	저자	편자	출판사 (간행)	연도	판본		문체	분야	출처 (영인)	비고
1	한씨 내훈 (韓氏 內訓)					목판		한문		홍문각(1991) 영인본	
2	숙인 창녕조씨 실기 (淑人 昌寧曹氏實記)	유화종		유화종가	1939			한문	여성	원본	
3	부의 (婦儀, 國文本)	이덕무 저				필사		국문		홍문각(1991) 영인본	
4	선군유사				미상	필사본		국문	여성	허재영(2004), 국어사 국어교육 자료집, 박이정	
5	효열부 김씨 행록 (孝烈婦 金氏 行錄)	유동익 서문					유인본	한문	여성	원본	
6	여소학(女小學)	박문호			1882	필사		국한문	언해	홍문각(1991) 영인본	
7	선비유사				미상	필사본		국문	여성	허재영(2004), 국어사 국어교육 자료집, 박이정	

번호	책명	저자	편자	출판사 (간행)	연도	판본		문체	분야	출처 (영인)	비고
8	명황계감언해 (明皇誠鑑諺解) 원씨본	박팽년, 최항 등				필사		국문		김일근 편교(1991), 명황계감언해, 서광	
9	부의(婦儀, 漢文本)	이덕무 저				활자		한문		홍문각(1991) 영인본	
10	자위수택 (慈闈手澤)	정명공주 (1603~ 1685)	김일근 해제				필사	한문		숙명여자대학교 박물관(1996), 조선조 여인의 삶과 생각, 유진기획	간찰
11	삼신기명 애무가	고단					필사	국문		숙명여자대학교 박물관(1996), 조선조 여인의 삶과 생각, 유진기획	
12	자손보전 (子孫寶傳)	신창 맹씨가 (선조~ 헌종)	김일근 해제				필사	국문		숙명여자대학교 박물관(1996), 조선조 여인의 삶과 생각, 유진기획	가정 교육 류
13	정부인 장씨 실기 (貞夫人 張氏 實記)	석계 이시명 (1590~ 1674) 부인	목판		미상			한문	여성	국역본(1999)	
14	여자초학				미상			국문	여성	성병희(1980), 민간계녀서, 형설출판사	
15	열녀전(列女傳)		미상		미상		판권 미상 석인본	중국문	여성	원본	
16	명황계감언해 백씨본	박팽년, 최항 등				필사		국문		김일근 편교(1991), 명황계감언해, 서광	
17	정려실기 (旌閭實記)	여강 이채원 (李㻩源) 서문, 손진견 편집			미상			한문	여성	원본	
18	영남 삼강록 (嶺南三剛錄) 9				미상		한적 (언해체)	국한문	여성	원본	
19	영남 삼강록 (嶺南三剛錄) 10				미상		한적 (언해체)	국한문	여성	원본	
20	내훈(內訓)					1475			국한문	여성	홍문각(1990) 영인, 대제각(1988) 영인	

번호	책명	저자	편자	출판사 (간행)	연도	판본		문체	분야	출처 (영인)	비고
21	삼강행실도 (三綱行實圖)				1434			국한문		대제각(1988) 영인	
22	고열녀전 (古列女傳)				16세기 경			한문		국립중앙도서관 소장	
23	동국신속 삼강행실도 (東國新續三綱行實圖)				1617			국한문	언해본	홍문각(1990) 영인본	
24	언해태산집요 (諺解胎産集要)				1608			국한문	언해본	대제각(1988) 영인본	
25	여훈언해 (女訓諺解)	최세진 언해 미전 (未傳), 인조 연간본			1623 ~1649			국한문	언해본	홍문각(1990) 영인본	
26	규합총서 (閨閤叢書)	빙허각 이씨			1869	목판		국문		홍문각(1990) 영인본	
27	규곤시의방 (閨壼是議方) 음식디미방	안동 장씨			1598~ 1680			국문		황혜성 편(1980), 한국인서출판사	
28	여범(女範)	영조빈 선희궁			18세기	필사본		국문		대제각(1985) 영인	
29	어제여사서언해 (御製女四書諺解)	이덕수 등 언해			1736	목판		국한문	언해	홍문각(1990) 영인본	
30	계녀서(戒女書)	우암 송시열				필사		국문		대제각(1985) 영인본	
31	내훈(內訓)	인수대비			1475	목판		국한문	언해	대제각(1985) 영인본	
32	어제여사서 (御製女四書)				1736	개주 갑인자		국한문	언해	대제각(1985) 영인본, 한국학문헌연구 소 편(1974) 아세아문화사 간행본	
33	어제내훈 (御製內訓)	인수대비			1737	목판		국한문	언해	홍문각(1990) 영인본, 한국학문헌연구 소 편(1974) 아세아문화사 간행본	
34	중간본 여사서언해 (重刊本女四書諺解)		송병순 서, 전우 발문		1907	목판		국한문	언해	홍문각(1990) 영인본	
35	규범(국한문본)					필사		국한문		홍문각(1991) 영인본	
36	규범(한문본)					필사		한문		홍문각(1991) 영인본	

번호	책명	저자	편자	출판사 (간행)	연도	판본		문체	분야	출처 (영인)	비고
37	영수각고 (令壽閣稿)	영수합 (1753~ 1823)	홍석주 행장, 홍길주 발문					한문		허미자(1989), 조선조 여류 시문전집2, 태학사	
38	삼의당고 (三宜堂稿)	삼의당 김씨 (1769)	오상철 교열, 정형택 편수		1934			국한문		허미자(1989), 조선조 여류 시문전집2, 태학사	
39	애련가(哀戀歌)	이호정 (퇴계 종파의 딸)					활자	국문		숙명여자대학교 박물관(1996), 조선조 여인의 삶과 생각, 유진기획	내방 가사
40	귀거래사 (歸去來辭)	조애영					활자	국문		숙명여자대학교 박물관(1996), 조선조 여인의 삶과 생각, 유진기획	
41	여자초학 (녀ᄌ초학)	학봉 김성일가					필사	국문		필사기:우리 외할부지 글신이라 (하략)	김성 일 후손
42	운초당시고 (雲楚堂詩稿)	성천 기생 운초 김부용 (1750~ 1840년대)					필사	한문		허미자(1989), 조선조 여류 시문전집3, 태학사	
43	명황계감언해 원거문헌					활자		한문		김일근 편교(1991), 명황계감언해, 서광	
44	난설헌집 (蘭雪軒集)	허난설헌			1608	목판		한문		허미자(1989), 조선조 여류 시문전집1, 태학사	
45	난설헌집	허난설헌				필사				허미자(1989), 조선조 여류 시문전집1, 태학사	일사 문고 본
46	허부인 난설헌집 부 경란집	안왕거 (安往居) 편집	신문관		1914	신활자		한문		허미자(1989), 조선조 여류 시문전집1, 태학사	
47	옥봉집(玉峯集)· 가림세고 부록	옥봉			1704	필사		한문		허미자(1989), 조선조 여류 시문전집1, 태학사	

번호	책명	저자	편자	출판사 (간행)	연도	판본		문체	분야	출처 (영인)	비고
48	매창집					필사		한문		허미자(1989), 조선조 여류 시문전집1, 태학사	
49	정부인 안동장씨 실기	안동장씨 (1598~1680)			1844	목판		한문		허미자(1989), 조선조 여류 시문전집2, 태학사	
50	윤지당 유고	윤지당 임씨 (1721~1793)						한문		허미자(1989), 조선조 여류 시문전집2, 태학사	규장각 소장본
51	부용시선	부용당 (1732~1791)						한문		허미자(1989), 조선조 여류 시문전집2, 태학사	
52	정정당유고 (情情堂遺稿)	채하의 부인 황씨	이휘령 서(1849), 이휘재 편(1858)					필사	한문	허미자(1989), 조선조 여류 시문전집4, 태학사	
53	동호서락기 (東湖西洛記)	금원(규당 학사 김덕희의 소실)						필사	한문	허미자(1989), 조선조 여류 시문전집4, 태학사	
54	정일당유고 (靜一堂遺稿)	강정일당 (1772~1832)	강회원 행장, 홍직필 묘살명		1836		활자		한문	허미자(1989), 조선조 여류 시문전집3, 태학사	규장가본
55	청한당산고 (淸閑堂散稿)	이현춘 아내 김씨 (1853년생)	김상오 서(1917), 이근원 행장(1917)					연활자	한문	허미자(1989), 조선조 여류 시문전집4, 태학사	
56	유한당시집 (幽閒堂詩集)	유한당 홍원주 (洪原周, 영수합의 딸)					목판(?)		한문	허미자(1989), 조선조 여류 시문전집3, 태학사	
57	죽서시집 (竹西詩集)	박종언의 서녀 죽서 (1817~1851쯤)					활자		한문	허미자(1989), 조선조 여류 시문전집3, 태학사	
58	부용집(芙容集)	성천 기생 운초					필사		한문	허미자(1989), 조선조 여류 시문전집4, 태학사	운초 당시 고와 같은 책

번호	책명	저자	편자	출판사(간행)	연도	판본		문체	분야	출처(영인)	비고
59	소파여사시집 (小坡女史詩集)	소파 오효원 (吳孝媛, 1889년생)						신활자	한문	허미자(1989), 조선조 여류 시문전집4, 태학사	
60	규합한훤 (閨閤寒暄)							필사	국문	숙명여자대학교 박물관(1996), 조선조 여인의 삶과 생각, 유진기획	여성 언간 독류
61	조선여류 한시선집 꽃다발	金岸曙 譯		博文書館	1942				국한문	원본	
62	동양역대여사시선 (東洋 歷代女史詩選)		홍순필 편집 겸 발행, 곽찬 찬	보문관	1920			신활자	한문	허미자(1989), 조선조 여류 시문전집3, 태학사	
63	정일헌시집 (貞一軒詩集)	남세원의 딸 정일헌 (1840~ 1922)	완산 이건승 발문	만주교사 (滿洲僑舍)	1923			연활자	한문	허미자(1989), 조선조 여류 시문전집3, 태학사	
64	지나여류시강								중국문	원본	
65	윤지당유고(국역)		원주시		2001				국역	숙명여자대학교 박물관(1996), 조선조 여인의 삶과 생각, 유진기획	
66	규합총서	빙허각 이씨	정양원 역주	보진재	1984				역주	숙명여자대학교 박물관(1996), 조선조 여인의 삶과 생각, 유진기획	
67	규문보감 (閨門寶鑑)	徐雨錫		鮮光印刷株式會社	1936				국한문	원본	
68	역조 명원시가 (歷朝名媛詩詞)			上海 掃葉山房				당판본	한문	원본	
69	조선여속고 (朝鮮女俗考)	이능화		한남서림·동양서원	1927				국한문		
70	어머니독본	김상덕 (金相德)		동심원	1940				국한문	원본	
71	여자의 사친가		필사					필사	국문	민속원(1981) 영인	
72	가입문고(嫁入文庫) 23 부인위생 권 (婦人衛生の卷)		실업지일본(實業之日本)		1918				일본문	원본	
73	정조 파괴와 결혼 정화(貞操破壞と結婚淨化)	福井正憑		東京 明王社	1931				일본문	원본	

번호	책명	저자	편자	출판사 (간행)	연도	판본		문체	분야	출처 (영인)	비고
74	여자 교육사	사쿠라 (櫻井) 役	增進堂		1944			일본문		원본	
75	일사유사 (逸士遺事)	장지연	회동서관		1923			국한문	현토체	원본	(여성 인물)
76	이향견문록 (里鄕見聞錄)	유재건 (1793~ 1880)			1862	필사		한문		아세아문화사 (1974)	(여성 인물)
77	호산외기 (壺山外記)	조희룡 (趙熙龍, 1797~?)			1848	필사		한문		아세아문화사 (1974)	(여성 인물)
78	열성왕비세보 (列聖王妃世譜) 1				1805			한문		한국학 중앙연구원 (2008)	(여성 인물)
79	열성왕비세보 (列聖王妃世譜) 2				1805			한문		한국학 중앙연구원 (2008)	(여성 인물)
80	열성왕비세보 (列聖王妃世譜) 3				1805			한문		한국학 중앙연구원 (2008)	(여성 인물)
81	열성왕비세보 (列聖王妃世譜) 4				1805			한문		한국학 중앙연구원 (2008)	(여성 인물)

2. 여성사 연구 관련 주요 문헌 목록

번호	책명	저자	편자	출판사	연도	내용
1	한국여성사: 고대~조선시대	최숙경, 하현강 공저		이화여자대학교 출판부	1972	제1부 고려 이전(최숙경), 제2부 조선시대(하현강)
2	한국여성사: 개화기~1945	김영덕, 서광선 외		이화여자대학교 출판부	1972	총관(하현강), 개화기 여성의 사회 진출(이효재), 한국여성의 법적 지위(이태영), 한국여성 복식의 연구(유희경), 한국 근대 여성 교육(정세화), 한국 근대의 여성과 문학(김영덕), 한국 여성과 종교(서광선)
3	한국여성사 부록		한국여성사 편찬위원회	이화여자대학교 출판부	1972	여성사 연표
4	조선여속고	이능화 (1927)	김상억 역	대양서적	1975	이능화의 『조선여속고』(1927, 한남서림·동양서원) 번역본
5	한국 고전 여류시 연구	황재규		집문당	1985	제1편 한국 고전 여류시문학의 특질, 제2편 허초희와 황신이 시의 대척적 세계

번호	책명	저자	편자	출판사	연도	내용
6	한국여성근현대사(1) 개화기~1945: 한국여성인물사1	전경옥, 김은실, 정기은	숙명여자대학교 아시아여성연구소	숙명여자대학교 출판국	2004	독립유공자 이병회, 제주 해녀 고이화, 시어머니와 며느리 권명완·최숙자, 여교사 박현선, 패션 디자이너 최경자
7	한국여성근현대사(1) 1945~1980: 한국여성인물사2	전경옥, 박선애, 정기은	숙명여자대학교 아시아여성연구소	숙명여자대학교 출판국	2005	전쟁 미망인 남정도, 최후의 여성 빨치산 정순덕, 기지촌 여성 윤점균, 새마을운동 부녀 지도자 이외순, 노동자 김미순, 의사 박양실, 대령 김화숙
8	한국여성근현대사(1) 1980~현재: 한국여성인물사3		숙명여자대학교 아시아여성연구소	숙명여자대학교 출판국		
9	한국여성근현대사(2) 개화기~1945: 한국여성 정치사회사1		숙명여자대학교 아시아여성연구소	숙명여자대학교 출판국		
10	한국여성근현대사(2) 1945~1980: 한국여성 정치사회사2	전경옥, 유숙란, 김은실, 신희선	숙명여자대학교 아시아여성연구소	숙명여자대학교 출판국	2005	제1장 근대화와 민주화의 주체 여성, 제2장 여성과 정치, 제3장 여성과 경제, 제4장 여성과 사회
11	한국여성근현대사(2) 1980~현재: 한국여성 정치사회사3	전경옥, 유숙란, 신희선, 김은실	숙명여자대학교 아시아여성연구소	숙명여자대학교 출판국	2006	제1장 한국 민주주의와 여성, 제2장 여성과 정치, 제3장 여성과 사회
12	한국여성근현대사(3) 개화기~1945: 한국여성 문화사1	전경옥, 변신원, 박진석, 김은정	숙명여자대학교 아시아여성연구소	숙명여자대학교 출판국	2004	1장 한국 여성 문화사, 2장 여성과 근대, 3장 여성과 가정생활, 4장 여성과 섹슈얼리티
13	한국여성근현대사(3) 1945~1980: 한국여성 문화사2	전경옥, 변신원, 김은정, 이명실	숙명여자대학교 아시아여성연구소	숙명여자대학교 출판국	2005	1장 8.15 광복, 분단, 산업화 그리고 여성, 2장 여성, 구원과 사랑의 실현자, 3장 여성, 쾌락과 통제의 성, 4장 교육에 갇힌 여성
14	한국여성근현대사(3) 1980~현재: 한국여성 문화사3	전경옥, 김은정, 조윤아, 이명실	숙명여자대학교 아시아여성연구소	숙명여자대학교 출판국	2006	1장 현대 한국 여성의 문화, 2장 페미니즘 지식 생산의 다양한 층위, 3장 여성문화예술, 4장 여성문화운동, 여성문화의 창조
15	여자독본	장지연	문혜윤 편역	경진출판	2012	문혜윤 해설: 국민국가 형성과 여성의 역할
16	한국여류한시선		조두현 편	한국 자유교육협회	1974	난설헌 허씨, 죽서, 이옥봉, 황진이, 계생, 운초, 유한당, 이씨 6명, 금원, 영수각 서씨, 취선, 온정, 계월, 취련, 죽향, 사임당 신씨, 봉선 여사, 이원, 옥봉 이원, 승이교, 양사언 소실, 규수 안옥원, 여승 혜정, 소염, 십사세 여아, 최낭, 장씨, 수향각 원씨, 최씨 3명, 김씨 4명, 송씨 (기타 생략)
17	여성의 법률	김춘봉		삼협문화사	1956	제1편 혼인편, 제2편 모성편, 제3편 가정편, 제4편 형죄편, 서식

번호	책명	저자	편자	출판사	연도	내용
18	한국천주교여성사1	김옥희	한국여자수도회장 상연합회	한국인문과학원	1983	전기 박해시대: 서문, 제1편 초기 한국 천주교에 있어서 여성의 역할(총 6장), 부록: 사학징의 발췌, 유한당 권씨 언행실록, 관광일본(貞女流徒)
19	한국천주교여성사2	김옥희	한국여자수도회장 상연합회	한국인문과학원	1983	후기박해시대: 제2편 조선천주교회 재건운동과 여교우들의 활동, 제3편 기해교난을 전후한 여교도들의 활동, 제4편 철종조에 있어서 조선 여교우들의 활동, 제5편 병인교난과 천주교 여신도들의 순교, (부록) 박해시대 여성 순교자 명단, 참고 사진, 인명·지명 색인
20	여성과 한국사회	이효재 외	여성한국사회연구회	사회문화연구소	1993	제1부 여성과 사회, 제2부 여성과 사회화, 제3부 여성과 가족, 제4부 여성과 일, 제5부 여성과 성 그리고 문화, 제6부 여성과 정책, 제7부 여성과 사회운동
21	한국여성독립운동사 : 3.1운동 60주년 기념	3.1여성동지회		중앙출판 인쇄주식회사	1980	상편: 제1장 3.1운동의 민족사적 맥락, 제2장 3.1운동의 역사적 전개. 중편: 제1장 여성 3.1운동의 역사적 맥락, 제2장 여성 3.1운동의 전개, 제3장 여성 항일운동의 조직화, 제4장 일제하 여성운동의 새로운 전개, 제5장 광복과 여성. 하편: 여성 항일투쟁기(고인편), 여성 항일투쟁기(생존자편), 부록
22	여성: 생명과 특성	J.M.페만	박홍근 옮김	성바오로출판사	1980	현실감각, 감수성과 직관력, 의지의 힘 등(수필 번역서)
23	이모님 김활란	김정옥		정우사	1977	제1장 태동, 제2장 비상, 제3장 덕불고, 제4장 할렐루야, 이력서: 여성 전기문
24	한국근대여성개화사 : 우리 여성이 걸어온 길	이현희		이우출판사	1978	세1상 서론: 한국 여성사의 문제점, 제2장 한국 여성 백년사의 성격과 반성, 제3장 한국여성개화의 태동과 사회 참여의식, 제4장 한국의 개화와 여성의 변화, 제5장 개화기 한국 여성의 근대화 운동, 제6장 일제 침략기의 여성 항일 구국운동, 제7장 일제 피점기의 여성 항일투쟁, 제8장 3.1운동의 전여성 항일 투쟁, 제9장 3.1운동을 이끈 한국 여성제10장 3.1운동 이후의 여성 구국 독립운동, 제11장 결론
25	내훈	소혜황후 한씨	육완정 역주	열화당	1984	이 책을 내면서, 내훈 서, 제1권(언행장, 효친장, 혼례장), 제2권(부부장), 제3권(모의장, 돈목장, 염검장), 발문
26	조선의 여성들 : 부자유한 시대에 너무나 비범했던	박무영, 김경미, 조혜란		돌베개	2007	신사임당, 송덕봉, 허난설헌, 이옥봉, 안동 장씨, 김호연재, 임윤지당, 김만덕, 김삼의당, 풍양조씨, 강정일당, 김금원, 바우덕이, 윤희순

번호	책명	저자	편자	출판사	연도	내용
27	페미니즘과 언어이론	데보라 카메론	이기우	한국문화사	1995	제1장 서론: 언어와 페미니즘, 제2장 언어 이론: 이론의 틀과 방법론, 제3장 다양성의 정치학: 언어와 언어학에서의 정치, 제4장 잘못된 이분법: 문법과 성적 대극화, 제5장 개력을 일으키다: 성차별적 언어를 정의할 수 있는가, 제6장 침묵 소외 억압: 페미니스트의 언어 모델, 제7장 페미니스트의 언어모델 (2), 제8장 소외를 넘어서: 여자와 언어에 대한 통합적 어프로치, 제9장 결론: 페미니즘과 언어 이론-문제와 실천
28	여자의 탄생 : 대한민국에서 딸들은 어떻게 여자다운 여자로 만들어지는가	나임윤정		웅진 지식하우스	2005	1부 여자 태어나다. 2부 여자 학교에 가다, 3부 여자 사춘기가 되다, 4부 여자 사랑에 빠지다, 5부 여자 돈을 벌다, 6부 여자 결혼하다, 7부 여자 아줌마되다
29	페미니즘 무엇이 문제인가	캐롤린 라마자노글루	김정선 옮김	문예출판사	1997	제1부 페미니즘 억압이론(페미니즘의 모순, 페미니즘 무엇이 문제인가, 페미니즘은 믿을 만한가, 남성과 여성: 여성 억압에 대한 페미니즘의 지식), 제2부 여성들 사이의 분리: 막다른 곳으로(여성과 여성: 계급 노동 권력, 여성과 여성: 국가 민족 인종, 여성과 여성: 문화 이데올로기 성), 제3부 여성들 사이의 분리: 막다른 곳을 넘어서(페미니즘과 해방)
30	산아제한과 낙태와 여성 해방		황필호 편저	종로서적	1990	생략된 질문, 제1부 산아제한 어떻게 볼 것인가, 제2부 낙태 어떻게 볼 것인가, 부록
31	한국의 여성 고등교육과 미래의 세계: 이화 창립 100주년 기념 학술대회			이화여자대학교 출판부	1987	대강연회: 한국의 여성과 대학교육(정희숙, 이태영), 심포지움: 학문 세계의 미래와 한국의 대학 1. 학문세계와 한국의 대학, 2. 한국 대학과 민족 공동체, 3. 인간의 창조성과 예술 세계, 4. 미래사회와 사회과학, 5. 과학기술의 미래와 인간/ 패널 토의
32	한국인의 전통 가정교육사상	이계학 외		한국 정신문화연구원	1993	제1장 연구문제, 제2장 전통 가정교육의 사회적 배경(유혜령), 제3장 전통 가정교육의 인간상(유혜령), 제4장 사소절에 나타난 전통 가정교육(손직수), 제5장 전통 가정교육의 방법적 원리(이홍우), 제6장 한국인의 전통 교육사상과 가정교육(이계학), 제7장 요약 및 결론(이계학)
33	신여성론	김옥희		지구문화사	1991	제1장 여성의 성역할, 제2장 여성운동, 제3장 여성과 가정, 제4장 여성과 태교, 제5장 여성과 예절, 제6장 여성의 자아 실현
34	여성과 성서	린네 분데센	심선영 옮김	우진출판사	1995	인간의 영성회복을 위한 성서읽기의 새로운 범례, 여행의 출발어 떻게 시작할 것인가. 제1장~제24장 (논의), 부록(성서 속의 여인들)

번호	책명	저자	편자	출판사	연도	내용
35	여자는 왜?	서진영		동녘	1991	제1부 하늘에서 땅으로: 제1장 원시사회의 여성, 제2장 여성의 세계사적 패배, 제3장 고대와 중세 사회의 여성. 제2부 땅에서 하늘의 절반으로: 제1장 계급적 지위와 여성 문제, 제2장 자본주의 사회의 노동과 여성, 제3장 가족
36	한국문학과 여성	황재군, 김경남, 문복희		박이정	1997	향가에 나타난 신라의 여인상(김경수), 도망시 연구(박영호), 소설 숙영낭자전 슈영낭자전과 판소리 숙영낭자가 비교 연구(최성실) 등 논문 편집본임
37	화성에서 온 남자 금성에서 온 여자	존 그레이	김경숙 옮김	친구미디어	1991	화성에서 온 남자 금성에서 온 여자, 2. 미스터 수리공, 그리고 가정진보위원회 등 (남성과 여성 화법에 대한 담론)
38	중국여성운동사(상)	중화전국부녀연합회 편	박지훈, 전동현, 차경애 공역	한국여성개발원	1991	제1장 중국 여성운동의 홍기, 제2장 중국 여성운동의 신기원(1919~1923), 제3장 대혁명 격동기 여성운동의 활성화 (1924~1927)
39	중국여성운동사(하)	중화전국부녀연합회 편	박지훈, 전동현, 차경애 공역	한국여성개발원	1991	
40	성의 역사	레이 탄나힐 지음	김광만 옮김	김영사	1982	제1부 선사시대, 제2부 근동·이집트·유럽·BC3000~AD1100년, 제3부 중세까지의 아시아와 아랍세계, 제4부 팽창하는 세계, 제5부 현재에 이르기까지
41	신사임당의 생애와 예술	이은상		성문각	1962	사임당 약전, 2. 사임당의 시, 3. 사임당의 글씨, 4. 사임당의 그림, 5. 사임당의 유적, 부록
42	완성 사임당의 생애와 예술	이은상		성문가	1962	(보유 및 수정판)
43	성적 인간		홍사중(편집)	태극출판사	1974	에로스와 문명: 1. 인간의 근원 에로스, 2. 현대 문명과 에로스, 3. 에로스의 부재 증명, 4. 에로스와 예술 (서양철학자들의 에로스에 관한 논문을 번역 편집함)
44	가정독본	이만규		창작과비평사	1994	이만규(1941)의 가정독본 복원본
45	남성과 여성	마가렛 미드	이경식 역	범조사	1980	제1부 서론, 제2부 육체의 길, 제3부 사회적 문제, 제4부 현대 미국의 남성과 여성
46	이야기 한국 여성사	김지용	여성동아 10월호 부록	여성동아	1970	여성생활의 흐름, 인간 삶의 규범을 창조한 여인들, 님 찾아 분망했던 고대 여인들, 천하를 휘어잡고 호령하던 여인들, 궁중으로 몰리는 여인들, 정치적 술수 틈에서 몸부림치는 여인들, 욕정이 터져나온 구중심처의 여인들, 이조 궁중의 탁류속에 휩싸인 여인들, 효성의 미덕을 닦은 여인들, 사랑에 살고 의리에 죽은 여인들, 정정유한의 여성 대가들
47	한국 감리교 여성사(1885~1945)	장병욱		성광문화사	1979	제일편 개신교 이전의 여성사, 제이편 한국 감리교 여성사, 제삼편 일제 치하의 여성 선교

번호	책명	저자	편자	출판사	연도	내용
48	규방의고(閨房醫庫)			대만 대동서국	1975	여성의학서(대만판)
49	당대부녀(唐代婦女)			중국 삼진출판사	1988	수당역사총서: 당대 부녀 사회면모 개설, 당대부녀 각개상황 등
50	중국 창기사(中國娼妓史)	玉書奴 編著		상해 신화서점	1932	무창시대, 노예창 및 관창 발생 시대, 가정 및 노예창 병진 시대, 관기정성시대,, 사인경영(私人經營) 창기시대
51	분단시대의 한국 여성운동	이효재		株式會社 茶の木書店	1987	일본어판 한국여성운동사: 한국 여성운동의 과거와 현재, 분단하의 여성운동, 분단시대의 사회학, 일제하 조선여성노동문제연구, 분단시대의 가족연구, 80년대 여성운동의 과제 등
52	한국여성운동사	정옥경(?)				
53	한국여성사 자료집1 (태조~태종)		이화여자대학교 한국여성연구소 편	이화여자대학교 출판부	1993	조선왕조실록 여성 관련 기사 자료집 (추가 확보)
54	한국여성사 자료집2 (세종 상권)		이화여자대학교 한국여성연구소 편	이화여자대학교 출판부	1993	조선왕조실록 여성 관련 기사 자료집
55	한국여성사 자료집3 (세종 하권)		이화여자대학교 한국여성연구소 편	이화여자대학교 출판부	1993	조선왕조실록 여성 관련 기사 자료집
56	한국여성사 자료집4 (문종~단종)		이화여자대학교 한국여성연구소 편	이화여자대학교 출판부	1994	조선왕조실록 여성 관련 기사 자료집
57	한국여성사 자료집5 (세조~예종)		이화여자대학교 한국여성연구소 편	이화여자대학교 출판부	1994	조선왕조실록 여성 관련 기사 자료집
58	한국여성사 자료집6 (성종 상권)		이화여자대학교 한국여성연구소 편	이화여자대학교 출판부	1995	조선왕조실록 여성 관련 기사 자료집
59	한국여성사 자료집7 (성종 중권)		이화여자대학교 한국여성연구소 편	이화여자대학교 출판부	1995	조선왕조실록 여성 관련 기사 자료집
60	한국여성사 자료집8 (성종 하권①)		이화여자대학교 한국여성연구소 편	이화여자대학교 출판부	1996	조선왕조실록 여성 관련 기사 자료집 (추가 확보)
61	한국여성사 자료집9 (성종 하권②)		이화여자대학교 한국여성연구소 편	이화여자대학교 출판부	1997	조선왕조실록 여성 관련 기사 자료집
62	한국여성사 자료집10 (연산군 상권)		이화여자대학교 한국여성연구소 편	이화여자대학교 출판부	1998	조선왕조실록 여성 관련 기사 자료집
63	한국여성사 자료집11 (연산군 하권)		이화여자대학교 한국여성연구소 편	이화여자대학교 출판부	1998	조선왕조실록 여성 관련 기사 자료집
64	한국의 여속~삼국, 고려, 조선시대	장덕순		배영사	1969	결혼·이혼, 장례·제사·접객, 출산, 복식·화장, 내외·교육, 연중행사, 여공(女工)·노동, 효열(孝烈), 무속(巫俗)

1. 기초 자료

『경향신문』, 불함문화사.

『구한국 관보』, 아세아문화사.

『대한매일신보』, 경인문화사.

『독립신문』, 독립신문영인간행회.

『만세보』, 아세아문화사.

『미일신보·협성회회보』, 한국학자료원.

『제국신문』, 아세아문화사.

『조선그리스도인회보』, 한국감리교회사학회.

『황성신문』, 경인문화사.

경향신문사(1907), 「대한셩교사긔」, 『보감』 1, 태학사 영인.

구장률 편(1906), 『소년한반도』, 소년한반도사(케이포북스).

김상연(1908), 『신편보통교육학(新編普通敎育學)』, 東洋書院.

박정동(1907), 『신찬가정학』, 右文館.

백두현 주해(2006), 『음식디미방 주해』, 글누림.

성백효 옮김(1993), 『소학집주』, 전통문화연구회.

유옥겸(1908), 『간명교육학(簡明敎育學)』, 右文館.

이능화(1927), 『조선여속고』, 한남서림.

이능화(1927), 『조선해어화사』, 한림서원.

작자(연대 미상), 『여자소학』(한문 필사본).

장지연(1908), 『여자독본』, 광학서포.

장지연(1922), 『일사유사』, 회동서관.

장지연(1923), 『일사유사』, 회동서관(장재식 발행).

정양완 역주(1984), 『규합총서』, 보진재.

조선시대사학회 역주(2001), 『국역 윤지당유고』, 원주시.

조양보사(1906), 『조양보』 제1호~제11호, 조양보사(국립중앙도서관 디지털라
　　　이브러리본).

학부 편찬(1910), 『보통교육학(普通敎育學)』, 學部.

한국학문헌연구소 편(1978), 『기호흥학회월보』(상·하), 아세아문화사.

한국학문헌연구소 편(1978), 『대한자강회월보』(상·하), 아세아문화사.

한국학문헌연구소 편(1978), 『호남학보』, 아세아문화사.

한국학문헌연구소 편(1979), 『한국개화기문학총서 2: 역사·전기소설』 1~10,
　　　아세아문화사.

한국학문헌연구소 편(1983), 『경국대전』, 아세아문화사.

한국학연구원(1985), 『동국신속 삼강행실도』, 대제각.

한국학연구원(1985), 『諺解胎産集要』, 대제각.

한국학연구원(1985), 『여범 계녀서 내훈 여사서』, 대제각.

한국학연구원(1985), 『원본 노걸대·박통사·소학언해(小學諺解)·사성통해』(원
　　　본 국어국문학총림 12), 대제각.

한국학연구원(1985), 『원본 여범·계녀서·내훈·여사서』, 대제각.

한영뢰(1930), 『규문요람』(복사본).

현공렴(1907), 『신편가정학(新編家政學)』, 일한도서인쇄주식회사.

현공렴(1907), 『한문가정학(漢文家政學)』, 일한도서인쇄주식회사.

현공렴(1913), 『신정가정학(新訂家政學)』, 유일서관.

홍문각(1988), 『속삼강행실도(원간본, 중간본)』, 홍문각.

홍문각(1990), 『삼강행실도(고려대본, 백상문고본)』, 홍문각.

홍문각(1990), 『삼강행실도(성균관대본, 규장각본)』, 홍문각.

홍문각(1990), 『어제내훈』, 홍문각.

홍문각(1990), 『여사서』, 홍문각.

홍문각(1990), 『여소학』, 홍문각.

홍문각(1990), 『여훈언해 규합총서』, 홍문각.

홍문각(1990), 『오륜행실도』, 홍문각.

홍문각(1992), 『동국신속삼강행실도』, 홍문각.

홍문각(1995), 『언해 두창집요·언해 태산집요·언해 납약증치방』, 홍문각.

홍문각(1996), 『중간 여사서언해』, 홍문각.

황혜성 편(1980), 『규곤시의방: 음식디미방』, 한국도서출판사.

2. 논저

강재언(1981), 『한국의 개화사상』, 비봉출판사.

강헌규(1976), 「소화판 『태교신기』와 필사본 『태교신긔언해』의 비교 연구」, 『공주대논문집』 13, 공주대학교.

국사편찬위원회(2013), 『한국 근대사 기초 자료집 2: 개화기의 교육』, 탐구당(문화사 인쇄 수록본).

기호흥학회(1908~1909), 「유이부인 원저 태교신기」, 『기호흥학회월보』 제2호~제8호.

길진숙(2004), 「독립신문·매일신문에 수용된 문명/야만 담론의 의미 층위」, 『근대계몽기 지식 개념의 수용과 변용』, 이화여자대학교 한국문화연구원.

김갑천(1990), 「건백서 번역문」, 『한국정치연구』 2, 서울대학교 한국정치연구소, 245~295쪽.

김경남 외(2019), 『지식의 구조와 한중일 지식지형 변화의 탐색』, 경진출판.

김경남(2014), 「근대 계몽기 여자 교육 담론과 수신·독본 텍스트의 내용 변화」, 『한국언어문학』 89, 한국언어문학회, 149~171쪽.

김경남(2020), 「지식 생산과 전수 방법의 보편성과 특수성의 관점에서 본 조선 시대 여성 지식인 형성 배경」, 『인문사회과학연구』 21(1), 부경대학교 인문사회과학연구소, 325~352쪽.

김경미(2017), 「조선 후기 남성 지식인의 여성 지식인에 대한 평가」, 『여성문학연구』 42, 한국여성문학학회, 35~63쪽.

김경미(2018), 「부모 교육의 유학적 적용: 『태교신기』를 중심으로」, 『인문연구』 82, 영남대학교 인문과학연구소, 161~186쪽.

김경연(2017), 『근대 여성문학의 탄생과 미디어의 교통: 1920~30년대 여성문학의 형성과 여성 잡지의 젠더정치』, 소명출판.

김경일(2004), 『여성의 근대, 근대의 여성: 20세기 전반기 신여성과 근대성』, 푸른역사.

김경희(1993), 「한국 여성고등교육기관의 변천과정 연구」, 『교육연구』 27, 성신여자대학교 교육문제연구소, 67~106쪽.

김두종(1962), 「근대 조선의 의녀 제도에 관한 연구」, 『아세아여성연구』 1, 숙명여자대학교 아세아여성 문제연구소, 1~16쪽.

김무식(2009), 「조선조 여성의 문자생활과 한글편지」, 『인문학논총』 14, 경성대학교 인문과학연구소, 1~25쪽.

김병곤(1931), 「조선여속소고(朝鮮女俗小考)」, 『동아일보』, 1931.12.3.~12.31(21회 연재).

김부자(2009), 『학교 밖의 조선 여성들: 젠더사로 고쳐 쓴 식민지 교육』, 일조각.

김성균(1967), 「한국 의녀제도 창설 약고(略考)」, 『백산학보』 3, 254~273쪽.

김성연(2010), 「식민지 시기 번역 여성 전기 〈세계명부전(世界名婦傳)〉 연구」,

『여성문학연구』 24, 한국여성문학학회, 147~197쪽.

김성은(2012), 「1920~1930년대 미국 유학 여성 지식인의 현실 인식과 사회활동」, 서강대학교 박사논문.

김세서리아(2018), 「조선 후기 여성 문집의 유가 경전 인용 방식에 대한 여성철학적 고찰: 이사주당의 태교신기와 이빙허각의 규합총서」, 『한국여성철학』 30, 한국여성철학회, 93~124쪽.

김수경(2013), 「여성교훈서 『규곤의칙』과 『홍씨부인계녀(사)』와의 관계 탐색」, 『한국고전여성문학연구』 27, 한국고전여성문학회, 213~249쪽.

김수경(2015), 「『규곤의칙(閨閫儀則)』을 통해 본 조선 후기 한글 여성 교훈서의 한 양상」, 『한국고전여성문학연구』 30, 한국고전여성문학회, 185~216쪽.

김순천(2010), 「조선 후기 여성 지식인의 주체 인식 양상: 여성성의 시각을 중심으로」, 단국대학교 박사논문.

김슬옹(2020), 『조선시대 여성과 한글 발전』, 역락.

김양선(2012), 『한국 근현대 여성문학 장의 형성: 문학 제도와 양식』, 소명출판.

김영미(2015), 「훈민정음·정음·언문의 명칭 의미」, 『인문과학연구』 44, 강원대학교 인문과학연구소, 211~233쪽.

김옥희(1983), 『한국천주교여성사(1)~(2)』, 한국인문과학원.

김용숙(1989), 『한국 여속사』, 민음사.

김정경(2011), 「『선세언적』과 『자손보전』에 실린 17~19세기 여성 한글 간찰의 특질 고찰」, 『한국학』 34(4), 한국학중앙연구원, 171~193쪽.

김종수(1797), 『녀ᄌ초학』(학봉가 소장 필사본).

김지용(1970), 『이야기 한국여성사』, 여성동아.

김지용·김미란 공편(1991), 『규범 부 부의(閨範附婦儀)』, 홍문각.

김춘련(1983), 「규합총서의 가정학총서적 성격」, 『전통문화연구』 1, 명지대학교 한국전통문화연구소, 159~202쪽.

김필동(2003), 「지식 변동의 사회사: 과제와 방법」, 한국사회사학회 엮음, 『지식 변동의 사회사』, 문학과지성사.

김현옥(1988), 「동학의 여성 개화운동 연구: 해월의 여성관을 중심으로」, 『성신사학』 6, 동선사학회, 39~70쪽.

김혜경(1975), 『새로운 여성의 길: 한국여성 교육사상연구』, 실학사.

김혜경(2002), 『한국여성 교육사상 연구』, 한국학술정보.

남인숙(2009), 『여성과 교육』, 신정.

남종진(2017), 「당 교방의 성립과 변천에 있어서 몇 가지 문제점」, 『동양예술』 36, 한국동양예술학회, 54~79쪽.

단국대학교 일본연구소 편(2019), 『DB구축의 이론과 실제』, 경진출판.

데이비드 불루어, 김경만 옮김(2000), 『지식과 사회의 상』, 한길사.

문미희(2013), 「빙허각 이씨의 여성 교육관」, 『한국교육학연구』 8, 안암교육학회, 5~23쪽.

문옥표(2003), 『신여성: 한국과 일본의 근대 여성상』, 청년사.

문혜윤(2013), 「근대계몽기 여성 교과서의 열녀전 그리고 애국 부인들: 장지연의 〈여자독본〉을 중심으로」, 『반교어문연구』 35, 반교어문학회, 97~128쪽.

민족문화추진회(1978), 『국역해행총재』 10(일동기유), 민문고.

민족문화추진회(1986), 『국역 성호사설』 Ⅳ, 민문고,

박미해(2014), 「조선 후기 유학자의 여성 인식: 다산 정약용의 가(家) 의식을 중심으로」, 『사회사상과 문화』 29, 동양사회사상학회, 227~256쪽.

박선미(2000), 「영정조 연간 의녀제도의 변이 양상과 그 교육적 의미」, 『국제여성연구소 연구논총』 9, 중앙대학교 국제여성연구소, 59~79쪽.

박영민(2009), 「19세기 지방 관아의 교방 정책과 관기의 경제 현실: 강계부의 『교방절목』을 중심으로」, 『민족문화연구』 50, 고려대학교 민족문화연

구원, 1~47쪽.

박영민(2016), 「빙허각 이씨의 『청규박물지』 저술과 새로운 여성 지식인의 탄생」, 『민족문화연구』 72, 고려대학교 민족문화연구원, 261~295쪽.

박영민(2018), 「빙허각 이씨의 고증학적 태도와 유서 저술: 『청규박물지』 화목부를 대상으로」, 『한국고전여성문학연구』 36, 한국고전여성문학회, 3~41쪽.

박옥주(2000), 「빙허각 이씨의 규합총서에 대한 문헌학적 연구」, 『한국고전여성문학연구』 1, 한국고전여성문학회, 271~304쪽.

박용옥(1971), 「1896~1910년 부녀단체의 연구」, 『한국사연구』 6, 한국사연구회, 315~347쪽.

박용옥(1976), 『이조여성사』, 한국일보사.

박용옥(1984), 「한국 근대 여성운동사 연구」, 고려대학교 박사논문.

박용옥(1993), 「1905~10 서구 근대 여성상의 이해와 인식: 장지연의 〈여자독본〉을 중심으로」, 『인문과학연구』 12, 성신여자대학교 인문과학연구소, 197~231쪽.

박정숙(2013), 「조선시대 규합총서류 문헌의 한글 서체 조형성 연구」, 『서예학연구』 22, 한국서예학회, 168~201쪽.

박채린(2015), 「신창 맹씨 종가 『자손보전』에 수록된 한글 조리서 '최씨 음식법'의 내용과 가치」, 『한국식생활문화학회지』 302(2), 한국식생활문화학회, 137~149쪽.

박치원(1973), 『한국녀: 한국 여인상의 재발견』, 삼신서적.

백두현(2001), 「『음식디미방』(규곤시의방)의 내용과 구성에 대한 연구」, 『영남학』 1, 경북대학교 영남문화연구원, 249~280쪽.

백두현(2003), 「조선시대 여성의 문자생활 연구: 조선왕조실록 및 한글 필사본을 중심으로」, 『구결학회 전국학술대회 발표 논문집』, 구결학회, 27~60쪽.

백두현(2005), 「조선시대 여성의 문자생활 연구: 한글 편지와 한글 고문서를 중심으로」, 『어문론총』 42, 한국문학언어학회, 39~85쪽.

백두현(2006), 「조선시대 여성의 문자생활 연구: 한글 음식조리서와 여성 교육서를 중심으로」, 『어문론총』 45, 한국문학언어학회, 261~321쪽.

샤를르 달레, 안응열·최석우 옮김(1980), 『한국천주교회사』(상), 한국교회사연구소.

서신혜(2004), 「〈일사유사〉 여성 기사로 본 위암 장지연의 시각, 그 시대적 의미」, 『한국고전여성문학연구』 8, 한국고전여성문학회, 221~245쪽.

서유미(1987), 「의녀제도」, 『이화간호학회지』 20, 이화여자대학교 간호과학대학, 51~53쪽.

서인석(2003), 「봉건시대 여성의 이념과 행동: 「박효량전」과 「김부인 열행록」의 경우」, 『한국고전여성문학연구』 6, 한국고전여성문학회, 79~114쪽.

성심여자대학 관동문화연구소(1972), 『우리나라 여성고등교육의 문제점과 그 대책』, 성심여자대학.

소광희 외(1994), 『현대의 학문체계』, 민음사.

손규복(1971), 『근세 한불 여자 교육사상의 비교 연구』, 효성여자대학교 출판부.

손인수(1971), 『한국여성 교육사』, 연세대학교 출판부.

손홍렬(1986), 「한국 의료제도사 연구: 고대~조선 초기」, 경희대학교 박사논문.

송준석(1994), 『남궁억의 여성 교육 사상에 관한 연구: 배화학당 시절을 중심으로』, 한남대학교 교육문제연구소.

숙명여자대학교박물관(1996), 「김일근 해제」, 『조선조 여인의 삶과 생각』, 유진기획.

심경호(2008), 「사주당 이씨의 삶과 학문」, 『한국고전여성문학연구』 18, 한국고전여성문학회, 241~279쪽.

안상경(2000), 「조선시대 의녀 제도에 관한 연구」, 경산대학교 박사논문.

안영훈(2007), 「〈일사유사〉의 〈호산외기〉, 〈이향견문록〉 수용 양상」, 『어문연구』35(4), 한국어문교육연구회, 337~359쪽.

여성한국사회연구소(1993), 『여성과 한국사회』, 사회문화연구소.

유소영(2004), 「우리나라 여성사 연구의 서지적 고찰」, 『한국도서관정보학회
지』35(2), 한국도서관정보학회, 115~133쪽.

유현옥(2004), 『페미니즘 교육사상』, 학지사.

윤경아(2007), 「일상을 담은 계녀서 『김실의게』」, 『문헌과 해석』38, 태학사,
249~267쪽.

윤태후(2017), 「계녀서에 나타난 우암 송시열의 효사상」, 『효학연구』25, 한국
효학회, 57~86쪽.

이경옥(1990), 「장지연의 의식 변화와 서사 문학의 전개(상): 〈애국부인전〉·
〈여자독본〉·〈일사유사〉」, 『한국학보』16(3), 일지사, 3221~3229쪽.

이경옥(1990), 「장지연의 의식 변화와 서사 문학의 전개(하): 〈애국부인전〉·
〈여자독본〉·〈일사유사〉」, 『한국학보』16(4), 일지사, 4047~4091쪽.

이경하(2019), 「17~8세기 사족 여성의 언어문자생활: 한문·언문·구술의 상관
관계」, 『여성문학연구』48, 한국여성문학학회, 197~216쪽.

이광린(1979), 『한국 개화사상 연구』, 일조각.

이광린(1986), 『한국 개화사의 제문제』, 일조각.

이근우(2017), 「언문과 훈민정음의 성립 시기」, 『한국어학』75, 한국어학회,
189~222쪽.

이남희(2016), 「조선후기 지식인 여성의 자의식과 사유 세계」, 『원불교사상과
종교문화』, 원광대학교 원불교사상연구회.

이성규(1993), 「동양의 학문 체계와 그 이념」, 『현대의 학문체계』, 민음사.

이송희(1990), 「여성운동사」, 『여성연구논집』1, 신라대학교 여성 문제연구소,
116~120쪽.

이숙인(2005), 「조선시대 여성 지식의 성격과 그 구성 원리: 임윤지당과 강정

일당을 중심으로」, 『동양철학』 23, 한국동양철학회, 77~103쪽.

이승희(1991), 「한국여성운동사 연구: 미군정기 여성운동을 중심으로」, 이화 여자대학교 박사논문.

이영춘(2002), 『강정일당: 한 조선 여성 지식인의 삶과 학문』, 가람기획.

이우성 편(1990), 『기문총화』, 아세아문화사.

이원호(2001), 「경국대전에서 본 조선조 교육」, 『조선시대 교육의 연구』, 문음사.

이정옥(1990), 「계녀가에 나타난 조선시대 여성 교육관」, 『여성 문제연구』 18, 대구효성가톨릭대학교 사회과학연구소, 231~250쪽.

이종국(1991), 『한국의 교과서』, 대한교과서주식회사.

이지영(2014), 「『유한당 사씨 언행록』을 통해 본 조선시대 여성 지성의 의식과 지향」, 『한국고전여성문학연구』 28, 한국고전여성문학회, 63~93쪽.

이창세(1974), 『이향견문록·호산외기』, 아세아문화사.

이태영(1957), 『한국의 이혼 제도 연구』, 이화여자대학교 출판부.

이현희(1978), 『한국 근대 여성 개화사』, 이우출판사.

이혜순(2007), 「19세기 초 이 빙허각의 규합총서에 나타난 여성 실학사상」, 『조선 후기 여성지성사』, 이화여자대학교 출판부.

이홍식(2014), 「조선 후기 사대부 여성의 유서(遺書) 창작 양상 연구」, 『한국고 전여성문학연구』 29, 한국고전여성문학회, 95~123쪽.

이화여자대학교 한국문화연구원 편(2004), 『근대 계몽기 지식 개념의 수용과 변용』, 소명출판.

이화여자대학교 한국문화연구원 편(2006), 『근대계몽기 지식의 발견과 사유 지평의 확대』, 소명출판.

이화여자대학교 한국문화연구원 편(2007), 『근대계몽기 지식의 굴절과 현실적 심화』, 소명출판.

이화창립 100주년 기념 학술대회(1986), 『한국의 여성 고등교육과 미래의 세계』, 이화여자대학교 출판부.

이효재(1972), 「개화기 여성의 사회진출: 1860년 전후」, 『한국여성사: 개화기~
　　1945』, 이화여자대학교 출판부.

이효재(1998), 「한국 여성운동사 100년」, 『젠더연구』 3, 동덕여자대학교, 173~
　　190쪽.

이효지(1981), 「『규곤시의방』의 조리학적 고찰」, 『Family and Environment Research』
　　19(2), 대한가정학회, 189~198쪽.

임상석(2013), 「근대계몽기 가정학의 번역과 수용」, 『한국고전여성문학연구』
　　27, 한국고전여성문학회, 151~171쪽.

장덕순(1972), 『한국의 여속』, 배영사.

장명은(2017), 「근대 여성 지식인의 자기 서사 연구」, 성균관대학교 박사논문.

장병욱(1979), 『한국감리교여성사』, 성광문화사.

장병인(2007), 「조선시대 여성사 연구의 현황과 과제」, 『여성과 역사』 6, 한국
　　여성사학회, 25~49쪽.

장영은(2017), 「근대 여성 지식인의 자기 서사 연구」, 성균관대학교 박사논문.

장정호(2005), 「유학 교육론의 관점에서 본 『태교신기』의 태교론」, 『대동문화
　　연구』 50, 성균관대학교 대동문화연구소, 475~502쪽.

전경옥(2006), 『한국여성문화사』, 숙명여자대학교 아시아여성연구소.

전경옥·김은실·정기은(2004), 『한국여성인물사』 1~3, 숙명여자대학교 아시아
　　여성연구소.

전미경(2005), 「1900~1910년대 가정 교과서에 관한 연구: 현공렴 발행 『한문
　　가정학』, 『신편가정학』, 『신정가정학』을 중심으로」, 『한국가정과교육
　　학회지』 17, 한국가정과교육학회, 131~151쪽.

정광(2010), 『조선 후기 사회와 천주교』, 경인문화사.

정양완(2000), 「『태교신기』에 대하여: 배 안의 아기를 가르치는 태교에 대한

새로운 글」, 『새국어생활』 3, 국립국어연구원, 77~98쪽.

정정숙(1984), 「조선시대 여성 교육」, 『논문집』 4, 총신대학교, 79~105쪽.

정창균(1974), 『일제하 여성운동에 관한 연구: 1920년대를 중심으로』, 중앙대학교 출판부.

정해은(2009), 「조선시대 태교 담론에서 바라본 이 사주당의 태교론」, 『여성과 역사』, 한국여성사학회.

정해은(2013), 「조선시대 여성사 연구 동향과 전문: 2007~2013」, 『여성과 역사』 19, 한국여성사학회, 25~65쪽.

정효섭(1971), 『한국여성운동사: 일제치하의 민족운동을 중심으로』, 일조각.

정효섭(1978), 『한국여성고등교육의 역사적 배경』, 숙명여자대학교 출판부.

조지형(2018), 「〈일사유사〉의 편찬 의식과 인물수록 양상」, 『동양고전연구』 70, 동양고전학회, 495~524쪽.

조혜란(2005), 「조선시대 여성 독서의 지형도」, 『한국문화연구』 8, 이화여자대학교 한국문화연구소, 29~59쪽.

채성주(2009), 『근대 교육 형성기의 모성 담론』, 학지사.

최범훈(1987), 『한국여류문학사』, 한샘.

최범훈(1988), 「사주당의 『태교신기』에 대하여」, 『선청어문』 16, 서울대학교 국어교육과, 400~411쪽.

최숙경·하현강(1993), 『한국여성사』 1~3, 이화여자대학교 출판부.

최순예(2010), 「조선 전기 의녀제의 성립과 의녀의 활동」, 『강원문화연구』 29, 강원대학교 강원문화연구소, 31~57쪽.

최영(1997), 『근대 한국의 지식인과 그 사상』, 문학과지성사.

최재목(2014), 「성인을 꿈꾼 조선시대 여성철학자 장계향(張桂香): 한국 경(敬) 사상의 여성적 실천에 대한 한 시론」, 『양명학』 37, 한국양명학회, 143~175쪽.

최혜진(2004), 「『여범(女範)』의 여성주의적 독해」, 『아시아여성연구』 43, 숙명
　　여자대학교 아시아여성연구소, 41~64쪽.

최화성(1949), 『조선여성독본: 여성해방운동사』, 백우사.

카를 만하임, 임석진 옮김(2012), 『이데올로기와 유토피아』, 김영사.

크리스티나 폰 브라운·잉에 슈테판 편, 탁선미·김륜옥·장춘익·장미영 옮김
　　(2002), 『젠더 연구』, 나남출판.

피터 버크, 박광식 옮김(2006), 『지식: 그 탄생과 유통에 대한 모든 지식』, 현실
　　문화연구.

한남혁(1968), 「한국 여의고」, 『서울의대잡지』 9(1), 서울대학교 의과대학, 65~
　　67쪽.

한영섭(1984), 『고균 김옥균 정전』, 전광산업사.

허원기(2003), 「『곤범(崑範)』에 나타난 여성 독서의 양상과 의미」, 『한국고전
　　여성문학연구』 6, 한국고전여성문학회, 231~257쪽.

허재영 외(2019), 『DB구축의 이론과 실제』, 경진출판.

허재영 편(2008), 『국어사 국어교육자료집』, 박이정.

허재영(2006), 「조선시대 여자 교육서와 문자생활」, 『한글』 272, 한글학회, 197
　　~219쪽.

허재영(2009), 『통감시대 어문교육과 교과서 침탈의 역사』, 경진출판.

허재영(2013), 『한국 근대의 학문론과 어문교육』, 지식과교양.

허재영·김경남 번역(2019), 「문부성소할목록」, 『지식생산의 기반과 메커니즘』,
　　경진출판.

현대한국여성사편찬위원회(1990), 『한국현대여성사』, 현대한국인물평론사.

홍숙자(1975), 『또 하나의 지평선을 넘어서: 여성해방운동의 이론과 실천』, 청
　　자각.

홍인숙(2008), 「근대계몽기 개신유학자들의 성 담론과 그 의의: 개가론 열녀담

을 중심으로」, 『동양한문학연구』 27, 동양한문학회, 411~436쪽.

홍인숙(2009), 『근대 계몽기 여성 담론』, 혜안.

譯述者 未詳(1902), 『新編家政學』, 作新社(上海図書館藏).

木村知治(1896), 『新撰敎育學』(出版社 未詳).

下田歌子(1900), 『新選家政學』, 東京: 金港堂印刷株式會社(日本).

錢単士釐(1902), 『家政學』(出版社 不明, 中國國家圖書館 所藏).

曽纪芬(1903), 『聶氏重編家政學』, 浙江官书局, 中国国家図書館蔵・東京大學東洋
     文化研究所蔵.

湯釗(1905), 『新撰家政學』, 廣智書局(中国首都図書館蔵・上海図書館).

韓韡(2014), 「淸末における下田歌子著『新選家政學』の飜譯・出版について」, 『言
     葉と文化』 15, 名古屋大學院國際言語文化科 日本言語文化專攻, 11~29쪽.

국사편찬위원회 한국사데이터베이스 조선왕조실록(http://db.history.go.kr)

빅카인즈 뉴스 고신문(www.bigkinds.or.kr/)

조선왕조실록(sillok.history.go.kr/)

[지은이 **김경남(金景南)**]

건국대학교 국어국문학과를 졸업하고, 같은 대학원에서 「한국 고전소설에 나타난 전쟁 소재 연구」로 박사학위를 받았다. 건국대, 경기대, 성신여대, 단국대에서 고전문학과 글쓰기를 강의하였으며, 건국대·협성대 강의 교수, 단국대 HK 연구교수를 거쳐, 부경대 학술 연구교수로 재직 중이다. '시대의 창: 자의식과 재현의 모티프로서 근대 기행 담론과 기행문의 발전 과정'(한국연구재단 저술 지원 프로젝트), '근현대 학문 형성과 계몽운동의 가치'(한국학중앙연구원 근대 총서 개발 프로젝트), '한국에 영향을 미친 중국의 근대 지식과 사상 연구'(일반공동연구), 중견 연구자 지원 사업으로 '조선시대 지식사회에서 여성의 역할과 근대의 여자 교육에 대한 인문학적 연구'를 수행하였다. 현재 한국연구재단의 저술 출판 지원 사업으로 '계몽의 시대 여성 담론과 여자 교육의 내용 구조'를 진행하고 있으며, '근현대 기행문학의 크로노토프적 재현과 상상'을 주제로 학술 연구를 진행하고 있다.

주요 저서로는 『서사문학의 전쟁 소재와 그 의미』(보고사, 2007), 『시대의 창: 자의식과 재현의 모티프로서 근대 기행 담론과 기행문의 발전 과정』(경진출판, 2018), 『지식의 구조와 한중일 지식 지형 변화의 탐색』(공저, 경진출판, 2019) 등이 있으며, '지식 유통의 관점에서 본 근대 한국의 탐험문학 형성과 의미'를 비롯한 60여 편의 논문을 발표하였다.

근대여자교육담론 1

한국의 여자 교육서와 여성 교육 담론 변천

: 조선시대 지식사회에서 여성의 역할과 근대 여자 교육에 대한 인문학적 고찰

© 김경남, 2024

1판 1쇄 인쇄__2024년 06월 20일
1판 1쇄 발행__2024년 06월 30일

지은이__김경남
펴낸이__양정섭

펴낸곳__경진출판
　　　　등록__제2010-000004호
　　　　이메일__mykyungjin@daum.net
　　　　사업장주소__서울특별시 금천구 시흥대로 57길 17(시흥동, 영광빌딩), 203호
　　　　전화__070-7550-7776　팩스__02-806-7282

값 18,000원
ISBN 979-11-93985-29-8 93300